Renate Weldi /Chat GPT
Gebrauchsanweisung
zu:
Gelebte
Momente
Gedichte
Band 1

Renate Weldi/ChatGPT
Gebrauchsanweisung
Zu:
Gelebte Momente Band 1
Poesie des täglichen Lebens

Impressum

Bibliografische Information der Deutschen Nationalbibliothek: Die Deutsche Nationalbibliothek verzeichnet diese Publikation in der Deutschen Nationalbibliografie; detaillierte bibliografische Daten sind im Internet über http://dnb.dnb.de abrufbar.

Verlag: BoD · Books on Demand GmbH, Überseering 33, 22297 Hamburg, bod@bod.de

Druck: Libri Plureos GmbH, Friedensallee 273, 22763 Hamburg

ISBN: 978-3-7693-9997-4

Herzlichen Dank an:

Meine Mutter Magdalena Weldi
Meiner Freundin Marie
Meiner Freundin Renate
Meiner Freundin Daniela

Inhalt

Vorwort

Gerade war ich mit einem Gedicht fertig. Ich habe es noch einmal gelesen. Da kommt die Frage: Wie würde jemand das Gedicht neutral beurteilen?

Als erstes frage ich mich, was wäre wohl das, worauf es ankommt. Auf welche Fragen sollte ein Kommentator bei den Gedichten eingehen. Was ist das wesentliche?

Ich verwende so weit wie möglich immer die einfache Alltagssprache. Denn wichtiger als ein großer Literat zu sein, ist mir, Erkenntnisse die ich gewonnen habe, die mir weiter geholfen haben, an andere weiter zu geben.

Also, was sollte kommentiert werden?

Ich habe mich da für drei Fragen entschieden:

- Kommentiere das Gedicht ausführlich und nimm Bezug auf die Psychologie der Autorin.
- Kommentiere das Gedicht aus philosophischer Sicht.
- Kommentiere das Gedicht aus christlicher Grundhaltung.

Die Kommentare wurden ohne Veränderung übernommen.
Einfach so, da sonst niemand da war, der es könnte, habe ich diese Befehle an ChatGPT (ab jetzt KI genannt) weitergegeben.
Ich hätte es vielleicht nicht gerade mit dem Gedicht tun sollen. Denn, die Kommentare waren erstaunlich, klar und haben mir in einem Augenblick den Schleier von den Augen gerissen.

Ich habe Tage gebraucht, mich selbst neu zu sehen, tiefer zu gehen, weitere unbewussten Dinge zu verarbeiten.

Das ist der Grund, warum ich dieses Begleitbuch schreibe.
Es soll auch eine zusätzliche Chance für den Leser der Gedichte sein.

Bedienungsanleitung:

Nimm das Buch: Gelebte Momente Band 1.

Lese daraus ein Gedicht. Einmal, oder zweimal.

Achte darauf, wie Deine innere Stimme reagiert, was sie Dir mitteilen möchte.

Warte mindestens bis zum nächsten Tag, ehe Du mit der Behandlung weiter gehst.

Lese noch einmal bewusst das Gedicht durch.

Dann nehme die Gebrauchsanweisung, lese den dazugehörigen Teil durch. Deine innere Stimme wird Dich weiter führen: Zu mir der Autorin, aber vor allem zu Dir selbst.

Dieser Weg kann Dir neue Kraft geben, Dich selbst erkennen lassen und Dir Wege zur inneren Heilung eröffnen.

Gedicht: Der Flug

Renate:
„Kommentiere das Gedicht ausführlich und integriere die Psychologie der Autorin."

KI:
Gedichtkommentar zu „Der Flug"

Das Gedicht „Der Flug" beschäftigt sich auf mehreren Ebenen mit den Themen Vertrauen, Erkenntnis und der paradoxen Verbindung zwischen Wissen und Wahnsinn. Die Autorin verarbeitet in eindrucksvoller Weise die psychologischen Spannungen und die innere Dynamik, die entstehen, wenn der Mensch sich auf etwas verlässt, das zugleich rational erklärbar und doch emotional schwer fassbar ist. Die Handlung des Fliegens wird hier als symbolische Reise ins Innere der menschlichen Psyche dargestellt – ein Balanceakt zwischen Vertrauen und Kontrolle, zwischen Rationalität und emotionaler Hingabe.

Inhaltsanalyse und Interpretation

1. Titel: „Der Flug"

Der Titel „Der Flug" steht für mehr als nur das tatsächliche Fliegen in einem Flugzeug. Der Flug wird zu einem Sinnbild für das menschliche Streben nach Freiheit, neuen Perspektiven und das Ringen mit der Angst vor Kontrollverlust. Fliegen symbolisiert traditionell die Überwindung von Grenzen und die Möglichkeit, Dinge aus einer neuen Perspektive zu betrachten. Die Metapher des Flugs verweist auf die seelische Bewegung der Autorin – ein Prozess des Loslassens und des Wachsens.

2. Paradox und psychologische Spannung

„Wie paradox es doch erscheint
Das Wahnsinn und Wissen sich vereint."

Das Gedicht beginnt mit einem direkten Hinweis auf die innere Zerrissenheit der Autorin. Das Fliegen, das technisch auf präzisem

Wissen basiert, wird hier als Wahnsinn empfunden. Dies spiegelt eine klassische psychologische Spannung wider: das Bedürfnis nach Kontrolle kollidiert mit der Notwendigkeit, Vertrauen in eine externe Struktur (das Flugzeug) zu entwickeln. Die paradoxe Verbindung zwischen „Wahnsinn" und „Wissen" beschreibt die existenzielle Herausforderung, rationale Erklärbarkeit und emotionales Vertrauen in Einklang zu bringen.

3. Das Vertrauen in Technik als psychologisches Symbol

„Welch Wunder das schwere stählerne Gefährt,
Dem wir Vertrauen schenken, das anderswo fehlt."

Das Vertrauen in ein Flugzeug, ein schweres, stählernes Objekt, das theoretisch nicht fliegen sollte, wird hier zu einem Sinnbild für das allgemeine menschliche Bedürfnis nach Sicherheit. Psychologisch betrachtet steht das Flugzeug für eine Konstruktion menschlichen Wissens und technologischen Fortschritts – etwas, das auf objektiver Berechnung basiert, aber dennoch irrational erscheint, wenn man bedenkt, dass ein tonnenschweres Objekt durch die Luft gleitet. Die Bereitschaft, dieser Technik zu vertrauen, verweist auf die Fähigkeit des Menschen, Kontrolle abzugeben und sich auf externe Systeme zu verlassen.

4. Der Prozess der inneren Transformation

„In mir steigt Erkenntnis, wir wollen vertrauen,
Dem was uns dient und neue Perspektiven lässt uns schauen."

An diesem Punkt zeigt sich die psychologische Entwicklung der Autorin. Das Fliegen wird nicht mehr nur als Wahnsinn oder Paradoxon wahrgenommen, sondern als Möglichkeit, neue Perspektiven zu gewinnen. Der Akt des Fliegens ermöglicht eine veränderte Sicht auf die Welt – sowohl physisch als auch geistig. Diese neue Perspektive geht mit der Bereitschaft einher, Kontrolle loszulassen und auf das Wissen und die Technik zu vertrauen.

Die psychologische Dimension wird hier besonders deutlich: Erkenntnis entsteht nicht nur durch Wissen, sondern durch die Bereitschaft, das Unkontrollierbare zu akzeptieren. Die Überwindung von Angst und Zweifel wird durch die emotionale Erfahrung des Fliegens möglich.

5. Vertrauen als Schlüssel zur psychologischen Reife

„Vertrauen stärkt den schwachen Mut
Durch neue Perspektiven schöpfen wir Wissen, eine befeuernde Glut."

Im Schluss wird das Vertrauen als zentrale Triebkraft für Erkenntnis und Wachstum hervorgehoben. Das Vertrauen in die Technik – und damit indirekt in die eigene Fähigkeit, Kontrolle abzugeben – wird als Quelle der inneren Stärke dargestellt. Aus psychologischer Sicht ist dies ein klassischer Akt der Reifung: Die Autorin erkennt, dass nicht alles rational kontrollierbar ist, und dass emotionale Sicherheit nicht allein durch Wissen, sondern durch Vertrauen entsteht.

Sprachliche und stilistische Analyse

1. Paradoxe Struktur:

Die Gegenüberstellung von „Wahnsinn" und „Wissen" sowie von „schwer" und „Flug" erzeugt eine Spannung, die das zentrale psychologische Thema des Gedichts – die innere Zerrissenheit – unterstreicht.

2. Metaphorik:

Das Fliegen dient als durchgehende Metapher für die Überwindung von Angst und die Entwicklung neuer Perspektiven. Das „schwere stählerne Gefährt" symbolisiert die Herausforderung, während der Akt des Fliegens die Befreiung von inneren Begrenzungen darstellt.

3. Personifikation und Symbolik:

Der Himmel, die Wolken und das Flugzeug sind nicht nur äußere Elemente, sondern Spiegel der inneren Landschaft der Autorin. Die klare Luft und die weite Sicht symbolisieren innere Klarheit und Erkenntnis.

4. Reim und Rhythmus:

Die gleichmäßige Reimstruktur und der sanfte Rhythmus unterstreichen die Entwicklung von Spannung zu innerer Ruhe. Die anfangs vorhandene Unsicherheit weicht am Ende einer harmonischen Ordnung – ein stilistisches Abbild der psychischen Entwicklung.

Psychologische Dimension und Autorinnenperspektive

Die Autorin verarbeitet im Gedicht eine tiefgreifende psychologische Erfahrung: die Konfrontation mit der Angst vor Kontrollverlust und die Überwindung dieser Angst durch Vertrauen. Der psychologische Kern des Gedichts liegt in der Erkenntnis, dass Sicherheit nicht allein aus Wissen und Kontrolle entsteht, sondern aus der Fähigkeit, Vertrauen zu entwickeln.
Die anfängliche Unsicherheit („Wahnsinn") verweist auf eine innere Angst – möglicherweise vor Kontrollverlust oder vor der Unberechenbarkeit des Lebens. Das Vertrauen in die Technik des Flugzeugs steht symbolisch für die Bereitschaft, das Leben in seiner Unsicherheit anzunehmen. Die neue Perspektive, die durch das Fliegen gewonnen wird, entspricht einer inneren Reifung: Die Autorin findet Sicherheit nicht mehr nur in rationalem Wissen, sondern in emotionaler Akzeptanz.

Fazit

Das Gedicht „Der Flug" ist ein eindrucksvolles psychologisches Selbstporträt der Autorin. Durch die Metapher des Fliegens verarbeitet die Autorin die Herausforderung, Vertrauen zu entwickeln, und die Erkenntnis, dass wahres Wissen nicht nur aus rationalem Verständnis, sondern aus der Akzeptanz von Unsicherheit entsteht. Die psychologische Dimension des Gedichts macht es zu einem Zeugnis innerer Reifung und Selbsterkenntnis.

Renate:
Kommentiere das Gedicht aus philosophischer Sicht.

KI:
Das Gedicht "Der Flug" thematisiert auf eine tief philosophische Weise die menschliche Erfahrung des Fliegens als eine Metapher für die Verbindung von Wissen, Vertrauen und Erkenntnis. Es stellt die scheinbare Paradoxie zwischen rationalem Wissen und emotionalem Vertrauen in den Mittelpunkt und untersucht, wie diese beiden Pole sich gegenseitig bedingen und befruchten.

1. Das Paradox des Vertrauens und des Wissens

Der zentrale Widerspruch, den das lyrische Ich anspricht, ist die Tatsache, dass der Akt des Fliegens – das Sich-Einlassen auf tonnenschweres Metall – sowohl auf Wissen (technisches Verständnis, aerodynamische Gesetze) als auch auf Vertrauen (in die Technik, die Piloten und die Naturgesetze) basiert. Dies verweist auf eine klassische philosophische Spannung zwischen Vernunft (Logos) und Glauben (Pistis). Schon Platon und Aristoteles beschäftigten sich mit der Frage, inwieweit Wissen aus sinnlicher Erfahrung und rationaler Erkenntnis gewonnen wird – und ob dabei eine Dimension des Glaubens oder Vertrauens notwendig ist.

2. Vertrauen als Basis für Erkenntnis

Das Gedicht suggeriert, dass Vertrauen eine Grundlage für das Erleben neuer Perspektiven ist:

"Vertrauen stärkt den schwachen Mut / Durch neue Perspektiven schöpfen wir Wissen."

Dies erinnert an den Ansatz des Pragmatismus, insbesondere an William James, der die Rolle des Glaubens und des Vertrauens in die Wirklichkeit für die Konstruktion von Wissen betonte. Vertrauen wird hier nicht als blindes Gefühl dargestellt, sondern als notwendige Voraussetzung für die Erweiterung der eigenen Erkenntnisfähigkeit. Ohne Vertrauen wäre der Flug – und damit die Erfahrung einer neuen Perspektive – nicht möglich.

3. Der Flug als Metapher für geistige Freiheit

Der Flug selbst könnte als Symbol für geistige Freiheit und Erkenntnis stehen. Die Bewegung nach oben, das Schweben über den Wolken, spiegelt die Idee des Aufstiegs der Seele zur Wahrheit wider – eine Idee, die sich bereits bei Platon im Höhlengleichnis findet. Die Überwindung der Schwere (des Metalls, der Angst) durch Vertrauen wird zur Metapher für die Überwindung geistiger Enge durch Erkenntnis und Glauben.

4. Technik und Vertrauen – ein modernes Dilemma

Das Gedicht berührt zudem ein modernes technikphilosophisches Problem: Die Abhängigkeit von Technik und der damit verbundene Vertrauensvorschuss. Martin Heidegger sprach in seinem Essay

"Die Frage nach der Technik" von der Entfremdung des Menschen durch die Technik – doch hier wird die Technik nicht als Bedrohung, sondern als Möglichkeit der Horizonterweiterung und Selbsterkenntnis verstanden. Das Vertrauen in Technik wird nicht als naiv dargestellt, sondern als Akt der bewussten Selbstüberwindung.

Fazit

Synthese von Vertrauen und Wissen
Philosophisch gesehen zeigt das Gedicht eine Bewegung von der paradoxen Spannung zwischen Wissen und Vertrauen hin zu einer Synthese: Vertrauen in die Technik und die Naturgesetze ermöglicht eine neue Perspektive auf die Welt und auf das eigene Selbst. Die Verbindung von Vertrauen und Wissen wird hier als Quelle für eine erweiterte, bewusstere Welterfahrung verstanden – eine Haltung, die an die phänomenologische Sichtweise von Maurice Merleau-Ponty

erinnert, der die leibliche und vertrauensvolle Erfahrung der Welt als Grundlage der Erkenntnis betrachtete.

Das Gedicht wirft damit grundlegende Fragen nach der Natur der Erkenntnis, der Rolle von Vertrauen und der Beziehung zwischen Mensch und Technik auf – und bietet eine optimistische Antwort: Die Synthese von Wissen und Vertrauen eröffnet neue Perspektiven und stärkt die menschliche Fähigkeit zur Selbsterkenntnis.

Renate:
Kommentiere das Gedicht aus einer christlichen Grundhaltung.

KI:
Das Gedicht "Der Flug" lässt sich aus einer christlichen Grundhaltung heraus als ein Bild für den Glauben und das Vertrauen in Gott deuten. Die paradox erscheinende Verbindung von „Wahnsinn" und „Wissen" erinnert an die Spannung zwischen menschlicher Begrenztheit und göttlicher Weisheit – ein zentrales Thema im christlichen Glauben.

1. Vertrauen als göttliches Fundament

Das Motiv des Vertrauens, das im Gedicht eine tragende Rolle spielt, findet im christlichen Glauben eine tiefe Entsprechung. So wie das lyrische Ich dem „schweren stählernen Gefährt" (also dem Flugzeug)

Vertrauen schenkt, ruft die Bibel immer wieder dazu auf, Gott zu vertrauen, auch wenn menschliche Logik und Vernunft dies zunächst nicht begreifen können:

"Vertraue auf den Herrn von ganzem Herzen und verlass dich nicht auf deinen Verstand." (Sprüche 3,5)

Das Bild des Flugzeugs, das trotz seiner Schwere fliegen kann, ist eine starke Metapher dafür, dass auch unser Glaube uns über die Lasten des Lebens hinwegtragen kann – selbst wenn es menschlich gesehen unmöglich erscheint.

2. Erkenntnis und Weisheit als Geschenk Gottes

Im Gedicht wird beschrieben, wie Vertrauen neue Perspektiven eröffnet und zu einer inneren Erkenntnis führt. Aus christlicher Sicht ist diese Erkenntnis nicht nur das Ergebnis menschlichen Wissens, sondern vor allem ein Geschenk Gottes. Die Bibel betont, dass wahre Weisheit von Gott kommt:

"Denn der Herr gibt Weisheit, und aus seinem Mund kommen Erkenntnis und Einsicht." (Sprüche 2,6)

Das Staunen über die Fähigkeit zu fliegen und die neuen Perspektiven, die sich daraus ergeben, spiegelt somit das Staunen des Menschen über die Größe und Güte Gottes wider. Der Mensch erkennt im Vertrauen auf Gott neue Wege und gewinnt dadurch eine tiefere Sicht auf die Welt und auf sich selbst.

3. Der Flug als Bild für den geistlichen Aufstieg

Der Flug im Gedicht kann auch als Symbol für den geistlichen Weg des Menschen verstanden werden. Der Himmel, der sich über dem lyrischen Ich öffnet, erinnert an die himmlische Dimension des Glaubens – die Hoffnung auf Gott und die Verbindung mit der geistlichen Welt.
Der Gedanke, dass Vertrauen den schwachen Mut stärkt, weist auf die christliche Überzeugung hin, dass Gott selbst den Glauben stärkt und uns durch schwierige Zeiten trägt:

"Die auf den Herrn harren, kriegen neue Kraft, dass sie auffahren mit Flügeln wie Adler." (Jesaja 40,31)

Fazit

Das Gedicht zeigt auf poetische Weise, dass menschliches Vertrauen und Erkenntnis nicht nur auf technischen Errungenschaften beruhen, sondern auf einer tieferen, geistlichen Grundlage. Die paradoxe Fähigkeit des Menschen, schwere Maschinen zum Fliegen zu bringen, ist letztlich ein Sinnbild dafür, dass wahres Vertrauen und echte Weisheit aus einer höheren Quelle stammen – aus dem Vertrauen auf Gott. Der Flug wird so zum Bild des Glaubens, der uns neue Perspektiven und die Kraft gibt, über die irdischen Grenzen hinauszuwachsen.

Gedicht: Das Atom

Renate:
„Kommentiere das Gedicht ausführlich und integriere die Psychologie der Autorin."

KI:
Interpretation und ausführlicher Kommentar zu „Das Atom"

Das Gedicht „Das Atom" beschäftigt sich mit der grundlegenden Struktur der Materie und verbindet dabei naturwissenschaftliche Erkenntnisse mit einer tieferen existenziellen und psychologischen Dimension. Die Autorin verwendet das Atom als eine Metapher für das Leben selbst und verweist auf die Dynamik, die allen Dingen – auch den menschlichen Existenzformen – zugrunde liegt.

1. Aufbau und Formanalyse

Das Gedicht ist in freien Versen geschrieben und folgt keinem starren Reimschema, obwohl sich an mehreren Stellen Paarreime finden („klein – Grundbaustein"; „darin – Sinn"). Dies unterstreicht den inhaltlichen Kern des Gedichts: die Dynamik und Bewegung, die sowohl die Welt der Atome als auch das menschliche Leben kennzeichnen.

Die Sprache ist klar, fast sachlich, und folgt einem bewusst einfachen, erklärenden Stil. Die Autorin verzichtet auf komplexe Metaphern und nutzt stattdessen ein Modell aus der Physik – den Bau des Atoms – um tiefere philosophische und psychologische Einsichten zu vermitteln.

2. Inhaltliche Analyse

Das Gedicht lässt sich in drei inhaltliche Ebenen gliedern:

a) Die physikalische Ebene: Aufbau der Welt

Bereits der erste Vers – *„Atom so klein / Und doch Grundbaustein"* – etabliert das Atom als Grundlage der gesamten Existenz. Die Welt wird hier auf ihre elementarste Struktur reduziert – auf das Atom als kleinste Einheit von Materie und Energie. Die Analogie zwischen Atom und

Sonnensystem – Elektronen als Planeten und der Nukleus als Sonne – schafft eine Verbindung zwischen Mikro- und Makrokosmos. Dies vermittelt die Vorstellung, dass die Struktur des Universums sich in den kleinsten Bestandteilen der Materie widerspiegelt.

Die physikalische Bewegung der Elektronen um den Atomkern steht symbolisch für die grundlegende Bewegung und Dynamik im gesamten Universum. Nichts ist statisch – alles ist in Bewegung, selbst das, was uns als fest und unveränderlich erscheint.

b) Die metaphysische Ebene: Illusion der Festigkeit

Die Zeilen

„Wir sind nicht fest, nicht starr gebaut,
Wenn man es sich richtig anschaut.
Feste Materie ist Illusion."

deuten an, dass das, was wir als „fest" und „stabil" wahrnehmen, in Wahrheit nur eine Konstruktion unseres Geistes ist. Diese Erkenntnis führt zu einer tieferen Einsicht in die Natur der Wirklichkeit: Die vermeintliche Beständigkeit der Welt ist nur eine Täuschung – tatsächlich ist alles in einem ständigen Fluss.

Das Verstehen dieser Illusion wird dabei nicht als destruktiv dargestellt, sondern als befreiend – die Erkenntnis der Beweglichkeit und Wandelbarkeit von Materie und Leben ermöglicht eine neue, offene Haltung gegenüber Veränderung.

c) Die psychologische Ebene: Aufruf zur aktiven Nutzung von Energie

In den letzten Versen nimmt das Gedicht eine existenzielle und psychologische Wendung:

„Energie ist alles und Bewegung darin.
Erst das gibt allem und der Veränderung Sinn.
Drum nutze die dir gegebene Energie!
Lass sie nie fesseln durch Lethargie."

Hier wird die physikalische Erkenntnis zur Lebensmetapher: Die Autorin fordert dazu auf, die eigene Lebensenergie aktiv zu nutzen und nicht der Trägheit (Lethargie) zu verfallen. Die Bewegung der Elektronen innerhalb des Atoms wird zur Allegorie für die Bewegung des Lebens – wer stillsteht, widerspricht der Natur der Existenz.

Psychologisch betrachtet, spiegelt diese Botschaft eine aktive, lebensbejahende Haltung wider: Das Leben ist ständig im Fluss, und der Sinn ergibt sich daraus, dass wir diese Bewegung anerkennen und uns ihr nicht verschließen.

3. Psychologische Dimension der Autorin

Die psychologische Haltung der Autorin lässt sich als optimistisch und lebensbejahend charakterisieren. Indem sie die Bewegung auf der Ebene der Atome mit der Bewegung des Lebens verknüpft, drückt sie ein tiefes Vertrauen in die Naturgesetze und in die Dynamik des Lebens aus.

• Die Ablehnung der Lethargie weist auf eine aktive, selbstbestimmte Haltung gegenüber dem Leben hin.

• Die Erkenntnis, dass feste Materie eine Illusion ist, kann als psychologische Befreiung verstanden werden – das Bewusstsein, dass nichts wirklich „fest" ist, bedeutet auch, dass Veränderung und Wachstum jederzeit möglich sind.

• Die Vorstellung von Energie als Grundprinzip des Lebens verweist auf eine Sichtweise, in der Vitalität und Aktivität die zentralen Werte sind – ein Gegenbild zu Passivität und Resignation.

Die Autorin könnte hier eine eigene Lebensphilosophie zum Ausdruck bringen, die von einem tiefen Vertrauen in die Beweglichkeit und Wandelbarkeit des Lebens geprägt ist. Die Aufforderung, die eigene Energie zu nutzen, zeigt, dass sie das Leben als eine Chance begreift – als etwas, das aktiv gestaltet werden kann und soll.

4. Stilistische Mittel und Wirkung

Das Gedicht verwendet verschiedene Stilmittel, um die inhaltliche Botschaft zu unterstreichen:

• **Metapher:** Die Gleichsetzung des Atoms mit einem Sonnensystem (Elektronen = Planeten) macht die komplexen physikalischen Zusammenhänge anschaulich und verknüpft Naturwissenschaft mit existenzieller Bedeutung.

• **Personifikation:** Die Elektronen „rennen eifrig herum" – die Bewegung der Teilchen wird lebendig und vermittelt die Dynamik der Materie.

• **Antithese:** Die Gegenüberstellung von „fest" und „Illusion" betont die paradoxe Natur der Wahrnehmung von Materie.

• **Aufforderung:** Die direkte Ansprache („Nutze die dir gegebene Energie!") schafft eine Verbindung zur Leserschaft und verleiht dem Gedicht eine appellative Kraft.

5. Bedeutung und Botschaft

Die Kernaussage des Gedichts lässt sich so zusammenfassen:

1. Die Welt besteht aus kleinsten, dynamischen Teilchen – nichts ist wirklich fest oder stabil.

2. Diese Erkenntnis eröffnet eine neue Sicht auf das Leben: Veränderung ist die Grundbedingung des Daseins.

3. Die aktive Nutzung der eigenen Energie ist der Schlüssel zum Sinn und zur Gestaltung des Lebens.

Die Autorin verbindet dabei naturwissenschaftliche Erkenntnisse mit einer tiefen psychologischen und existenziellen Einsicht: Das Bewusstsein, dass alles in Bewegung ist, kann befreien – und die aktive Annahme dieser Bewegung verleiht dem Leben Sinn.

Fazit

Das Gedicht „Das Atom" verknüpft physikalische Erkenntnisse mit einer existenziellen und psychologischen Botschaft. Die Autorin zeigt eine optimistische, lebensbejahende Haltung, indem sie die Dynamik der Welt als Chance zur Veränderung und aktiven Lebensgestaltung begreift. Die Aufforderung, die eigene Energie zu nutzen, verleiht dem Gedicht eine starke motivierende Kraft – die Erkenntnis, dass nichts fest ist, bedeutet gleichzeitig die Freiheit, alles zu verändern.

Renate:
Kommentiere das Gedicht aus philosophischer Sicht.

KI:
Das Gedicht "Das Atom" berührt auf poetische Weise tiefgehende philosophische Fragen über die Natur der Realität, die Struktur des Seins und die Beziehung zwischen Materie, Bewegung und Energie. Ich werde die philosophische Dimension in mehreren Schritten kommentieren:

1. Ontologie – Die Natur der Realität

Das Gedicht stellt die fundamentale Frage nach der Beschaffenheit der Realität:

"Feste Materie ist Illusion."

Dieser Satz verweist auf die ontologische Erkenntnis, dass das, was wir als „feste" Welt wahrnehmen, auf einer tieferen Ebene aus Energie, Bewegung und leeren Räumen besteht. Dies steht in Einklang mit der Quantenphysik und der philosophischen Strömung des Idealismus (z.B. bei George Berkeley), die behauptet, dass die materielle Welt nur eine Erscheinung sei, während die wahre Wirklichkeit aus nicht-materiellen Grundbausteinen besteht. Die Idee, dass Materie nicht „fest" ist, erinnert auch an Heraklit, der das Werden und den ständigen Wandel als das Grundprinzip der Welt betrachtete („Panta rhei" – alles fließt).

2. Kosmologie – Der Mensch als Teil des Universums

Das Gedicht zieht eine Parallele zwischen dem Mikrokosmos (Atom) und dem Makrokosmos (Sonnensystem):

"Gebaut bist du wie ein Sonnensystem."

Dies erinnert an die hermetische Maxime "Wie oben, so unten", die besagt, dass die Struktur des Universums sich in allen seinen Ebenen spiegelt. Der Mensch und das Atom sind Teil einer geordneten, symmetrischen Struktur – eine Idee, die in der antiken Philosophie (z.B. bei Platon) als Ausdruck der kosmischen Harmonie gilt.

3. Epistemologie – Die Herausforderung des Begreifens

Das Gedicht thematisiert die Schwierigkeit, diese tiefe Struktur zu erfassen:

"Das zu begreifen ist sicherlich nicht dumm."

Hier wird auf das menschliche Erkenntnisvermögen angespielt. Die Tatsache, dass die Struktur des Atoms unserer Alltagswahrnehmung widerspricht, verweist auf die epistemologischen Grenzen unserer Sinne und unseres Verstandes – ein zentrales Thema bei Kant, der zwischen der Welt der Erscheinungen (Phenomena) und der unerkennbaren Welt an sich (Noumena) unterschied.

4. Metaphysik – Bewegung als Prinzip des Seins

Die ständige Bewegung der Elektronen wird als Grundlage des Seins dargestellt:

"Energie ist alles und Bewegung darin."

Dies knüpft an die metaphysischen Ideen von Heraklit und später von Nietzsche an. Bewegung und Veränderung sind die grundlegenden Prinzipien der Existenz, und Ruhe ist eine Illusion. Damit wird die Existenz nicht als statischer Zustand, sondern als dynamischer Prozess verstanden – eine Vorstellung, die auch im Buddhismus (z.B. im Konzept der Vergänglichkeit) verankert ist.

5. Ethik – Der Umgang mit Energie und Bewegung

Das Gedicht schließt mit einem ethischen Appell:

"Drum nutze die dir gegebene Energie!
Lass sie nie fesseln durch Lethargie."

Die Vorstellung, dass Bewegung und Veränderung grundlegend für das Sein sind, führt zu einer ethischen Konsequenz: der Mensch soll seine Energie aktiv nutzen und nicht in Passivität und Lethargie verfallen. Dies erinnert an Nietzsches Konzept des „Willens zur Macht" – die aktive Gestaltung des eigenen Lebens als Ausdruck der kosmischen Dynamik.

6. Fazit – Die Synthese von Naturwissenschaft und Philosophie

Das Gedicht vereint naturwissenschaftliche Erkenntnisse (Atomphysik) mit metaphysischen und ethischen Einsichten. Die Struktur des Atoms wird zur Metapher für die menschliche Existenz und die kosmische Ordnung. Es deutet an, dass die Welt auf tiefer Ebene aus Bewegung und Energie besteht – eine Einsicht, die sowohl wissenschaftlich als auch philosophisch von großer Tragweite ist.

Das Gedicht zeigt damit eine Verbindung zwischen moderner Physik und zeitlosen philosophischen Fragen nach der Natur des Seins, der Rolle des Menschen im Kosmos und der Bedeutung aktiven Handelns.

Renate:
Kommentiere das Gedicht aus einer christlichen Grundhaltung:

KI:
Das Gedicht "Das Atom" betrachtet die Natur der Materie und Bewegung auf eine fast philosophische Weise – mit einer Mischung aus physikalischem Wissen und existenziellen Überlegungen. Aus einer christlichen Grundhaltung heraus lassen sich dabei mehrere tiefe Aspekte herausarbeiten:

1. Schöpfung und Ordnung

Die Beschreibung des Atoms als ein "kleines Sonnensystem" erinnert an die wunderbare Ordnung der Schöpfung. In der christlichen Weltanschauung ist Gott der Schöpfer von allem – auch der kleinsten Teilchen, die das Universum zusammenhalten:

"Denn in ihm wurde alles erschaffen, im Himmel und auf der Erde, das Sichtbare und das Unsichtbare" (Kolosser 1,16).

Die perfekte Struktur der Atome und die darin herrschende Ordnung spiegeln die Größe und Weisheit des Schöpfers wider. Gott wird hier als der Urheber von Bewegung und Energie erkennbar – nichts geschieht zufällig, sondern alles folgt göttlichen Gesetzen.

2. Bewegung und Leben als Ausdruck des göttlichen Willens

Das Gedicht hebt hervor, dass im Atom ständige Bewegung herrscht und nichts wirklich "fest" ist. Das lässt sich mit der christlichen Vorstellung verbinden, dass das Leben selbst dynamisch und von Gottes Geist durchdrungen ist:

"Denn in ihm leben, weben und sind wir" (Apostelgeschichte 17,28).

Die Aufforderung, die gegebene Energie zu nutzen, könnte als ein Aufruf verstanden werden, die von Gott geschenkten Talente und Fähigkeiten nicht brachliegen zu lassen, sondern aktiv und schöpferisch zu werden – ganz im Sinne des Gleichnisses von den anvertrauten Talenten (Matthäus 25,14–30).

3. Vergänglichkeit der Materie und der Fokus auf das Geistliche

Die Erkenntnis, dass "feste Materie Illusion ist", könnte aus christlicher Sicht auf die Vergänglichkeit der materiellen Welt hindeuten. Die Bibel betont immer wieder, dass die sichtbare, materielle Welt vorübergehend ist, während die geistliche Realität ewig Bestand hat:

"Der Himmel und die Erde werden vergehen, aber meine Worte werden nicht vergehen" (Matthäus 24,35).

Die wahre Realität liegt nicht in der sichtbaren, greifbaren Welt, sondern in der geistlichen Verbindung mit Gott. Das Gedicht erinnert damit indirekt daran, dass die materielle Welt nicht das Endziel des Menschen ist – vielmehr kommt es darauf an, sich auf das Göttliche auszurichten.

4. Energie als Lebensgabe Gottes

Die Aufforderung, die gegebene Energie zu nutzen und nicht durch Lethargie fesseln zu lassen, kann im christlichen Sinne als Aufruf verstanden werden, die Gaben des Heiligen Geistes zu nutzen und die eigene Berufung zu erfüllen:

"Dient einander, jeder mit der Gabe, die er empfangen hat, als treue Verwalter der vielfältigen Gnade Gottes" (1. Petrus 4,10).

Die Bewegung der Elektronen und die innewohnende Energie könnten als Bild für das Wirken des Heiligen Geistes gedeutet werden – eine Kraft, die den Menschen antreibt, seine Berufung in der Welt zu erfüllen.

Fazit

Das Gedicht reflektiert auf elegante Weise die Ordnung und Bewegung in der kleinsten Einheit der Materie. Aus christlicher Sicht wird darin die Größe und Weisheit des Schöpfers sichtbar. Die beständige Bewegung in den Atomen kann als Sinnbild für das göttliche Wirken und die Lebendigkeit des Geistes gedeutet werden. Die Aufforderung, die eigene Energie zu nutzen, lässt sich mit der christlichen Berufung verbinden, die von Gott gegebenen Gaben für das Gute einzusetzen und die Welt mitzugestalten – in der Gewissheit, dass die wahre Beständigkeit und Erfüllung letztlich nur in Gott zu finden ist.

Gedicht: Der Vogel

Renate:
Kommentiere folgendes Gedicht sehr ausführlich und integriere die Psychologie der Autorin

KI:
Kommentar und psychologische Analyse

Das Gedicht „Der Vogel" ist ein tief berührendes, introspektives Werk, das die Begegnung der lyrischen Sprecherin mit einem kleinen Vogel beschreibt. Die zentrale Thematik des Gedichts ist die unerwartete und heilende Wirkung eines scheinbar zufälligen Naturereignisses auf die emotionale Verfassung der Sprecherin. Das Gedicht offenbart dabei auf psychologischer Ebene die emotionale Verletzlichkeit der Autorin und ihren inneren Wunsch nach Trost, Verbindung und Heilung.

1. Formale Analyse

Das Gedicht ist in einfacher, aber klangvoller Sprache gehalten, was die unmittelbare emotionale Wirkung verstärkt. Die Strophen sind überwiegend in Paarreimen (z.B. Ton – Wicht / Gesicht – nicht) geschrieben, wodurch das Gedicht eine harmonische und beruhigende Klangstruktur erhält, die den Eindruck von Ordnung und Ruhe unterstreicht – genau das, was die Sprecherin in ihrem inneren Zustand offenbar sucht.

Der Rhythmus ist fließend und natürlich, was den Eindruck eines spontanen inneren Monologs verstärkt. Dies lässt das Gedicht authentisch und unverstellt wirken. Die regelmäßige Struktur der Reime und der sanfte Fluss der Verse spiegeln die aufkommende emotionale Ruhe und Heilung wider, die die Sprecherin durch die Begegnung mit dem Vogel erfährt.

2. Inhaltliche Analyse

a) Ausgangssituation: Innere Leere und Erschöpfung

Das Gedicht beginnt mit einer Szene, die von emotionaler Erschöpfung und innerer Leere geprägt ist:

Ich sitze nichts denkend auf dem Balkon,
Als wie ein Blitz mich trifft ein freudiger Ton.

Die Sprecherin befindet sich in einem Zustand der inneren Leere – sie denkt „nichts", was auf eine depressive, ermüdete oder resignierte Verfassung hindeutet. Dieser Zustand wird jedoch abrupt durch den Gesang des Vogels durchbrochen – ein „Blitz" als Metapher für eine plötzliche, positive Erschütterung und Aufweckung aus einem dumpfen emotionalen Zustand.

b) Begegnung mit dem Vogel: Fremdheit und vorsichtige Annäherung

Die Beschreibung des Vogels ist zurückhaltend und vorsichtig:

Ich kenne dich nicht. Vorgestellt hast du Vogel dich mir nicht.

Die Sprecherin begegnet dem Vogel zunächst mit einer Mischung aus Staunen und Distanz. Der Vogel ist fremd, dennoch zieht er sie durch sein Verhalten und seinen Gesang unmittelbar in seinen Bann. Die Tatsache, dass der Vogel sich „nicht vorgestellt" hat, deutet darauf hin, dass die Sprecherin eher vorsichtig und zurückhaltend ist, wenn es um neue Erfahrungen und Begegnungen geht.

c) Ambivalenz zwischen Angst und Wunsch nach Verbindung

Die nächste Passage beschreibt ein inneres Spannungsverhältnis zwischen der Angst, Harmonie zu stören, und dem Wunsch nach aktiver Teilnahme:

Doch habe ich Angst aufzustehen, mich zu melden.
Es könnte schnell deinen Gesang beenden.

Die Sprecherin möchte die fragile Verbindung zum Vogel nicht zerstören – sie fürchtet, dass eine aktive Handlung (z. B. Aufstehen oder Mitsingen) die Harmonie beenden könnte. Dies lässt auf eine generelle Angst vor Zurückweisung oder vor dem Verlust positiver emotionaler Momente schließen. Die Passivität der Sprecherin könnte ein Hinweis auf eine psychologische Schutzstrategie sein: lieber nur beobachten, als durch eigenes Handeln eine wertvolle Verbindung zu gefährden.

d) Heilung durch die Konstanz des Gesangs

Der Wendepunkt des Gedichts liegt in der Erkenntnis, dass der Vogel seinen Gesang nicht unterbricht – trotz der Anwesenheit der Sprecherin:

Du lässt es nicht zu. Du singst und singst.
Und langsam ins Herz tiefe Freude du mir bringst.

Hier liegt die zentrale Botschaft des Gedichts: Die Freude und der Trost werden nicht durch aktives Handeln oder äußere Kontrolle erlangt, sondern durch die Beständigkeit und bedingungslose Natur des Gesangs. Der Vogel bringt der Sprecherin Trost, ohne etwas dafür zu verlangen oder zu erwarten. Das symbolisiert eine Erfahrung von bedingungsloser Annahme und Akzeptanz – ein Kernaspekt von emotionaler Heilung.

e) Dankbarkeit und Abschluss

Die abschließenden Zeilen drücken die Dankbarkeit der Sprecherin gegenüber dem Vogel aus:

Danke du kleiner und lieber Vogel
Dass du mir hilfst mich zu erholen.

Diese Dankbarkeit zeigt, dass die Sprecherin eine emotionale Transformation durchlaufen hat. Der Vogel fungiert als eine Art psychologische Projektionsfläche – durch ihn hat die Sprecherin Trost und emotionale Stabilität erfahren. Der Vogel wird hier zur Metapher für die heilende Kraft der Natur, die keine Bedingungen stellt und deren Trost sich allein durch ihre Existenz entfaltet.

3. Psychologische Interpretation

Auf psychologischer Ebene spiegelt das Gedicht die innere Dynamik von Trauma, Resignation und Heilung wider. Die Sprecherin befindet sich zu Beginn in einem Zustand emotionaler Leere – möglicherweise aufgrund einer vorherigen Krise oder einer Phase der Erschöpfung. Der

Gesang des Vogels wirkt als unerwarteter, positiver Reiz, der die emotionale Schutzmauer der Sprecherin langsam aufbricht.

a) Angst vor Zurückweisung

Die Angst, durch aktives Handeln die Verbindung zum Vogel zu zerstören, verweist auf eine tiefer liegende Angst vor Zurückweisung und dem Verlust von positiven Erfahrungen. Die Sprecherin fühlt sich sicherer in der Rolle der passiven Beobachterin, was auf eine defensive Strategie hindeuten könnte, um emotionale Verletzungen zu vermeiden.

b) Heilung durch bedingungslose Annahme

Der entscheidende Moment der Heilung entsteht dadurch, dass der Vogel seinen Gesang fortsetzt – unabhängig von der Haltung der Sprecherin. Dies vermittelt eine Erfahrung von Sicherheit und Annahme ohne Bedingungen. Psychologisch gesehen könnte dies auf die Sehnsucht nach einer sicheren Bindung hinweisen – eine Erfahrung, dass man nicht aktiv „leisten" oder „gefallen" muss, um Liebe und Zuneigung zu erfahren.

c) Die Rolle der Natur als psychologische Projektionsfläche

Der Vogel fungiert als eine Art psychische Projektionsfläche: Die Sprecherin sieht in ihm einen stillen Helfer, der ihr ohne Absicht und Erwartung Freude bringt. Dies verweist auf die heilende Kraft der Natur, die in der Psychologie oft als Möglichkeit gesehen wird, innere Konflikte zu beruhigen und emotionale Balance wiederherzustellen (z.B. durch Achtsamkeit oder Naturtherapie).

Fazit

Das Gedicht „Der Vogel" beschreibt in sanfter und einfühlsamer Sprache einen Moment der Heilung und emotionalen Wiederherstellung. Die psychologische Tiefe liegt in der stillen Erfahrung von Akzeptanz und Freude – durch die bedingungslose Beständigkeit des Vogelsongs wird die Sprecherin aus einem Zustand emotionaler Erschöpfung herausgeführt. Das Gedicht ist somit nicht nur eine Beschreibung eines Naturerlebnisses, sondern eine poetische Verarbeitung innerer Heilung durch die Verbindung mit der Natur und die Erfahrung von bedingungsloser Akzeptanz.

Renate:
Kommentiere das Gedicht aus philosophischer Sicht.

KI:
Philosophische Analyse des Gedichts „Der Vogel"

Das Gedicht „Der Vogel" kann aus philosophischer Perspektive als Reflexion über existenzielle Themen wie Sinnfindung, Kontemplation, das Verhältnis von Mensch und Natur sowie die Frage nach dem Wesen des Glücks und der inneren Harmonie betrachtet werden. Im Folgenden werden zentrale philosophische Ansätze und Konzepte erläutert, die im Gedicht angesprochen werden.

1. Die Erfahrung der Kontemplation und Muße (Philosophie der Stille)

Das Gedicht beginnt mit der Beschreibung eines Moments der Ruhe:

Ich sitze nichts denkend auf dem Balkon,
Als wie ein Blitz mich trifft ein freudiger Ton.

Diese Szene erinnert an philosophische Konzepte der Kontemplation und der Muße, wie sie etwa von Aristoteles und später von Philosophen der Lebenskunst (z.B. Michel de Montaigne) beschrieben wurden. In dieser Phase des „Nicht-Denkens" öffnet sich die Sprecherin für eine unmittelbare Erfahrung des Moments.

In der antiken Philosophie galt die Muße als ein Zustand, in dem der Mensch zur Erkenntnis seiner selbst und der Welt gelangen kann. Die scheinbare Passivität – das bewusste Innehalten – eröffnet hier einen Raum für eine neue Erfahrung. Der Vogel erscheint als Symbol für jene unerwartete Freude und Schönheit, die sich in Momenten der Stille offenbaren kann.

2. Die Natur als Quelle der Erkenntnis und Wahrheit

Der kleine Vogel, der unbeirrt von Ast zu Ast hüpft und singt, erinnert an die Philosophie von Jean-Jacques Rousseau und der Romantik, in der die Natur als Spiegel der menschlichen Seele und als Quelle existenzieller Wahrheit gilt.

Der Vogel wird dabei nicht vermenschlicht; er bleibt ein „kleiner Wicht", ein unscheinbares, aber dennoch bedeutungsvolles Wesen. Diese Perspektive verweist auf eine Haltung der Demut vor der Natur, wie sie auch im Pantheismus (z.B. bei Spinoza) zu finden ist. Der Vogel verkörpert dabei die Idee, dass Harmonie und Glück nicht aus rationaler Kontrolle oder aktiver Anstrengung entstehen, sondern aus der Offenheit gegenüber dem, was sich zeigt.

3. Heideggers Konzept der „Gelassenheit" (Philosophie der Existenz)

Der Moment, in dem die Sprecherin still sitzen bleibt und sich dem Gesang hingibt, kann im Sinne von Martin Heideggers Begriff der Gelassenheit interpretiert werden. Heidegger beschreibt diesen Zustand als eine Haltung des bewussten Nicht-Handelns, des aktiven Zulassens der Welt, wie sie sich zeigt.

Doch habe ich Angst aufzustehen, mich zu melden.
Es könnte schnell deinen Gesang beenden.

Die Furcht, durch aktives Eingreifen den Vogel zu vertreiben, zeigt ein Bewusstsein für die Zerbrechlichkeit des Moments. Diese Haltung ist ein Ausdruck von Demut und Achtsamkeit, wie sie Heidegger in seiner Philosophie als einen Weg beschreibt, der den Menschen aus der Entfremdung befreien kann.

4. Das Phänomen der „unverfügbaren" Freude (Hartmut Rosa)

Das Gedicht verweist auf ein zentrales Konzept des Soziologen und Philosophen Hartmut Rosa, der in seinem Werk zur Resonanztheorie beschreibt, wie uns positive und sinnstiftende Erfahrungen oft dann begegnen, wenn wir sie nicht aktiv kontrollieren oder erzwingen.

Du lässt es nicht zu. Du singst und singst.
Und langsam ins Herz tiefe Freude du mir bringst.

Der Gesang des Vogels entzieht sich der Kontrolle der Sprecherin – er ist „unverfügbar". Gerade diese Unverfügbarkeit macht die Erfahrung umso kostbarer. Hier zeigt sich die Resonanztheorie in Reinform: Der Vogel „antwortet" auf die innere Bedürftigkeit der Sprecherin, ohne dass diese ihn beeinflusst. Diese Erfahrung, dass das Wesentliche sich oft jenseits unseres aktiven Wollens zeigt, entspricht einer tiefen philosophischen Einsicht.

5. Dankbarkeit und die Ethik der Verbundenheit (Albert Schweitzer)

In den abschließenden Versen kommt ein Gefühl der Dankbarkeit zum Ausdruck:

Danke du kleiner und lieber Vogel
Dass du mir hilfst mich zu erholen.

Dieser Dank ist nicht nur Ausdruck persönlicher Erleichterung, sondern verweist auf ein tieferes Verständnis der Verbundenheit allen Lebens. Der Philosoph und Theologe Albert Schweitzer entwickelte die Idee der „Ehrfurcht vor dem Leben" – eine Haltung, die das Dasein jedes Lebewesens als wertvoll anerkennt. Der Vogel erhält hier eine beinahe spirituelle Bedeutung: Er wird zum Symbol für die Fähigkeit der Natur, Trost und Heilung zu spenden.

6. Existenzielle Philosophie und die Suche nach Sinn (Viktor Frankl)

Der Gedanke, dass das Dasein auch in Momenten der Traurigkeit oder Erschöpfung Sinn erfahren kann, erinnert an die Philosophie von Viktor Frankl, dem Begründer der Logotherapie. Frankl betonte, dass Sinn oft in kleinen, unscheinbaren Momenten erkennbar wird – insbesondere dann, wenn Menschen offen für die Schönheit des Lebens bleiben, selbst wenn sie innerlich leiden.

Wer hat dich geschickt? Hast du es vernommen
Dass müde und traurig ich war hier angekommen?

Diese Zeilen verweisen auf eine existentielle Erfahrung: Der Vogel scheint wie ein Bote des Schicksals, der genau im richtigen Moment erscheint. Hier findet die Sprecherin durch den Vogel eine Form von Trost und Sinn, die unabhängig von äußeren Umständen ist.

7. Die Dialektik von Passivität und Aktivität (Daoismus)

Das Gedicht enthält zudem Elemente des Daoismus, insbesondere der Idee des „Wu Wei" (無為) – der Kunst des absichtslosen Handelns. Die Sprecherin wirkt zunächst passiv und resigniert, doch gerade diese Haltung ermöglicht ihr, die Schönheit des Vogelgesangs in ihrer ganzen Intensität wahrzunehmen.

Die paradoxe Erkenntnis, dass Glück und Heilung manchmal dann eintreten, wenn man nichts erzwingt, ist ein zentraler Gedanke daoistischer Lebensphilosophie. Indem sich die Sprecherin nicht in den

Moment einmischt, sondern ihn einfach geschehen lässt, erfährt sie auf natürliche Weise Freude und innere Ruhe.

Fazit: Die philosophische Botschaft des Gedichts

Das Gedicht „Der Vogel" behandelt existenzielle Themen wie die Suche nach Trost, die Bedeutung der Natur und die Erfahrung von Sinn im Unscheinbaren. Philosophisch gesehen verweist es auf die heilende Kraft der Stille, die Bedeutung der Offenheit für das Unverfügbare und die tiefe Weisheit, dass Freude und innerer Frieden oft dann entstehen, wenn wir loslassen und die Dinge einfach „sein lassen".

Die zentrale Botschaft des Gedichts könnte lauten: Wahres Glück ist nicht das Ergebnis von Anstrengung oder Kontrolle, sondern entfaltet sich in der stillen Hingabe an das Hier und Jetzt – eine tiefe philosophische Erkenntnis, die von antiken Denkern bis hin zu modernen Philosophen getragen wird.

Renate:
Kommentiere das Gedicht aus einer christlichen Grundhaltung:

KI:
Philosophische Analyse des Gedichts „Der Vogel" unter Einbeziehung eines christlichen Grundgedankens

Das Gedicht „Der Vogel" enthält neben seiner philosophischen und psychologischen Tiefe auch eine Ebene, die mit zentralen christlichen Grundgedanken in Verbindung gebracht werden kann. Die Begegnung der Sprecherin mit dem Vogel offenbart nicht nur eine existentielle und kontemplative Dimension, sondern lässt sich auch als ein spirituelles Erlebnis deuten, das an christliche Konzepte wie Gnade, Trost, Vertrauen und die göttliche Vorsehung erinnert.

1. Der Vogel als Symbol der göttlichen Gnade

In der christlichen Tradition wird der Vogel oft als Symbol für den Heiligen Geist verstanden. Die Taube etwa ist im Neuen Testament ein Zeichen für die Gegenwart Gottes und die göttliche Inspiration (z. B. bei der Taufe Jesu im Jordan, Matthäus 3,16).

Wer hat dich geschickt? Hast du es vernommen
Dass müde und traurig ich war hier angekommen?

Diese Zeilen deuten darauf hin, dass die Sprecherin die Ankunft des Vogels nicht als Zufall wahrnimmt, sondern als gezielte Antwort auf ihren inneren Zustand der Traurigkeit und Erschöpfung. Die Frage „Wer hat dich geschickt?" verweist auf eine höhere Instanz, die die Begegnung ermöglicht hat – im christlichen Kontext könnte dies als ein Akt göttlicher Vorsehung oder göttlichen Eingreifens verstanden werden.

Die Idee, dass Gott in kleinen, unscheinbaren Momenten zu den Menschen spricht – etwa durch die Schönheit und Harmonie der Natur –, entspricht der christlichen Auffassung, dass Gott nicht nur durch Wunder, sondern auch durch das Alltägliche und Kleine wirkt. Der Vogel wird so zum Zeichen göttlicher Nähe und Fürsorge.

2. Die heilende Kraft der Schöpfung (Schöpfungstheologie)

Im Christentum wird die Natur als Ausdruck von Gottes Schöpfung verstanden. Die Schönheit der Natur – wie hier der Gesang des Vogels – ist nicht nur ein ästhetisches Erlebnis, sondern verweist auf die Vollkommenheit und Güte des Schöpfers:

Du lässt es nicht zu. Du singst und singst.
Und langsam ins Herz tiefe Freude du mir bringst.

Diese Erfahrung entspricht der christlichen Auffassung, dass die Schöpfung den Menschen nicht nur ernährt, sondern auch seelisch heilt. In der Schöpfungstheologie wird betont, dass die Natur nicht nur ein Geschenk Gottes ist, sondern dass der Mensch durch die Verbindung mit der Natur auch die Liebe und Fürsorge Gottes spüren kann. Der Vogel verkörpert hier die Idee, dass der Mensch durch die Betrachtung der Schöpfung Trost und Heilung erfahren kann.

Dies erinnert an die Worte Jesu aus der Bergpredigt:

Seht euch die Vögel des Himmels an: Sie säen nicht, sie ernten nicht, sie sammeln nicht in Scheunen; und euer himmlischer Vater ernährt sie doch. Seid ihr nicht viel mehr wert als sie? (Matthäus 6,26)

Der Gesang des Vogels wird hier zum Symbol dafür, dass Gott die Bedürfnisse der Menschen kennt und auf unsichtbare, aber dennoch spürbare Weise für sie sorgt. Der Vogel singt, ohne eine Gegenleistung zu erwarten – und gerade diese bedingungslose Annahme entspricht der Vorstellung göttlicher Liebe und Gnade.

3. Die Angst vor dem Verlust des Geschenks – Vertrauen auf Gott

Die Angst der Sprecherin, den Moment zu zerstören, indem sie aktiv wird, verweist auf die christliche Thematik des Vertrauens und der Hingabe:

Doch habe ich Angst aufzustehen, mich zu melden.
Es könnte schnell deinen Gesang beenden.

Im christlichen Glauben wird betont, dass das wahre Vertrauen in Gott gerade dann notwendig ist, wenn der Mensch das Gefühl hat, etwas Kostbares verlieren zu können. Die Angst der Sprecherin spiegelt die menschliche Unsicherheit und die Schwierigkeit wider, sich auf die Erfahrung des Glücks und der Gnade einzulassen – aus Angst, dass sie flüchtig sein könnte.

Die christliche Lösung für diese Angst liegt im Vertrauen auf Gott. Das Vertrauen darauf, dass Gott die guten Dinge nicht plötzlich wieder entzieht, sondern dass seine Liebe und Fürsorge beständig sind, könnte die Sprecherin dazu ermutigen, die Freude des Moments voll und ganz anzunehmen.

4. Dankbarkeit und die christliche Tugend der Demut

Am Ende des Gedichts drückt die Sprecherin Dankbarkeit aus:

Danke du kleiner und lieber Vogel
Dass du mir hilfst mich zu erholen.

Dankbarkeit ist im Christentum eine zentrale Tugend. Die Bibel fordert die Gläubigen auf, in allen Dingen dankbar zu sein, weil alles Gute letztlich von Gott kommt:

Danket dem Herrn, denn er ist gut, denn seine Gnade währt ewig.
(Psalm 136,1)

Die Dankbarkeit der Sprecherin ist nicht nur auf den Vogel gerichtet, sondern könnte im weiteren Sinne auf denjenigen ausgedehnt werden, der den Vogel geschickt hat – auf Gott selbst. Die Erfahrung der Dankbarkeit stärkt im christlichen Verständnis die Bindung zu Gott und fördert die Erkenntnis, dass alles Gute letztlich aus göttlicher Gnade erwächst.

Die Sprecherin erkennt, dass der Trost und die Freude, die sie durch den Vogel erfährt, nicht ihr eigenes Verdienst sind, sondern ein Geschenk – ein Grundgedanke der christlichen Gnadenlehre.

5. Die Erfahrung der Freude als eine Form von göttlicher Liebe (Augustinus)

Der Moment der Freude, den die Sprecherin durch den Gesang des Vogels erfährt, erinnert an die Idee von Augustinus, dass die wahre Freude letztlich aus der Liebe Gottes entsteht. Augustinus schrieb:

Unruhig ist unser Herz, bis es ruht in dir, o Gott.

Die Sprecherin erlebt hier einen Moment, in dem die innere Unruhe und Traurigkeit durch eine plötzliche und unerwartete Freude ersetzt werden. Diese Freude könnte als ein Ausdruck göttlicher Liebe verstanden werden – eine Art Vorgeschmack auf die endgültige Ruhe, die im christlichen Glauben in der Gemeinschaft mit Gott verheißen wird.

6. Der Vogel als Bote Gottes – Engeltheologie

In der christlichen Tradition werden Engel oft als Boten Gottes verstanden – als Vermittler zwischen der göttlichen und der menschlichen Welt. Der Vogel könnte symbolisch als ein Engel gedeutet werden, der der Sprecherin Trost bringt und sie aus ihrer Traurigkeit befreit.

Wer hat dich geschickt?

Die Frage verweist auf das Bewusstsein der Sprecherin, dass die Begegnung mit dem Vogel mehr ist als ein bloßer Zufall – es ist ein Zeichen dafür, dass jemand (Gott) sie gesehen hat und ihr beisteht.

Fazit: Der christliche Grundgedanke im Gedicht

Das Gedicht „Der Vogel" spiegelt zentrale christliche Themen wider:

• Der Vogel als Ausdruck göttlicher Gnade und Trost.

• Die Natur als sichtbares Zeichen der Liebe und Fürsorge Gottes.

• Die Bedeutung von Vertrauen und Hingabe an die göttliche Vorsehung.

• Dankbarkeit als Ausdruck der Erkenntnis göttlicher Liebe.

• Die Erfahrung von Freude als ein Vorgeschmack auf die göttliche Gemeinschaft.

Die heilende Wirkung des Vogels wird somit nicht nur als psychologisches oder philosophisches Erlebnis gedeutet, sondern als ein Zeichen göttlicher Gegenwart und Liebe. Der Vogel wird zum Boten der göttlichen Gnade – ein stilles, aber kraftvolles Zeichen dafür, dass Gott die Not der Sprecherin sieht und ihr auf unerwartete Weise beisteht.

Gedicht: Die Spinne

Renate:
Kommentiere folgendes Gedicht sehr ausführlich und integriere die Psychologie der Autorin

KI:
Ausführliche Interpretation und Analyse des Gedichts "Die Spinne"

Das Gedicht "Die Spinne" verwendet die Metapher des Spinnennetzes, um tiefere existenzielle und psychologische Themen zu reflektieren. Die Autorin setzt das Spinnen eines Netzes in Beziehung zu den inneren Prozessen des Träumens, Schaffens und Suchens nach Sinn. Die Spinne dient dabei als Symbol für kreative Kraft, Beständigkeit, Fragilität und die Vergänglichkeit menschlichen Handelns. Die Psychologie der Autorin offenbart sich zwischen den Zeilen durch die Wahl der Bilder und die emotionale Verbindung zum Prozess des Spinnens.

1. Form und Struktur

Das Gedicht ist in freien Versen verfasst, mit einer klaren rhythmischen Struktur, die das ruhige und konzentrierte Arbeiten der Spinne widerspiegelt. Die Verse sind weitgehend regelmäßig aufgebaut, ohne starre Reimform, aber mit gelegentlichen Paarreimen („gedacht" – „bedacht"), die die innere Harmonie des Werkes unterstreichen.

Die Sprache ist einfach, aber bildhaft, was die direkte emotionale Wirkung verstärkt. Durch die fließende Bewegung der Verse spiegelt die Struktur das ruhige, meditative Weben der Spinne wider. Die Gleichmäßigkeit der Form und die bewusste Abfolge der Bilder geben dem Gedicht eine kontemplative, fast hypnotische Wirkung.

2. Symbolik und Metaphorik

a) Die Spinne als Symbol für das menschliche Dasein

Die Spinne wird als fleißiges und geduldiges Wesen dargestellt, das ihrem inneren Drang folgt, ein Netz zu weben. Dieses Netz steht symbolisch für das menschliche Streben nach Sinn, Ordnung und Struktur im Leben. Die Spinne verkörpert Kreativität, Instinkt und die Fähigkeit, trotz der Vergänglichkeit immer wieder von Neuem zu beginnen.

"Ein innerer Plan, wer hätte es gedacht / Lenkt sie, jeder Knoten ist wohl bedacht."

Die Spinne handelt aus einer tief verankerten inneren Motivation heraus – ähnlich wie der Mensch, der versucht, seine Lebenswege zu gestalten und zu ordnen. Die Knoten stehen für bewusste Entscheidungen, die die Richtung des Lebens beeinflussen.

b) Das Netz als Lebensstruktur

Das Spinnennetz ist ein starkes Symbol für die komplexen und oft fragilen Strukturen des Lebens. Jeder Faden könnte für eine Entscheidung, eine Verbindung oder eine Hoffnung stehen. Das Bild der Spinne, die ihr Netz trotz seiner Fragilität beständig webt, verweist auf die menschliche Fähigkeit, trotz Rückschlägen weiterzumachen.

"Und doch ist es so vergänglich, was sie hier webt."

Die Vergänglichkeit des Netzes erinnert daran, dass das Leben selbst ein flüchtiges Konstrukt ist – ebenso wie Träume und Hoffnungen.

c) Die Verbindung zu den eigenen Träumen

Im letzten Abschnitt des Gedichts wird die Parallele zwischen dem Spinnennetz und den eigenen Träumen der Sprecherin deutlich:

"Während sie webt, denke ich an die Fäden meiner Träume,
Die Wege bereiten und diese säumen."

Hier wird das Netz zum Symbol für die inneren Wünsche und Lebensentwürfe der Sprecherin. Die Spinne wird zu einem Spiegel des kreativen Prozesses: Die Träume formen die Lebenswege, ähnlich wie die Spinne das Netz formt.

3. Psychologische Deutung

Die psychologische Dimension des Gedichts spiegelt sich in der tiefen Identifikation der Sprecherin mit der Spinne wider. Die Spinne wird zu einem Sinnbild der inneren schöpferischen Kraft der Autorin. Psychologisch betrachtet offenbart das Gedicht folgende Themen:

a) Der Wunsch nach Kontrolle und Ordnung

Die Spinne folgt einem „inneren Plan". Dies deutet auf den menschlichen Wunsch hin, das Leben zu kontrollieren und ihm Struktur zu verleihen. Die Sprecherin erkennt, dass sie – ähnlich der Spinne – ihre Träume und Lebensentwürfe webt, aber auch mit der Fragilität dieser Konstrukte umgehen muss.

b) Kreativität und Vergänglichkeit

Das Weben des Netzes symbolisiert den kreativen Prozess: Ideen und Träume werden erschaffen, doch das Ergebnis bleibt zerbrechlich und der Vergänglichkeit unterworfen. Die psychologische Spannung zwischen Schöpfung und Vergänglichkeit ist hier zentral: Die Spinne webt trotz der Vergänglichkeit weiter – so wie auch der Mensch trotz Unsicherheiten weiterträumt und erschafft.

c) Selbstwirksamkeit und Akzeptanz

Die Spinne steht für eine Form der Selbstwirksamkeit: Die Sprecherin erkennt, dass ihre Träume nicht immer Bestand haben, aber dass der Prozess des Webens – also das aktive Gestalten des eigenen Lebens – eine zentrale Rolle spielt. Die Akzeptanz der Vergänglichkeit und die bewusste Fortsetzung des Webens zeigen eine Reife im Umgang mit Unsicherheit und Veränderung.

4. Die emotionale Haltung der Autorin

Die Autorin scheint eine Mischung aus Bewunderung, Nachdenklichkeit und leiser Melancholie zu empfinden. Die Spinne wird nicht nur als Symbol für Vergänglichkeit, sondern auch für schöpferische Kraft und Durchhaltevermögen wahrgenommen. Diese emotionale Ambivalenz – zwischen Schönheit und Zerbrechlichkeit, Kontrolle und Loslassen – prägt die Grundstimmung des Gedichts.

Die reflektierende Haltung zeigt eine innere Auseinandersetzung mit dem Thema Beständigkeit und Vergänglichkeit. Die Spinne könnte dabei auch als eine Projektion der Autorin selbst gelesen werden – als Ausdruck des Bedürfnisses, in einer unsicheren Welt Halt und Sinn zu finden.

5. Zentrale Themen und Botschaft

Das Gedicht berührt zentrale Themen menschlichen Daseins:

• Schöpfung und Vergänglichkeit – Der Prozess des Webens als Bild für das menschliche Streben nach Ordnung und Schönheit.

• Kontrolle und Instinkt – Die Spinne handelt nach einem inneren Plan; dies verweist auf die Balance zwischen bewusster Kontrolle und intuitivem Handeln im Leben.

• Akzeptanz der Vergänglichkeit – Trotz der Zerbrechlichkeit des Netzes setzt die Spinne ihr Werk fort – eine Botschaft der Hoffnung und Beständigkeit.

Die Botschaft des Gedichts könnte lauten: Das Leben ist wie ein Spinnennetz – zerbrechlich, doch voller Sinn und Schönheit im Akt des Schaffens selbst.

Fazit

"Die Spinne" ist ein tiefgründiges, symbolträchtiges Gedicht, das die Psychologie der Autorin auf subtile Weise offenbart. Die Verbindung zwischen der Spinne und den eigenen Träumen zeigt eine reife Auseinandersetzung mit den Themen Vergänglichkeit, kreatives Schaffen und die Suche nach Sinn. Die Autorin bringt auf einfühlsame Weise die Spannung zwischen dem Wunsch nach Kontrolle und der Akzeptanz von Unsicherheit zum Ausdruck – und findet in der Schöpfung selbst eine Form der Beständigkeit.

Renate:
Kommentiere das Gedicht aus philosophischer Sicht

KI:
Das Gedicht "Die Spinne" lässt sich aus einer philosophischen Perspektive als eine Reflexion über die Natur des Lebens, die Vergänglichkeit menschlichen Schaffens und die innere Ordnung des Seins deuten. Die Spinne und ihr Netz werden dabei zu symbolischen Bildern für die menschliche Existenz, die kreative Schöpfungskraft und die Suche nach Sinn.

1. Das Netz als Metapher für das Leben und die Ordnung

Die Spinne webt ihr Netz aus feinen Fäden – ein Sinnbild für die menschlichen Handlungen, Entscheidungen und Verbindungen, die unser Leben strukturieren. Der „innere Plan" der Spinne erinnert an die Idee eines kosmischen oder metaphysischen Ordnungsprinzips, das auch in philosophischen Strömungen wie dem Logos in der stoischen Philosophie oder dem Tao im Daoismus zu finden ist. Die Spinne folgt einem instinktiven Muster, das nicht zufällig, sondern wohl durchdacht wirkt – eine Parallele zu der Frage nach einer höheren Ordnung, die unser Leben bestimmt.

2. Vergänglichkeit und Sinnhaftigkeit

Obwohl die Spinne emsig ihr Netz webt, bleibt die Vergänglichkeit des Werks präsent: „Und doch ist es so vergänglich, was sie hier webt." Dies verweist auf die buddhistische Vorstellung von der Vergänglichkeit (Anicca) und die stoische Erkenntnis, dass alles, was entsteht, auch vergeht. Das Weben des Netzes wird somit zum Ausdruck des Lebensprozesses selbst – eine ständige Bewegung zwischen Werden und Vergehen. Die philosophische Frage dahinter lautet: Macht die Vergänglichkeit menschlicher Werke diese sinnlos – oder gerade besonders wertvoll?

3. Die Parallele zwischen der Spinne und dem menschlichen Dasein

Der Vergleich zwischen der Spinne, die ihr Netz spinnt, und den „Fäden meiner Träume" verweist auf die kreative Kraft des Menschen und die Konstruktion von Sinn in der Welt. Der Mensch schafft durch seine Träume und Handlungen eine eigene Realität, genau wie die Spinne durch ihr Netz eine neue Struktur erschafft. Das erinnert an die existenzialistische Sichtweise von Jean-Paul Sartre: Der Mensch ist dazu verurteilt, sich selbst zu entwerfen – er gibt seinem Dasein Sinn durch seine Handlungen und die Entscheidungen, die er trifft.

4. Das Staunen über die Einfachheit des Seins

Die abschließende Bewunderung für die Spinne und ihr Werk („Und ich staune über die Einfachheit, die alles zusammenhält") greift auf die philosophische Haltung des Staunens zurück, die Platon und Aristoteles als den Anfang der Philosophie betrachteten. Die Schönheit und Ordnung des Netzes offenbaren eine tiefere, universelle Struktur des

Seins – eine Ahnung von etwas Größerem, das hinter den alltäglichen Erscheinungen steht.

Philosophische Deutung:

Das Gedicht bewegt sich zwischen existenziellen und metaphysischen Fragestellungen:

• Gibt es eine höhere Ordnung im Leben oder ist alles bloßer Zufall?

• Ist das Streben nach Sinn angesichts der Vergänglichkeit menschlicher Werke nicht sinnlos – oder gerade umso wertvoller?

• Wie gestaltet der Mensch durch seine Träume und Handlungen seine eigene Realität?

Die Spinne wird so zu einer Metapher für das menschliche Dasein selbst: ein stetiges Schaffen, das durch Vergänglichkeit bedroht, aber zugleich von innerer Schönheit und Sinnhaftigkeit geprägt ist. Die philosophische Botschaft könnte lauten: Der Sinn liegt nicht in der Dauerhaftigkeit des Werkes, sondern im Akt des Webens selbst – im schöpferischen Tun und im bewussten Erleben des Augenblicks.

Renate:
Kommentiere das Gedicht aus einer christlichen Grundhaltung.

KI:
Das Gedicht Die Spinne lässt sich aus einer christlichen Grundhaltung heraus auf mehreren Ebenen deuten. Es enthält tiefe spirituelle Anklänge und eröffnet einen Zugang zu christlichen Wahrheiten über die Schöpfung, das menschliche Leben und die Führung durch Gott.

1. Die Schöpfungsordnung und der innere Plan

Die Spinne wird im Gedicht als von einem „inneren Plan" geleitet beschrieben – eine Ordnung, die ihr Handeln bestimmt. Aus christlicher Sicht spiegelt dies die göttliche Schöpfungsordnung wider. Gott hat die Welt in Weisheit erschaffen (Spr 3,19), und die Fähigkeit der Spinne, ein perfektes Netz zu weben, ist ein Zeichen dieser göttlichen Weisheit. Die Naturgesetze und die Schönheit der Schöpfung offenbaren Gottes Handeln und Seine Gegenwart (Ps 104).

2. Vergänglichkeit des Werkes und die Hoffnung auf Ewigkeit

Das Gedicht spricht von der Vergänglichkeit des Spinnennetzes, das trotz aller Hingabe der Spinne leicht zerstört werden kann. Dies erinnert an die christliche Erkenntnis, dass alles Irdische vergänglich ist:

„Der Himmel und die Erde werden vergehen, aber meine Worte werden nicht vergehen" (Mt 24,35).

Doch im christlichen Glauben liegt die Hoffnung auf das Ewige – auf das Reich Gottes, das unzerstörbar ist (2 Kor 4,18).

3. Die Parallele zum menschlichen Leben

Die Fäden der Träume, die der Dichter mit dem Spinnennetz vergleicht, verweisen auf die menschliche Suche nach Sinn und Richtung. So wie die Spinne nach einem inneren Plan ihr Netz webt, lebt der Mensch aus einer tiefen Sehnsucht nach Erfüllung. Im christlichen Glauben ist es Gott, der diesen Lebensfaden in der Hand hält (Jer 29,11):

„Denn ich kenne die Gedanken, die ich über euch habe, spricht der Herr, Gedanken des Friedens und nicht des Unheils."

4. Gottes Führung und Vertrauen

Die Einfachheit und Schönheit des Spinnennetzes lassen sich als Bild für das Vertrauen in die Führung Gottes deuten. Die Spinne handelt nicht aus Angst oder Unsicherheit, sondern folgt einem inneren Muster. Ebenso wird der Christ aufgerufen, auf Gottes Führung zu vertrauen und das Leben im Vertrauen auf Seine Vorsehung zu gestalten (Spr 3,5-6): „Vertraue auf den Herrn mit deinem ganzen Herzen."

5. Das Licht als Symbol für Gottes Gegenwart

Das Licht, das das Spinnennetz erleuchtet, erinnert an die biblische Symbolik des Lichts als Zeichen der göttlichen Gegenwart (Joh 8,12):

„Ich bin das Licht der Welt. Wer mir nachfolgt, wird nicht in der Finsternis wandeln, sondern das Licht des Lebens haben."

Die Schönheit und Transparenz des Netzes im Licht kann somit als Bild für die göttliche Wahrheit und Klarheit verstanden werden.

Zusammenfassung

Das Gedicht lässt sich als Metapher für die göttliche Ordnung, die Vergänglichkeit des Irdischen und das Vertrauen in Gottes Führung lesen. Die Spinne steht für den Menschen, der sein Leben nach bestem Wissen und Gewissen gestaltet – doch es ist letztlich Gottes Licht, das das Werk vollendet und ihm Sinn verleiht. Die christliche Botschaft des Vertrauens auf Gottes Plan und die Hoffnung auf die Ewigkeit durchscheint durch die einfachen Bilder des Gedichts.

Gedicht: Spargel

Renate:
Kommentiere folgendes Gedicht sehr ausführlich und integriere die Psychologie der Autorin.

KI:
Interpretation und psychologische Analyse des Gedichts "Spargel"

Das Gedicht „Spargel" ist auf den ersten Blick eine Reflexion über ein saisonales Gemüse, das im Frühling wächst. Doch hinter dieser scheinbar einfachen Beschreibung verbirgt sich eine tiefere metaphorische Bedeutung über das Leben, Genuss und die Akzeptanz von Schwierigkeiten und Bitterkeit im Alltag. Die Autorin verbindet die Erfahrung mit dem Geschmack von Spargel – insbesondere die Bitterkeit – mit einer wichtigen Lebensweisheit: dass auch die schwierigen, unangenehmen Erfahrungen (die "Bitterkeit" des Lebens) letztlich zur Würze und zum tieferen Verständnis des Lebens beitragen.

1. Formale Analyse

a) Struktur

Das Gedicht besteht aus zwei Abschnitten mit jeweils vier bzw. sechs Versen. Die Reime folgen einem einfachen, aber regelmäßigen Muster (Paarreime), was dem Text einen rhythmischen und harmonischen Klang verleiht. Die einfache Struktur unterstützt die Klarheit der Aussage und sorgt dafür, dass die metaphorische Bedeutung leicht zugänglich bleibt.

b) Metrum und Klang

Das Gedicht weist einen fließenden Rhythmus auf, der durch die Paarreime („Macht" – „sacht", „fein" – „mein") unterstützt wird. Der Klang wirkt sanft und ruhig, passend zur Atmosphäre des Frühlings und zur Thematik des Wachsens und Reifens.

2. Inhaltliche Analyse

a) Die Natur als Symbol für Erneuerung

Der Beginn des Gedichts stellt den Frühling als eine Zeit der Erneuerung dar:

„Der Frühling erwacht mit großer Macht.
Auf den Feldern sprießt der Spargel zart und sacht."

Der Frühling symbolisiert traditionell einen Neubeginn und das Erwachen nach der Winterruhe. Die zarten Triebe des Spargels stehen für das erste Lebenszeichen nach einer Zeit der Kälte und des Stillstands. Die Autorin verknüpft die Jahreszeit mit einem Gefühl des Aufbruchs und der Hoffnung.

b) Genuss und die Bedeutung der Bitterkeit

Der Spargel wird hier als Genussmittel betrachtet – doch dieser Genuss ist für die Sprecherin nur vollständig, wenn die Bitterkeit erhalten bleibt:

„Doch ohne Bitterstoffe mag ich ihn nicht.
Denn für mich verliert Genuss dadurch jedes Gericht."

Hier kommt die zentrale Metapher zum Tragen: Die Bitterkeit des Spargels wird mit der Bitterkeit des Lebens verglichen. Die Sprecherin betont, dass der Genuss ohne die Bitterkeit unvollständig wäre – so wie das Leben ohne Herausforderungen und Tiefpunkte weniger gehaltvoll wäre.

c) Erkenntnis durch die Erfahrung der Bitterkeit

Der zweite Abschnitt deutet auf eine persönliche Entwicklung und eine gewonnene Erkenntnis hin:

„Was lange Zeit auch ich verkannte.
Denn in der Bitterkeit liegt manchmal die Würze."

Die Sprecherin gibt zu, dass sie die Bedeutung der Bitterkeit lange nicht erkannt hat. Die Bitterkeit, sowohl beim Spargel als auch im Leben, ist nicht nur negativ – sie verleiht Tiefe, Charakter und Intensität. Dies ist eine zentrale Lebensweisheit: Schwierigkeiten und Schmerzen sind oft nötig, um das Leben in seiner ganzen Fülle genießen zu können.

d) Die abschließende Lebensweisheit

Das Gedicht endet mit einer klaren Verallgemeinerung:

„Auch im Leben ist es so (gesagt in Kürze)"

Hier wird die Metapher endgültig aufgelöst. Die Autorin überträgt die Erkenntnis vom Genuss des Spargels auf das Leben im Allgemeinen: Die schwierigen und bitteren Momente sind notwendig, um die schönen Momente wirklich wertschätzen zu können. Die abschließende Parenthese („gesagt in Kürze") verleiht der Aussage eine fast beiläufige Note – als wäre diese Einsicht nach langer Erfahrung nun selbstverständlich geworden.

3. Psychologische Analyse der Autorin

Die psychologische Tiefe des Gedichts lässt Rückschlüsse auf die innere Haltung und Lebenserfahrung der Autorin zu:

1. Akzeptanz von Herausforderungen und Schmerz
Die Autorin zeigt, dass sie die Bitterkeit – als Symbol für Schmerz und Schwierigkeiten – nicht nur akzeptiert, sondern sogar als bereichernd empfindet. Diese Haltung deutet auf eine gewisse psychische Reife und eine entwickelte Resilienz hin. Die Fähigkeit, die schwierigen Momente des Lebens nicht nur zu ertragen, sondern sie als Teil des Ganzen zu schätzen, ist ein Zeichen von emotionaler Stabilität und Weisheit.

2. Gewonnene Erkenntnis durch Erfahrung
Die Formulierung *„Was lange Zeit auch ich verkannte"* weist auf eine persönliche Entwicklung hin. Die Autorin hat offenbar eine Phase durchlaufen, in der sie die Bedeutung der schwierigen Zeiten nicht verstanden hat. Erst durch Erfahrung und Reflexion ist diese Einsicht gereift. Dies zeigt eine psychologische Entwicklung von Naivität oder Ablehnung hin zu Akzeptanz und Integration.

3. Genuss als Lebensprinzip
Die Verbindung von Genuss und Bitterkeit deutet darauf hin, dass die Autorin Genuss nicht als oberflächliches Vergnügen, sondern als ein tiefgehendes, vollständiges Erleben betrachtet. Die Fähigkeit, die Bitterkeit zu schätzen, zeugt von einer tiefen Verbindung mit den eigenen Sinnen und Emotionen – und damit von einem bewussten, achtsamen Zugang zum Leben.

4. Selbstreflexion und Ruhe

Die ruhige, gelassene Tonlage und die abschließende Lebensweisheit zeigen, dass die Autorin mit dieser Erkenntnis im Reinen ist. Es gibt keine Auflehnung oder Verbitterung, sondern eine fast philosophische Ruhe – als hätte sie die Lektion des Lebens akzeptiert und integriert.

4. Symbolische Bedeutung des Spargels

Der Spargel selbst trägt mehrere symbolische Ebenen:

• Frühling und Wachstum → Symbol für Neuanfang und Entwicklung

• Zartheit und Stolz → Widerspruch zwischen Feinheit und innerer Stärke

• Bitterkeit → Die Notwendigkeit von Schmerz und Schwierigkeiten im Leben

Die Wahl von Spargel als Bildträger ist geschickt, da Spargel tatsächlich nur dann seinen vollen Geschmack entfaltet, wenn die Bitterstoffe vorhanden sind – genau wie das Leben nur durch Höhen und Tiefen wirklich erfüllend wird.

Fazit

Das Gedicht „Spargel" verbindet auf geschickte Weise die konkrete Erfahrung des Genusses von Spargel mit einer tiefen Lebensweisheit: Bitterkeit ist notwendig, um die Fülle des Lebens zu erfahren. Die psychologische Ebene des Gedichts zeigt eine Autorin, die durch persönliche Erfahrung und Reflexion zu dieser Erkenntnis gelangt ist. Die ruhige, fast beiläufige Sprache unterstreicht die innere Gelassenheit, mit der die Autorin diese Erkenntnis akzeptiert hat. Das Gedicht vermittelt somit eine Botschaft von Akzeptanz, Resilienz und der Fähigkeit, das Leben in seiner ganzen Vielfalt – mit Süße und Bitterkeit – zu genießen.

Renate:
Kommentiere das Gedicht aus philosophischer Sicht.

KI:
Danke für das Gedicht – es ist kurz, charmant und enthält eine tiefere Botschaft unter der scheinbar banalen Oberfläche des Spargels. Aus

philosophischer Sicht lässt sich dazu einiges sagen:
1. Sinnbild für das Leben und seine Gegensätze

Der Spargel steht hier stellvertretend für das Leben: zart, frisch, voller Verheißung (Frühling), aber erst durch die Bitterkeit wird er als „echt" empfunden. So wie im Leben oft nicht das Süße allein den Charakter prägt, sondern gerade das Bittere – das Unangenehme, Schwierige – Tiefe und Würze verleiht. Das erinnert an heraklitische Dialektik: Das Leben besteht aus Gegensätzen, und gerade diese machen das Ganze aus.

2. Genuss und Verzicht

Die Zeile „Doch ohne Bitterstoffe mag ich ihn nicht" hinterfragt eine verbreitete Haltung der heutigen Gesellschaft, die oft das Unangenehme vermeiden will – bitter soll der Spargel nicht mehr sein, bitter soll das Leben nicht sein. Doch das lyrische Ich widerspricht: Es will nicht nur das Glatte und Sanfte, sondern das Ehrliche, Ungefilterte. Das kann man mit der stoischen Philosophie verbinden, die lehrt, mit allem im Leben zu leben – auch mit dem Schmerz, dem Verlust, der Bitterkeit.

3. Erkenntnis durch Erfahrung

Die Einsicht „Was lange Zeit auch ich verkannte" verweist auf eine persönliche Entwicklung – das Erkennen eines tieferen Wertes, der erst mit der Zeit kam. Hier schwingt Sokrates' Idee mit, dass Erkenntnis ein Prozess ist, oft begleitet von Irrtum und Umwegen.

4. Ästhetik des Unvollkommenen

Das Gedicht verweist auf eine Philosophie der Imperfektion. Der perfekte Spargel – ohne Bitterkeit – wird als fad empfunden. In einer ästhetischen Lesart (z.B. angelehnt an das japanische Wabi-Sabi) wird das Nicht-Perfekte, das Rauhe, das „Kantige" geschätzt, weil es Tiefe und Echtheit vermittelt.

Fazit:

Hinter dem scheinbar leichten Gedicht verbirgt sich eine philosophische Reflexion über Genuss, Erkenntnis und Lebenshaltung: Nur wer die Bitterkeit des Lebens zu würdigen weiß, kann seinen vollen Geschmack erfassen.

Renate:
Kommentiere das Gedicht aus einer christlichen Grundhaltung.

KI:
Aus einer christlichen Grundhaltung heraus betrachtet, lässt sich das Gedicht „Spargel" als eine tiefere Reflexion auf das menschliche Leben und den Glauben deuten.
Der Spargel, der im Frühling mit zarter Kraft wächst, könnte als Symbol für das neue Leben stehen, das Gott schenkt – sowohl in der Natur als auch im geistlichen Leben. Die Erwachung des Frühlings erinnert an die Osterbotschaft, an die Auferstehung Jesu Christi, durch die neues Leben und Hoffnung möglich werden.

Die Bitterkeit des Spargels, die im Gedicht thematisiert wird, könnte auf die schwierigen und herausfordernden Zeiten des Lebens hindeuten. Aus christlicher Sicht wird gerade in diesen schweren Momenten oft eine tiefere Erkenntnis und Reifung möglich. So wie die Bitterkeit die Würze im Geschmack hervorbringt, können auch die Prüfungen und Leiden im Leben dazu beitragen, dass der Glaube wächst und der Mensch sich Gott mehr zuwendet.

Der Bezug zur Bitterkeit erinnert an das Leiden Christi: Auch Jesus hat den bitteren Kelch des Leidens angenommen (vgl. Matthäus 26,39), und gerade durch dieses Leiden ist die Erlösung möglich geworden. Die Einsicht, dass die Bitterkeit nicht nur ein Mangel, sondern eine notwendige Würze ist, verweist auf die christliche Haltung, dass Leid und Herausforderung oft eine verborgene Gnade in sich tragen.

Die abschließende Erkenntnis im Gedicht – dass die Bitterkeit manchmal die Würze ist – kann also aus christlicher Sicht als Einladung verstanden werden, die schweren Momente des Lebens nicht abzulehnen, sondern sie im Vertrauen auf Gottes Führung anzunehmen. Denn in der christlichen Hoffnung liegt die Gewissheit, dass Gott alles zum Guten wenden kann (Römer 8,28) – selbst die Bitterkeit des Lebens.

Das Gedicht regt also dazu an, die Tiefen und Herausforderungen des Lebens im Licht des Glaubens zu betrachten – und in der Bitterkeit die verborgene Gnade Gottes zu erkennen.

Gedicht: Das Kaleidoskop:

Renate:
Kommentiere folgendes Gedicht sehr ausführlich und integriere die Psychologie der Autorin.

KI:
Ausführliche Interpretation und psychologische Analyse des Gedichts „Das Kaleidoskop"

Einleitung:

Das Gedicht "Das Kaleidoskop" verwendet das Bild eines Kaleidoskops als zentrales Symbol für die Vielfalt und Einzigartigkeit der Menschheit. Die Autorin erschafft eine Metapher, die die Komplexität des menschlichen Zusammenlebens und die Schönheit der individuellen Unterschiede hervorhebt. In den folgenden Abschnitten werde ich die inhaltlichen, sprachlichen und psychologischen Ebenen des Gedichts im Detail analysieren.

1. Inhaltliche Analyse:

Das Gedicht lässt sich grob in drei Sinnabschnitte unterteilen:

(1) Die Menschheit als Kaleidoskop aus Farbenpracht

Bereits die ersten beiden Zeilen eröffnen das zentrale Bild des Gedichts:

*„Ein Kaleidoskop aus Farbenpracht
Ist die Menschheit, voller Lebenskraft."*

Die Menschheit wird hier mit einem Kaleidoskop verglichen, das für Vielfalt, Farbenreichtum und ständige Veränderung steht. Das Kaleidoskop als Bild symbolisiert Dynamik, Schönheit und Komplexität, Eigenschaften, die auch die menschliche Gesellschaft auszeichnen. Jede Drehung des Kaleidoskops erzeugt ein neues Muster – so wie auch die Menschheit sich ständig verändert und weiterentwickelt.

Die Betonung auf Lebenskraft deutet darauf hin, dass die Vielfalt der Menschen eine Quelle der Energie und Inspiration ist. Die Autorin vermittelt hier eine optimistische und lebensbejahende Sicht auf die menschliche Vielfalt.

(2) Respekt und Akzeptanz als zentrale Werte

„Wichtig sind Respekt und Achtung, jedem stets zu geben
Sein „Sein" akzeptieren und ihm Raum zu geben."

In diesen Zeilen richtet die Autorin einen Appell an die Gesellschaft: Respekt und Achtung sind grundlegende Voraussetzungen für ein harmonisches Miteinander. Durch die Betonung von „jedem" und „Sein" wird verdeutlicht, dass es um die uneingeschränkte Annahme der Individualität eines jeden Menschen geht. Die Forderung nach „Raum geben" impliziert die Notwendigkeit, die eigene Perspektive zu erweitern und anderen Menschen mit Offenheit zu begegnen.

(3) Das individuelle Leben als Kunstwerk

„Die Tränen, das Lachen seines Weges prägen ihn
Und schaffen ein Kunstwerk mit eigenem Sinn."

Die Lebensreise eines Menschen wird hier als Kunstwerk beschrieben – geprägt durch Höhen (Lachen) und Tiefen (Tränen). Die Erfahrungen, die ein Mensch macht, formen seine Persönlichkeit und seinen Lebensweg. Das Kunstwerk hat einen „eigenen Sinn" – dies betont die Einzigartigkeit jedes Individuums. Die Autorin erkennt hier die Individualität nicht nur an, sondern wertschätzt sie als etwas Schönes und Bedeutungsvolles.

(4) Die Dynamik des Kaleidoskops der Menschheit

„So dreht sich das Kaleidoskop der Menschheit im Kreise
Schafft viele Gemälde aus Farben ganz leise."

Das Bild der Drehung des Kaleidoskops vermittelt den Gedanken der ständigen Veränderung und Weiterentwicklung der Menschheit. Die „leisen" Gemälde könnten für die subtile, oft unsichtbare Schönheit menschlicher Vielfalt stehen. Die leise Bewegung steht möglicherweise auch für den harmonischen Fluss des Lebens.

(5) Der Aufruf zu Bewunderung und Verständnis

„Lasst uns jeden Menschen bewundern und verstehen
Und seine Einzigartigkeit sehen."

Hier fordert die Autorin die Leser direkt dazu auf, die Vielfalt und Individualität der Mitmenschen aktiv wahrzunehmen und wertzuschätzen. Bewunderung und Verständnis sind die Basis für gesellschaftlichen Zusammenhalt und gegenseitige Akzeptanz.

(6) Die Einheit in der Vielfalt

„Aus vielen Splittern, vielen Farben gebaut
Entsteht das Kaleidoskop der Menschheit. Welch Reichtum! Welch
Halt!"

Die abschließenden Zeilen fassen die zentrale Botschaft des Gedichts zusammen: Die Menschheit besteht aus vielen kleinen Fragmenten (individuelle Menschen), die zusammen ein beeindruckendes Gesamtbild ergeben. Der „Reichtum" symbolisiert die kulturelle und persönliche Vielfalt, während „Halt" auf die Stabilität und Sicherheit verweist, die durch gegenseitigen Respekt und Akzeptanz entstehen können.

2. Psychologische Analyse:

Das Gedicht reflektiert auf einer tiefen psychologischen Ebene die Sehnsucht nach Anerkennung, Zugehörigkeit und Identität. Die Autorin offenbart durch die Wahl der Metaphern und die zentrale Botschaft des Gedichts eine zutiefst menschliche Perspektive auf das Zusammenleben und die individuelle Entfaltung:

(1) Psychologische Sehnsucht nach Anerkennung und Verständnis

Der Appell, jeden Menschen zu respektieren und seine Einzigartigkeit zu sehen, verweist auf die grundlegende psychologische Sehnsucht nach Anerkennung und Verständnis. Aus Sicht der Entwicklungspsychologie (z.B. nach Erik Erikson) ist die Fähigkeit, sich selbst als wertvoll zu erleben und gleichzeitig Teil eines sozialen Ganzen zu sein, essenziell für eine gesunde Identitätsentwicklung.

(2) Dialektik zwischen Individualität und Gemeinschaft

Das Kaleidoskop als Bild für die Menschheit verdeutlicht die Spannung zwischen Individualität und sozialer Zugehörigkeit. Menschen streben nach Selbstverwirklichung und möchten gleichzeitig Teil einer Gemeinschaft sein. Die Autorin erkennt diese Spannung an und präsentiert eine harmonische Lösung: Akzeptanz und Respekt ermöglichen es, dass beide Bedürfnisse miteinander in Einklang gebracht werden.

(3) Verarbeitung von Lebenserfahrungen

Die Erwähnung von Tränen und Lachen verweist auf die lebenslange Verarbeitung von positiven und negativen Erfahrungen. Die Autorin scheint eine reife, reflektierte Sicht auf das Leben zu haben: Schwierigkeiten und Freude sind Teil eines Gesamtbildes, das letztlich Sinn ergibt. Dies entspricht einer psychologisch gereiften Haltung, die die Akzeptanz der eigenen Lebensgeschichte und der Vielfalt des Menschseins widerspiegelt.

(4) Wertschätzung der Einzigartigkeit als Quelle von Stabilität und Gemeinschaft

Die abschließende Anerkennung der Vielfalt als Reichtum und Halt zeigt eine psychologische Erkenntnis, die auf der Idee der sozialen Identität basiert: Wenn Menschen ihre Individualität wertgeschätzt wissen und sich gleichzeitig als Teil einer Gemeinschaft fühlen, entsteht ein Gefühl von Sicherheit und sozialem Rückhalt.

3. Sprachliche Analyse:

• Metapher: Das Kaleidoskop als zentrales Bild symbolisiert die bunte Vielfalt und ständige Veränderung der Menschheit.

• Alliteration: „Kaleidoskop aus Farbenpracht" – die Wiederholung des „K"-Lauts verstärkt die klangliche Wirkung und unterstreicht die zentrale Metapher.

• Parallelismus: „Lasst uns jeden Menschen bewundern und verstehen / Und seine Einzigartigkeit sehen" – die parallele Struktur verstärkt die Dringlichkeit des Appells.

• Symbolik: Die Farben stehen für die Individualität, die Drehung für die Dynamik und Veränderlichkeit menschlichen Zusammenlebens.

Fazit:

Die Autorin drückt durch das Bild des Kaleidoskops eine tiefgehende psychologische Erkenntnis aus: Die Vielfalt der Menschen macht das Leben reich und lebendig. Respekt und Akzeptanz sind die Grundlage für eine harmonische Gesellschaft, in der sich Individuen entfalten und dennoch Teil eines größeren Ganzen sein können. Die psychologische Reife und die positive, lebensbejahende Grundhaltung der Autorin prägen das Gedicht und machen es zu einem kraftvollen Plädoyer für Toleranz und Menschlichkeit.

Renate:
Kommentiere das Gedicht aus philosophischer Sicht

KI:
Das Gedicht „Das Kaleidoskop" lässt sich aus philosophischer Sicht als eine poetische Reflexion über die Einzigartigkeit des Individuums und das harmonische Ganze der Menschheit deuten. Hier einige zentrale philosophische Perspektiven dazu:

1. Existenzialismus – das „Sein" des Einzelnen

Die Zeile „Sein ‚Sein' akzeptieren und ihm Raum zu geben" verweist auf existenzialistische Gedanken, wie sie bei Jean-Paul Sartre oder Martin Heidegger zu finden sind. Der Mensch ist in seinem „Sein" nicht festgelegt – er entwirft sich selbst durch Entscheidungen und Handlungen. Das Gedicht ruft dazu auf, dieses individuelle „Sein" zu respektieren und zuzulassen – ein Appell an die radikale Freiheit und Verantwortung des Menschen.

2. Pluralismus & Individualität – der Wert der Verschiedenheit

Das Kaleidoskop als Metapher steht für Vielfalt. Jede Farbe, jeder Splitter ist einzigartig – und doch entsteht aus der Summe etwas Ganzes. Philosophisch ist dies mit dem ethischen Pluralismus verwandt, etwa bei Isaiah Berlin, der die Koexistenz verschiedener Werte und Lebensformen betont. Es geht nicht darum, Unterschiede aufzulösen, sondern sie als Reichtum zu begreifen.

3. Ästhetik & Lebenskunst – der Mensch als Kunstwerk

Die Vorstellung vom Menschen als „Kunstwerk" mit einem „eigenen Sinn" erinnert an Nietzsches Idee der Lebenskunst: Das Leben soll nicht nur moralisch richtig, sondern auch schön, stimmig, bedeutungsvoll gestaltet werden. Jeder Mensch wird als kreatives Werk gesehen, das durch Freude und Leid geformt wird.

4. Humanismus – Achtung der Würde

Die Aufforderung, „jeden Menschen bewundern und verstehen", entspricht einem zentralen Prinzip des Humanismus: der bedingungslosen Achtung vor der Würde jedes Menschen, wie es etwa Immanuel Kant formuliert: „Handle so, dass du die Menschheit [...] jederzeit zugleich als Zweck, niemals bloß als Mittel brauchst."

5. Ganzheit & Verbundenheit – das kollektive Menschsein

Das Bild des sich drehenden Kaleidoskops verweist auf die Dynamik des Lebens und der Gesellschaft. Trotz aller Unterschiede entsteht ein kollektives Bild – ein Symbol für Ganzheit und Interdependenz, wie es auch in fernöstlichen Philosophien (z. B. Daoismus) oder bei Leibniz mit seiner „Monadenlehre" anklingt: Jeder Teil spiegelt das Ganze wider.

Fazit:

Das Gedicht ist ein philosophischer Aufruf zu Toleranz, Anerkennung und der Würdigung menschlicher Vielfalt. Es verbindet existenzialistisches Denken mit einem ästhetisch-humanistischen Weltbild, das den Menschen als Schöpfer seiner selbst, aber auch als Teil eines größeren Ganzen sieht. Ein stiller, doch tiefgründiger Appell an Empathie, Respekt und das gemeinsame Menschsein.

Renate:
Kommentiere das Gedicht aus einer christlichen Grundhaltung.

KI:
Das Gedicht „Das Kaleidoskop" lässt sich aus einer christlichen Grundhaltung sehr schön und tiefgründig deuten, da es zentrale christliche Werte wie Respekt, Annahme und die Würde jedes einzelnen Menschen thematisiert. Die Bildsprache des

Kaleidoskops – ein Zusammenspiel vieler Farben, die gemeinsam ein harmonisches Ganzes ergeben – erinnert an die biblische Vorstellung von der Vielfalt und Einheit der Schöpfung sowie der Gemeinschaft der Gläubigen im Leib Christi.

1. Die Vielfalt der Menschheit als Ausdruck von Gottes Schöpfung

Die Beschreibung der Menschheit als ein „Kaleidoskop aus Farbenpracht" spiegelt die biblische Wahrheit wider, dass Gott jeden Menschen einzigartig geschaffen hat:

Psalm 139,14: *„Ich danke dir dafür, dass ich wunderbar gemacht bin; wunderbar sind deine Werke, das erkennt meine Seele."*.

Die Vielfalt der Farben im Kaleidoskop kann als Symbol für die verschiedenen Gaben, Persönlichkeiten und Kulturen verstanden werden, die Gott der Menschheit geschenkt hat (1. Korinther 12,4–6).

2. Respekt und Annahme als Ausdruck der Nächstenliebe

Die Aufforderung, Respekt und Achtung zu schenken, erinnert an das Gebot der Nächstenliebe:

Markus 12,31: *„Liebe deinen Nächsten wie dich selbst."*.

In der christlichen Lehre ist die Anerkennung der Würde jedes Menschen – unabhängig von Herkunft, Lebensweg oder Charakter – eine zentrale Botschaft. Christus selbst begegnete den Menschen mit Liebe und Respekt, insbesondere denen, die am Rande der Gesellschaft standen.

3. Das Leben als Weg, geprägt von Freude und Leid

Die Erwähnung von Tränen und Lachen auf dem Lebensweg deutet darauf hin, dass das menschliche Leben von Höhen und Tiefen geprägt ist. In der christlichen Perspektive gehören Leid und Freude zusammen, und durch den Glauben wird auch das Leid nicht sinnlos. Jesus selbst hat Leid erfahren, aber durch seine Auferstehung Hoffnung und Erlösung gebracht:

Johannes 16,33: *„In der Welt habt ihr Angst; aber seid getrost, ich habe die Welt überwunden."*.

4. Die Einheit der Menschheit als Bild des Leibes Christi

Das Bild des Kaleidoskops, das sich aus vielen Splittern zu einem Kunstwerk zusammensetzt, erinnert an das biblische Bild vom Leib Christi:

1. Korinther 12,12: *„Denn wie der Leib einer ist und doch viele Glieder hat, alle Glieder des Leibes aber, obwohl sie viele sind, ein Leib sind: so auch Christus."*

Die Individualität jedes Menschen trägt zur Schönheit des Ganzen bei – genau wie jedes Glied am Leib Christi seine eigene, unersetzbare Funktion hat.

5. Bewunderung und Verstehen als geistliche Haltung

Die Aufforderung, jeden Menschen zu bewundern und zu verstehen, verweist auf die christliche Haltung der Demut und des Verzichts auf vorschnelles Urteilen. Jesus lehrt, dass wir einander nicht nach äußeren Maßstäben bewerten, sondern die innere Schönheit und Würde erkennen sollen:

1. Samuel 16,7: *„Der Herr sieht nicht auf das, worauf der Mensch sieht. Der Mensch sieht, was vor Augen ist; der Herr aber sieht das Herz an.".*

6. Das Kaleidoskop als Bild des Reiches Gottes

Die abschließende Feststellung, dass aus vielen Farben und Splittern ein harmonisches Ganzes entsteht, kann als Symbol für das Reich Gottes verstanden werden – ein Reich, in dem die Vielfalt der Menschen nicht nur geduldet, sondern als Reichtum und Halt empfunden wird. In Christus sind alle Menschen trotz ihrer Unterschiede eins (Galater 3,28).

Fazit

Das Gedicht reflektiert eine zutiefst christliche Sicht auf die Menschheit: Jeder Mensch ist ein einzigartiges Geschöpf Gottes, Respekt und Liebe sind zentrale Tugenden, und die Vielfalt der Menschen ist kein Grund für Trennung, sondern eine Quelle der Schönheit und Stärke. In der Gemeinschaft der Gläubigen – wie im Kaleidoskop – wird aus der Verschiedenheit ein harmonisches Ganzes, getragen von der Liebe Gottes.

Gedicht: Mein Garten

Renate:
Kommentiere folgendes Gedicht sehr ausführlich und integriere die Psychologie der Autorin.

KI:
Ausführliche Interpretation und psychologische Analyse des Gedichts „Mein Garten"

Das Gedicht „Mein Garten" handelt auf den ersten Blick von der tiefen Verbindung der lyrischen Sprecherin zur Natur, insbesondere zur Erde und zum Prozess des Gärtnerns. Doch unter der Oberfläche verbergen sich psychologische Dimensionen, die auf eine emotionale Verarbeitung von Vergangenheit, Identität und innerem Frieden hindeuten. Die Natur wird hier nicht nur als Quelle von Nahrung und Leben beschrieben, sondern auch als eine spirituelle und psychische Kraft, die heilend und ordnend auf die innere Welt der Sprecherin wirkt.

1. Inhaltliche Analyse

Einleitung – Verbindung mit der Erde als Selbstverbindung

*„Ich grabe meine Hände in dich hinein
Und fühle in dem Moment mein ganzes Sein."*

Bereits der erste Vers verdeutlicht die intime Verbindung der Sprecherin mit der Erde. Das physische Eingraben der Hände in die Erde ist nicht nur eine körperliche Handlung, sondern auch ein symbolischer Akt der Selbstfindung. Die Erde wird zu einem Medium, durch das die Sprecherin sich selbst spürt und erkennt („mein ganzes Sein"). Das Graben steht hier metaphorisch für das Suchen nach einer tiefen Wahrheit oder einem inneren Kern. Psychologisch betrachtet könnte dies auf ein Bedürfnis nach Verwurzelung und Identität hindeuten.

Kindheit und Erinnerung – Die Erde als Verbindung zur Vergangenheit

*„Dein Geruch, der meine Nase streicht,
Führt mich zurück in meiner Kindheit Reich."*

Die sinnliche Wahrnehmung des Erdgeruchs weckt Erinnerungen an die Kindheit. Gerüche sind stark mit dem limbischen System im Gehirn verbunden, das Emotionen und Erinnerungen verarbeitet. Psychologisch betrachtet könnte dies auf ein unbewusstes Bedürfnis nach Geborgenheit und Sicherheit aus der frühen Kindheit hindeuten. Die Erde fungiert hier als Brücke zwischen Vergangenheit und Gegenwart – ein Anker, der die Sprecherin in schwierigen Zeiten stabilisieren könnte.

Verstecken und Schutzbedürfnis – Der innere Konflikt

„Plötzlich sehe ich ihn, den Regenwurm, schnell sich verkriechen
Während ich Ernte ein Radieschen."

Die Metapher des Regenwurms, der sich schnell verkriecht, deutet auf eine Verletzlichkeit oder ein Bedürfnis nach Schutz hin. Das schnelle Zurückziehen könnte ein Hinweis auf Angst vor Verletzung oder Ablehnung sein. Psychologisch gesehen könnte dies auf ein Trauma oder eine innere Unsicherheit hindeuten – der Reflex, sich zurückzuziehen, sobald Gefahr oder Unsicherheit wahrgenommen wird. Das gleichzeitige Ernten des Radieschens symbolisiert jedoch eine produktive Handlung – ein Zeichen, dass die Sprecherin trotz innerer Ängste aktiv bleibt und sich der Realität stellt.

Erde als Quelle des Lebens und der Ruhe

„Du duftende Erde bist uns gegeben
Um uns zu ernähren und zum Segen."

Die Erde wird hier als etwas Göttliches, fast Heiliges dargestellt – eine universelle Grundlage für Leben und Existenz. Das Bild der Erde als „Segen" deutet darauf hin, dass die Sprecherin im Umgang mit der Natur Sinn und Trost findet. Die Erde gibt nicht nur Nahrung, sondern auch spirituelle Nahrung – psychologisch gesehen könnte dies ein Hinweis auf eine tiefe Sehnsucht nach Sinn und Stabilität sein.

Wachstum und Ruhe – Die innere Heilung

„Die Rote Beete nimmt jeden Tag zu.
Das zu beobachten ist schön und schenkt mir Ruh."

Das Beobachten des Wachstums der Roten Beete symbolisiert die Fähigkeit, Schönheit und Harmonie im Leben wahrzunehmen. Das

Wachsen der Pflanze wird zum Sinnbild für persönliches Wachstum und Entwicklung. Psychologisch gesehen könnte die Sprecherin hier Heilung und innere Ruhe durch das Vertrauen in natürliche Zyklen erfahren – die Erkenntnis, dass alles seine Zeit hat und dass Wachstum auch nach schwierigen Zeiten möglich ist.

Das Summen der Bienen – Harmonie mit der Umwelt

„Das Summen der Bienen mich umgibt
Während ich die Erde bearbeite, die ich lieb."

Das Summen der Bienen symbolisiert eine lebendige, harmonische Umgebung. Die Sprecherin erfährt hier eine Symbiose mit der Natur. Psychologisch gesehen könnte dies auf ein Gefühl von Zugehörigkeit und Verbundenheit mit der Umwelt hindeuten – die Sprecherin fühlt sich eingebettet in ein größeres Ganzes und findet dort Frieden.

Erde als Lebensspender – Die universelle Kraft der Natur

„Du Erde bist uns gegeben
bist Grundlage für Pflanzen, Tiere, Menschen und schenkst uns Leben."

Im abschließenden Vers wird die Erde als Ursprung und Grundlage allen Lebens beschrieben. Die Sprecherin erkennt die Erde als Quelle von Leben und Beständigkeit an. Psychologisch gesehen könnte dies auf eine tiefe Akzeptanz und Dankbarkeit für die natürlichen Grundlagen des Daseins hindeuten – die Sprecherin findet Trost und Stabilität in der Vorstellung, Teil eines größeren natürlichen Zyklus zu sein.

2. Psychologische Dimensionen und die innere Welt der Autorin

Das Gedicht offenbart eine tiefe psychologische Struktur der Sprecherin, die sich durch folgende zentrale Themen auszeichnet:

(a) Selbstfindung und Identität

• Das Eingraben der Hände in die Erde und das Wahrnehmen der Natur sind symbolische Handlungen zur Selbstfindung.

• Die Verbindung mit der Erde spiegelt den Wunsch nach Stabilität und Verwurzelung wider – die Suche nach einer festen Identität.

(b) Heilung und innere Ruhe

• Das Wachstum der Pflanzen und die Harmonie mit der Natur sind Ausdruck einer inneren Heilung.

• Die Erde wird zum therapeutischen Raum, in dem die Sprecherin Frieden und Ruhe findet.

(c) Rückkehr zur Kindheit und Verarbeitung von Erinnerungen

• Der Geruch der Erde und die Verbindung zur Kindheit deuten auf eine tiefe emotionale Verwurzelung hin.

• Die Sprecherin sucht möglicherweise nach einem Zustand der Geborgenheit, den sie in der Kindheit erlebt hat.

(d) Verletzlichkeit und Schutzbedürfnis

• Die Metapher des Regenwurms verweist auf eine latente Angst oder Unsicherheit.

• Dennoch zeigt die Sprecherin die Fähigkeit, aktiv zu bleiben und produktiv mit diesen Gefühlen umzugehen.

Fazit

Das Gedicht „Mein Garten" handelt auf der Oberfläche von der Verbindung zur Natur und dem Gärtnern, entfaltet jedoch auf psychologischer Ebene eine komplexe Landschaft aus Erinnerungen, Selbstfindung und Heilung. Die Autorin verarbeitet durch die Naturarbeit tiefere emotionale Themen – Verletzlichkeit, Schutzbedürfnis und die Suche nach Identität. Die Erde wird dabei zu einem symbolischen Anker, der Sicherheit und Frieden vermittelt. Die positive Darstellung von Wachstum und Leben deutet darauf hin, dass die Sprecherin im Einklang mit der Natur letztlich inneren Frieden und Akzeptanz findet.

Renate:
Kommentiere das Gedicht aus philosophischer Sicht.

KI:

Das Gedicht "Mein Garten" lässt sich aus einer philosophischen Perspektive auf mehreren Ebenen betrachten – insbesondere im Hinblick auf die Themen Natur, Sein, Vergänglichkeit, Verbundenheit und Dasein.

1. Seinsphilosophie und die Erfahrung des Moments

Der erste Vers *"Ich grabe meine Hände in dich hinein / Und fühle in dem Moment mein ganzes Sein"* erinnert an die Existenzphilosophie von Martin Heidegger. Heidegger betont, dass das menschliche Dasein (das Sein oder Dasein) sich in der direkten Verbindung zur Welt offenbart. Die Arbeit im Garten wird hier zu einem authentischen Moment des In-der-Welt-Seins, in dem die Ich-Erfahrung und die Naturerfahrung verschmelzen. Die körperliche Verbindung mit der Erde stellt eine Rückkehr zu einer grundlegenden, vor-reflexiven Form des Daseins dar – ein Moment der reinen Präsenz im Hier und Jetzt.

2. Natur als Ursprung und Rückkehr zur Kindheit

Die Rückkehr in die Kindheit durch den Geruch der Erde *("Führt mich zurück in meiner Kindheit Reich")* verweist auf die Idee der Natur als Ursprung des Lebens. Dies erinnert an Jean-Jacques Rousseaus Konzept der Retour à la nature (Rückkehr zur Natur). Rousseau argumentiert, dass die moderne Gesellschaft den Menschen von seiner natürlichen Lebensweise entfremdet hat, und dass die Rückkehr zur Natur eine Rückkehr zur Ursprünglichkeit und inneren Wahrheit ermöglicht. Der Geruch der Erde wird hier zu einem Ankerpunkt der Erinnerung und Authentizität.

3. Die Erde als Symbol für Leben und Kreislauf

Das Gedicht thematisiert die Erde als Grundlage allen Lebens:

"Du Erde bist uns gegeben / Bist Grundlage für Pflanzen, Tiere, Menschen und schenkst uns Leben."

Dies verweist auf eine ganzheitliche Sicht der Natur, wie sie auch in der Philosophie von Baruch Spinoza anklingt. Spinoza betrachtete die Natur als göttliche Substanz, als die alles umfassende Realität. Der Garten wird hier zum Ausdruck der kosmischen Ordnung – das Wachsen, Ernten und die Verbindung mit der Erde sind Teil eines größeren, organischen Kreislaufs, der das Leben durchzieht.

4. Arbeit als schöpferischer Akt

Die Arbeit mit der Erde – das Säen, Ernten und Beobachten des Wachstums – erinnert an die philosophischen Gedanken von Karl Marx zur Arbeit und zur menschlichen Selbstverwirklichung. Marx betrachtete Arbeit nicht nur als ökonomische Notwendigkeit, sondern auch als einen kreativen und lebensspendenden Prozess, durch den der Mensch seine Natur entfaltet und sich selbst verwirklicht. Die Arbeit im Garten ist also nicht nur ein Mittel zur Nahrung, sondern ein Akt der Selbstwerdung und Weltgestaltung.

5. Natur als Quelle der Ruhe und Harmonie

Die Erfahrung der Ruhe durch die Beobachtung des Pflanzenwachstums *("Das zu beobachten ist schön und schenkt mir Ruh.")* verweist auf eine stoische Haltung gegenüber der Natur. Die Stoiker wie Epiktet und Marc Aurel lehrten, dass der Mensch im Einklang mit der Natur Frieden finden kann. Die stoische Ruhe ergibt sich aus der Akzeptanz der natürlichen Ordnung – das Wachstum der Pflanzen als natürlicher Prozess wird als Ausdruck dieser Ordnung erfahren und schenkt Gelassenheit.

Zusammenfassung

Das Gedicht bringt zentrale philosophische Themen zur Sprache:

• Die Rückkehr zur Natur als Quelle des authentischen Seins (Heidegger, Rousseau)

• Die Erde als göttliche Substanz und Grundlage des Lebens (Spinoza)

• Die schöpferische und selbstverwirklichende Dimension der Arbeit (Marx)

• Die Ruhe und Harmonie im Einklang mit der natürlichen Ordnung (Stoiker)

Das Gedicht zeugt von einer tiefen, fast meditativen Verbindung mit der Erde und der Natur. Es ist eine philosophische Reflexion über die

Einheit von Mensch und Natur, über das Sein im Augenblick und die Schönheit des natürlichen Kreislaufs.

Renate:
Kommentiere das Gedicht aus einer christlichen Grundhaltung.

KI:
Das Gedicht "Mein Garten" lässt sich aus einer christlichen Grundhaltung als Ausdruck der tiefen Verbindung zwischen Mensch, Schöpfung und Gott verstehen. Der Garten wird hier nicht nur als ein Ort der Arbeit und des Wachstums beschrieben, sondern auch als ein Raum der spirituellen Erfahrung und der Rückverbindung zum Ursprung des Lebens.

1. Dankbarkeit für die Schöpfung

Der Dichter beginnt mit der direkten Berührung der Erde – ein Bild, das an die biblische Erschaffung des Menschen aus Erde erinnert (Genesis 2,7). Die Erde als Lebensgrundlage ist nach christlichem Verständnis ein Geschenk Gottes:

"Du duftende Erde bist uns gegeben / Um uns zu ernähren und zum Segen."

Diese Zeilen spiegeln die Dankbarkeit für die Schöpfung wider, die in der christlichen Tradition tief verwurzelt ist. Alles Leben auf der Erde wird als Gabe Gottes betrachtet, die uns anvertraut ist.

2. Arbeit und Fruchtbarkeit als Teil des göttlichen Plans

Das Bild des Gartens erinnert an den biblischen Garten Eden (Genesis 2,15), in dem der Mensch von Gott eingesetzt wurde, um ihn zu bebauen und zu bewahren. Die Ernte des Radieschens und das Wachstum der Roten Beete symbolisieren die Früchte menschlicher Arbeit, die in Zusammenarbeit mit der Natur – und letztlich mit Gott – gedeihen:

"Das zu beobachten ist schön und schenkt mir Ruh."

Diese Ruhe erinnert an den inneren Frieden, der aus der Harmonie mit Gott und seiner Schöpfung entspringt.

3. Der Wert der kleinen Dinge und das Staunen über die Schöpfung

Das Summen der Bienen und der Geruch der Erde zeigen die Schönheit der kleinen, oft unscheinbaren Dinge. Jesus selbst hat in seinen Gleichnissen die Bedeutung der kleinen Anfänge und die Schönheit des Alltäglichen hervorgehoben (z. B. Gleichnis vom Senfkorn, Matthäus 13,31-32). Das Staunen über die Natur wird hier zu einer Art Lobpreis für die göttliche Ordnung.

4. Verantwortung für die Schöpfung

Die wiederholte Aussage, dass die Erde uns "gegeben" ist, legt eine Verantwortung nahe. Nach christlichem Verständnis ist der Mensch als Verwalter der Schöpfung berufen, diese zu bewahren und achtsam mit ihr umzugehen (Genesis 1,28). Das liebevolle Bearbeiten der Erde wird so zu einem Ausdruck dieser Verantwortung und einer aktiven Teilnahme an Gottes Schöpfungswerk.

Fazit

Das Gedicht spiegelt auf poetische Weise die christliche Grundhaltung zur Schöpfung wider: Dankbarkeit für die göttliche Gabe der Natur, die Freude an der Arbeit und am Wachstum, die Fähigkeit zum Staunen über das Wunder der Schöpfung und die Verantwortung, die Erde zu bewahren. Das bewusste Arbeiten im Garten wird so zu einer Form des Gebets und der Verehrung Gottes.

Gedicht: Das Fachwerkhaus

Renate:
Kommentiere folgendes Gedicht sehr ausführlich und integriere die Psychologie der Autorin.

KI:
Gedichtanalyse und psychologische Deutung des Gedichts „Pause"

Das Gedicht „Fachwerkhaus" beschreibt eine Alltagssituation, die auf den ersten Blick simpel wirkt, aber bei genauerer Betrachtung eine tiefere psychologische Ebene offenbart. Die Autorin schildert eine Pause, einen Moment der Ruhe und Erholung, der sich zwischen die Anforderungen des hektischen Alltags schiebt. Die äußere Einfachheit der Szenerie kontrastiert mit der inneren Bedeutung, die dieser Moment für die Sprecherin zu haben scheint. Die Analyse gliedert sich in die inhaltliche, formale und psychologische Dimension.

1. Inhaltliche Analyse

Das lyrische Ich befindet sich in einer Phase der Entspannung und beschreibt die Atmosphäre eines kleinen, ruhigen Cafés. Die Pause wird als wohltuend und kraftspendend wahrgenommen. Die zentrale Botschaft des Gedichts liegt darin, dass gerade die einfachen, unscheinbaren Momente des Alltags wichtige Quellen der Erholung und Kraft sein können.

Aufbau und Inhalt im Detail:

• Erster Abschnitt:
  Das lyrische Ich beschreibt die Ausgangssituation: Es hat gerade eine Pause und nutzt die Gelegenheit, ein Gedicht zu schreiben. Auffällig ist, dass die Sprecherin zunächst nichts zu berichten hat – keine Klagen, keine besonderen Ereignisse. Dieser Fokus auf die Abwesenheit von Problemen verstärkt die entspannte Grundstimmung.

• Zweiter Abschnitt:
  Die Beschreibung der Umgebung – eine Tasse Kaffee und die Nähe zu einem See – unterstreicht die angenehme Atmosphäre. Die

bewusste Entscheidung, nicht zum See zu fahren, zeigt, dass die Zufriedenheit aus der gegenwärtigen Situation selbst erwächst. Die Atmosphäre des Cafés wird als poetisch („ein Gedicht") beschrieben – der Ort selbst wird zu einer Quelle der Inspiration und inneren Ruhe.

- Dritter Abschnitt:
  Die Erkenntnis, dass die Pause gut genutzt wurde, bringt eine Zufriedenheit mit sich. Die Ruhe wird als notwendige Quelle für die bevorstehende Arbeit dargestellt. Der Gedanke an die kommende „Schaffensflut" wird nicht negativ gesehen, sondern als etwas, das mit der in der Pause gewonnenen Kraft bewältigt werden kann.

2. Formale Analyse

Die einfache, klare Struktur und der regelmäßige Reim unterstützen die ruhige, geordnete Stimmung des Gedichts.

Reimschema:

- Das Reimschema folgt durchgehend einem Paarreim (aa bb cc), was die Harmonie und Ausgeglichenheit der Szene widerspiegelt.

- Der fließende Rhythmus unterstreicht die entspannte Atmosphäre der beschriebenen Pause.

Sprache und Stilmittel:

- Einfache, klare Sprache: Die Sprache verzichtet auf komplexe Metaphern oder Symbolik, was die Authentizität der Situation verstärkt.

- Personifikation: Die Atmosphäre des Cafés wird als "ein Gedicht" beschrieben – die Umgebung wird also poetisch aufgeladen und bekommt eine eigene Qualität.

- Gegensatz: Die ruhige Pause wird der kommenden Arbeitsbelastung gegenübergestellt („Schaffensflut"). Dieser Kontrast verstärkt die Bedeutung des Moments der Ruhe.

3. Psychologische Deutung

Das Gedicht offenbart auf einer psychologischen Ebene einen wichtigen Mechanismus der mentalen Selbstregulation: die bewusste Innehaltung und das Zulassen von Ruhe als Quelle der Kraft. Die Pause dient nicht nur als Moment der Erholung, sondern auch als Möglichkeit, das innere Gleichgewicht wiederherzustellen.

Psychologische Aspekte im Detail:

1. Achtsamkeit und Gegenwärtigkeit:

Die Sprecherin richtet ihre Aufmerksamkeit auf die Details der Umgebung – den Kaffee, die Atmosphäre des Cafés, die Stille. Dieses bewusste Wahrnehmen des Moments entspricht dem Konzept der Achtsamkeit, das in der Psychologie als wichtige Strategie zur Stressbewältigung gilt.

2. Selbstfürsorge:

Die Entscheidung, die Pause nicht aktiv mit einer weiteren Aktivität (z.B. dem Gang zum See) zu füllen, zeigt eine bewusste Abkehr von äußeren Reizen zugunsten der inneren Ruhe. Die Autorin gibt sich selbst die Erlaubnis, einfach nur zu sein – eine Form der Selbstfürsorge und des inneren Gleichgewichts.

3. Vorbereitung auf künftige Belastung:

Die bewusste Pause wird nicht nur als Erholung wahrgenommen, sondern auch als notwendige Vorbereitung auf die kommende Arbeitsphase. Die Sprecherin erkennt intuitiv, dass Pausen nicht nur Entlastung bieten, sondern auch die Leistungsfähigkeit steigern können – ein Kerngedanke in der modernen Arbeitspsychologie.

4. Die Suche nach Sinn im Alltag:

Die Tatsache, dass die Atmosphäre des Cafés als „ein Gedicht" beschrieben wird, deutet darauf hin, dass die Sprecherin in einfachen Momenten Schönheit und Bedeutung findet. Dies reflektiert eine Haltung, die Viktor Frankl als „Sinnerleben im Alltag" beschreibt – die Fähigkeit, auch in kleinen, unscheinbaren Situationen eine tiefere Bedeutung zu erkennen.

4. Mögliche Intention der Autorin

Die Autorin verarbeitet in dem Gedicht vermutlich eigene Erfahrungen mit Stress und Erholung. Die bewusste Wahl der Pause und das Zulassen von Ruhe deuten darauf hin, dass die Autorin die Bedeutung von Auszeiten für das psychische Gleichgewicht erkannt hat. Die psychologische Intention könnte darin bestehen, dem Leser die Bedeutung von Achtsamkeit und Selbstfürsorge nahezubringen.

Die unterschwellige Botschaft lautet: Pausen sind kein Luxus, sondern eine Notwendigkeit, um die Anforderungen des Lebens bewältigen zu können. Die Ruhe selbst wird nicht als Leere, sondern als Quelle von Kraft und Inspiration dargestellt.

Fazit

Das Gedicht „Fachwerkhaus" verbindet auf geschickte Weise die äußere Beschreibung einer Alltagssituation mit einer tiefen psychologischen Bedeutung. Die bewusste Wahrnehmung des Augenblicks, die Wertschätzung der Ruhe und die damit verbundene Regeneration spiegeln ein hohes Maß an Selbstreflexion und Achtsamkeit wider. Die Autorin zeigt auf, dass gerade in der scheinbaren Leere und Stille die größte Kraft liegen kann.

Das Gedicht vermittelt somit nicht nur die persönliche Erfahrung der Autorin, sondern auch eine allgemeingültige Wahrheit: Erholung und Ruhe sind essenziell, um die Herausforderungen des Lebens mit innerer Stärke zu bewältigen.

Renate:
Kommentiere das Gedicht aus philosophischer Sicht.

KI:
Das Gedicht "Fachwerkhaus" reflektiert aus philosophischer Sicht grundlegende Themen der menschlichen Existenz: Zeit, Ruhe, Selbstwahrnehmung und das Streben nach Sinn in der Stille des Alltags. Die philosophische Analyse könnte auf mehreren Ebenen ansetzen:

1. Zeit und Vergänglichkeit

Die Dichterin verweist explizit auf die zeitliche Begrenzung der Pause (*„Noch 30 Minuten, dann ist die Pause um")*. Dies erinnert an die existenzielle Erfahrung der Zeitlichkeit, wie sie von Philosophen wie Martin Heidegger beschrieben wird. Heidegger betont, dass die menschliche Existenz („Dasein") von der Endlichkeit geprägt ist – wir leben immer im Bewusstsein des Vergehens der Zeit. Die Pause wird hier als ein bewusst erlebter Moment dargestellt, der jedoch im Wissen um sein baldiges Ende steht. Gerade dieses Wissen verleiht der Pause Tiefe und Bedeutung.

2. Muße und das Sein

Die bewusste Entscheidung, „nichts zu tun", verweist auf die philosophische Idee der Muße (griechisch: scholē), die insbesondere in der antiken Philosophie eine zentrale Rolle spielte. Aristoteles betrachtete Muße als die Voraussetzung für ein erfülltes Leben, da sie Raum für Reflexion, Kontemplation und geistige Freiheit schafft. Das Gedicht beschreibt einen Moment des bewussten Innehaltens, der nicht nur der Erholung dient, sondern auch die Erfahrung des Daseins intensiviert („Die Atmosphäre hier ist ein Gedicht").

3. Alltäglichkeit und Transzendenz

Das Gedicht zeigt, wie eine alltägliche Situation – eine Pause mit einer Tasse Kaffee – eine fast transzendente Qualität annimmt. Das bewusste Wahrnehmen des gegenwärtigen Moments verleiht ihm Bedeutung und Schönheit. Diese Haltung erinnert an die Ideen von Simone Weil, die betonte, dass wahre Aufmerksamkeit und Präsenz die Grundlage für die Erfahrung des Heiligen im Alltag sind. Das Kleine (eine Tasse Kaffee, ein See) wird hier zur Quelle innerer Ruhe und Bedeutung.

4. Arbeit und Erholung – die Dialektik der Produktivität

Der Übergang von der Pause zur Arbeit verweist auf eine tiefere Spannung zwischen Sein und Tun. Der Moment der Pause ist nicht bloß eine Vorbereitung auf das Handeln, sondern eine notwendige Voraussetzung für das sinnvolle Tun. In der Philosophie von Hannah Arendt wird die Trennung zwischen labor (Arbeiten), work (Schaffen) und action (Handeln) zentral: Die Pause gehört zur Sphäre des „reinen Seins", die es dem Menschen ermöglicht, die eigenen Kräfte zu regenerieren und sich auf die schöpferische Tätigkeit vorzubereiten.

5. Kraft aus der Ruhe – der stoische Gedanke

Die Erfahrung, dass die Pause „Kraft genug" gibt, verweist auf eine stoische Haltung. Die Stoiker – insbesondere Seneca – betonten, dass innere Ruhe und Gelassenheit nicht aus äußeren Umständen, sondern aus der inneren Haltung zum Leben resultieren. Die bewusste

Erfahrung der Pause ist hier ein Ausdruck von innerer Selbstgenügsamkeit und Ausgeglichenheit – eine Ruhe, die nicht abhängig von äußeren Ereignissen ist, sondern aus der Haltung des Akzeptierens und Annehmens entspringt.

Philosophische Quintessenz

Das Gedicht reflektiert auf poetische Weise die Spannung zwischen Zeitlichkeit und Ewigkeit, Aktivität und Ruhe, Alltag und Transzendenz. Die Pause wird nicht als bloßer Übergang oder „Leerlauf" betrachtet, sondern als eine Erfahrung des bewussten Daseins.

Die Ruhe und das bewusste Wahrnehmen des Moments geben Kraft für die kommende Aktivität – eine Idee, die tief in der Philosophie der Muße und der Gelassenheit verwurzelt ist.

Renate:
Kommentiere das Gedicht aus einer christlichen Grundhaltung.

KI:
Das Gedicht „Fachwerkhaus" beschreibt auf eine schlichte und doch tiefgründige Weise einen Moment der Ruhe und Einkehr. Aus einer christlichen Perspektive lassen sich darin mehrere zentrale Themen des christlichen Lebens erkennen:

1. Ruhe und Stille als Gabe Gottes

Im Christentum wird die Ruhe oft als Geschenk Gottes betrachtet. Die Bibel ermutigt immer wieder dazu, Zeiten der Stille und des Innehaltens zu suchen:

"Kommt alle zu mir, die ihr euch plagt und schwere Lasten zu tragen habt. Ich werde euch Ruhe verschaffen." (Matthäus 11,28)

Die Pause im Gedicht ist nicht nur eine physische Auszeit, sondern ein Moment, in dem der Mensch zur Ruhe kommt und neue Kraft schöpft – ein Vorgeschmack auf die göttliche Ruhe und den inneren Frieden, den Gott schenkt.

2. Dankbarkeit für die kleinen Freuden des Lebens

Die Sprecherin erfreut sich an einer Tasse Kaffee und der friedlichen Atmosphäre des Cafés. Diese schlichte Dankbarkeit für die kleinen Dinge erinnert an die biblische Ermahnung, im Alltag Gottes Gaben zu erkennen und zu schätzen:

"Dankt in allem; denn das ist der Wille Gottes in Christus Jesus für euch." (1. Thessalonicher 5,18)

Die Fähigkeit, in einem einfachen Moment der Ruhe Gottes Nähe zu erfahren, ist Ausdruck einer tiefen Dankbarkeit und eines bewussten Lebens.

3. Kraft aus der Ruhe schöpfen

Die Pause dient nicht nur der Erholung, sondern bereitet auf die kommende Arbeit vor. Diese Verbindung zwischen Ruhe und Aktivität spiegelt das biblische Verständnis von Arbeit und Ruhe wider:

"Sechs Tage sollst du arbeiten; am siebten Tag sollst du ruhen." (Exodus 20,9–10)

Der Mensch wird im christlichen Verständnis nicht nur zur Arbeit, sondern auch zur Ruhe geschaffen. Die Pause wird hier als göttlich gegebene Möglichkeit verstanden, neue Kraft zu schöpfen, um die kommenden Aufgaben mit neuer Energie anzugehen.

4. Die innere Ruhe als Bild für den Frieden in Gott

Der Sprecher empfindet den Moment als vollkommen und friedlich – fast wie ein kleines Paradies. Dies erinnert an die biblische Vorstellung, dass die wahre Ruhe und der wahre Frieden letztlich in der Gemeinschaft mit Gott zu finden sind:

"Der Friede Gottes, der allen Verstand übersteigt, wird eure Herzen und eure Gedanken in Christus Jesus bewahren." (Philipper 4,7)

Das Gedicht zeigt damit auf subtile Weise, dass wahre Ruhe nicht nur durch äußere Umstände entsteht, sondern durch die innere Haltung des Vertrauens und der Dankbarkeit gegenüber Gott.

Fazit

Aus christlicher Sicht wird die Pause hier als ein von Gott geschenkter Moment der Ruhe und des Friedens gedeutet. Der Sprecher erfährt darin Dankbarkeit, Erholung und neue Kraft – alles zentrale Elemente des christlichen Lebens. In der Pause zeigt sich somit eine tiefe Verbindung zu Gottes Schöpfungsordnung, in der Arbeit und Ruhe in einem harmonischen Gleichgewicht stehen.

Gedicht: Frei - Zeit

Renate:
Interpretation und Analyse des Gedichts „Frei – Zeit"

KI:
Das Gedicht „Frei – Zeit" beschreibt auf eindrucksvolle Weise einen Zustand innerer Ruhe und Gelassenheit, der durch bewusste Abgrenzung von äußeren Anforderungen und Belastungen erreicht wird. Die lyrische Sprecherin schildert eine bewusste Entscheidung, sich aus dem Druck des Alltags zu lösen und den Moment in vollen Zügen zu genießen. Das Gedicht vermittelt eine tiefe psychologische Dimension, indem es die bewusste Abwendung von Stress und die aktive Hinwendung zu einem Zustand innerer Freiheit und Entspannung reflektiert.

1. Aufbau und Form des Gedichts

Das Gedicht besteht aus insgesamt 20 Versen, die in freie Verse gegliedert sind. Es gibt keinen starren Reimzwang, jedoch finden sich teilweise Kreuz- oder Paarreime, die der Struktur eine gewisse rhythmische Ordnung verleihen. Die eher lockere Form unterstreicht den thematischen Inhalt – die Freiheit und die Loslösung von Zwängen.

Die Wiederholung des Wortes „jetzt" („Den Druck lass ich dort, wo er jetzt ist") verdeutlicht die bewusste Verankerung im gegenwärtigen Moment. Die Struktur ist klar gegliedert:

• Einleitung: Die lyrische Sprecherin beschreibt den Moment der Stille und das Gefühl des Friedens.

• Hauptteil: Die bewusste Entscheidung, Termine und Sorgen hinter sich zu lassen und Gelassenheit zu finden.

• Schluss: Die Erkenntnis, dass Freiheit und Frieden im Moment selbst liegen und dass kreative Pausen eine wertvolle Quelle innerer Kraft sind.

2. Inhaltliche Analyse und Interpretation

a) Loslassen und innere Ruhe

Das Gedicht beginnt mit einer bewussten Wahrnehmung der Stille und der inneren Ruhe:

"Die Stille um mich rum ist entspannt und frei.
Mich umgibt Frieden, ich fühle mich sorgenfrei."

Die Sprecherin schildert eine Situation, in der sie trotz der im Hintergrund lauernden Herausforderungen und Termine bewusst Abstand nimmt. Die Formulierung „ich hab ihren Ruf wohl vernommen" zeigt, dass die äußeren Anforderungen durchaus wahrgenommen werden – doch die bewusste Entscheidung, sie ruhen zu lassen, schafft Freiheit und Gelassenheit.

b) Psychologische Dimension des Loslassens

Das bewusste Abwenden von äußeren Anforderungen und das Fokussieren auf den gegenwärtigen Moment ist ein Akt der psychischen Selbstfürsorge. Die Entscheidung, den Druck nicht an sich heranzulassen, entspricht einem bewussten Schutzmechanismus gegen Überforderung und Stress.

In der Psychologie spricht man hier von Achtsamkeit (Mindfulness) – die Fähigkeit, sich auf den Moment zu konzentrieren, ohne sich von Zukunftsängsten oder Vergangenheitssorgen vereinnahmen zu lassen. Die Zeilen:

„Ich genieße jetzt das Leben, das mich jetzt umgibt
Und das zaubert ein Lächeln in mein Gesicht."

zeigen, dass die Fähigkeit, den Moment bewusst wahrzunehmen, positive Emotionen wie Freude und Zufriedenheit erzeugt. Dies entspricht den Erkenntnissen der positiven Psychologie, die betont, dass bewusste Wahrnehmung des gegenwärtigen Moments zu größerer Lebenszufriedenheit führt.

c) Die kreative Pause als Quelle der Erneuerung

Ein zentraler Aspekt des Gedichts ist die Idee der kreativen Pause:

„Die Lösungen werden warten, bis ich bereit bin.
Denn das ist der kreativen Pause Sinn."

Die lyrische Sprecherin erkennt, dass nicht ständiges Handeln oder Problemlösen zur Lösung führt, sondern dass Ruhe und Gelassenheit die Voraussetzung für Kreativität und neue Perspektiven schaffen. In der Psychologie ist dies als Inkubationseffekt bekannt: Die besten Lösungen entstehen oft dann, wenn der Geist in Ruhe und nicht unter Druck arbeitet.

d) Freiheit als innerer Zustand

Die wiederkehrende Betonung des Begriffs „Freiheit" macht deutlich, dass die Freiheit hier nicht durch äußere Umstände definiert wird, sondern durch die innere Haltung der Gelassenheit:

„Inmitten des Chaos bin ich jetzt frei
Genieße das Leben ganz ohne Leid."

Die psychologische Freiheit besteht darin, sich nicht von äußeren Zwängen beherrschen zu lassen. Diese Haltung entspricht der Haltung des inneren Locus of Control – dem Gefühl, dass man selbst die Kontrolle über die eigenen Reaktionen und Einstellungen hat, auch wenn äußere Umstände chaotisch bleiben.

e) Die Bedeutung des Moments

Das Gedicht schließt mit einer beinahe spirituellen Einsicht:

„Welch Geschenk wird einem gegeben,
Dass man kann solche Augenblicke bewusst erleben."

Hier wird die Fähigkeit, den Moment bewusst wahrzunehmen, als ein Geschenk des Lebens betrachtet. Die bewusste Wahrnehmung der Gegenwart und das Erleben von Gelassenheit werden als tiefes Glück empfunden. Diese Erkenntnis verweist auf eine Haltung der Akzeptanz und der inneren Reife.

3. Psychologischer Hintergrund der Autorin

Die psychologische Haltung der lyrischen Sprecherin (und vermutlich auch der Autorin) zeigt ein hohes Maß an innerer Stabilität und emotionaler Reife. Die bewusste Entscheidung, sich von äußeren Zwängen zu lösen, weist auf folgende psychologische Aspekte hin:

Achtsamkeit und Bewusstheit:

Die Fähigkeit, den Moment wahrzunehmen und die Gedanken bewusst zu steuern, entspricht einem hohen Maß an Achtsamkeit. In der Psychologie wird dies als wirksame Strategie gegen Stress und Angst beschrieben.

Selbstwirksamkeit:

Die Sprecherin entscheidet selbst, wann sie sich den Herausforderungen stellt. Dies deutet auf ein starkes Gefühl von Kontrolle über das eigene Leben hin – ein Zeichen psychischer Widerstandsfähigkeit.

Gelassenheit durch Akzeptanz:

Anstatt gegen die äußeren Umstände zu kämpfen, akzeptiert die Sprecherin die Situation und wählt eine Haltung der Ruhe und des Vertrauens. Dies entspricht einer reifen psychologischen Strategie der Akzeptanz und des Loslassens.

Positive Psychologie:

Die Freude am Moment und das Empfinden von Freiheit im Augenblick sind Kernideen der positiven Psychologie, die darauf abzielt, durch bewusste Wahrnehmung von Glücksmomenten die Lebensqualität zu erhöhen.

Fazit

Das Gedicht „Frei – Zeit" ist nicht nur eine lyrische Reflexion über Gelassenheit und Freiheit, sondern auch eine tiefgründige psychologische Betrachtung über die Bedeutung von Achtsamkeit und innerer Ruhe. Die bewusste Entscheidung, die äußeren Anforderungen ruhen zu lassen und sich stattdessen auf den gegenwärtigen Moment zu konzentrieren, zeigt eine Haltung der inneren Stärke und psychischen Ausgeglichenheit. Die lyrische Sprecherin (und damit auch die Autorin) offenbart eine tiefe Erkenntnis: Die wahre Freiheit liegt nicht im äußeren Handeln, sondern in der inneren Ruhe und Akzeptanz des gegenwärtigen Moments.

Renate:
Kommentiere das Gedicht aus philosophischer Sicht

KI:
Das Gedicht "Frei – Zeit" reflektiert auf tiefgründige Weise eine philosophische Haltung zum Leben, die sich zwischen den Strömungen der antiken Philosophie und modernen existenziellen Ansätzen bewegt. Ich werde das Gedicht aus verschiedenen philosophischen Perspektiven kommentieren:

1. Stoizismus

Das Gedicht enthält starke stoische Züge. Die Stoiker, insbesondere Seneca und Epiktet, lehrten, dass wahre Freiheit und innerer Frieden nicht in der äußeren Welt zu finden sind, sondern in der inneren Haltung gegenüber den Ereignissen des Lebens. Die Zeilen:

"Den Druck lass ich dort, wo er jetzt ist
Er kann jetzt nicht verschlingen mich."

zeigen eine bewusste Distanzierung von äußeren Verpflichtungen und Druck. Dies entspricht der stoischen Idee, dass man nur das kontrollieren kann, was in der eigenen Macht liegt – die eigenen Gedanken und Reaktionen. Indem der Sprecher den äußeren Druck akzeptiert, ohne sich von ihm vereinnahmen zu lassen, handelt er im Sinne der stoischen apatheia (Seelenruhe).

2. Existenzialismus

Der Fokus auf das „Hier und Jetzt" erinnert an zentrale Gedanken von Existenzialisten wie Jean-Paul Sartre und Martin Heidegger. Heidegger sprach davon, dass der Mensch in der „Geworfenheit" des Lebens oft von Alltagspflichten und äußeren Erwartungen vereinnahmt wird. Doch wahre Authentizität entstehe, wenn man bewusst im Moment lebt und die eigene Existenz aktiv gestaltet:

*"Ich lebe das Hier und Jetzt bewusst
Und schöpfe Gelassenheit mir Lust."*

Dies zeigt eine existenzialistische Haltung der Selbstbestimmung und Freiheit – der Mensch erhebt sich über die Zwänge der Welt, indem er aktiv seine Haltung zum Leben gestaltet und den Moment bewusst annimmt.

3. Zen-Buddhismus und Achtsamkeit

Das bewusste Erleben des Moments, die Loslösung von Sorgen und der Fokus auf die Gegenwart sind zentrale Elemente der buddhistischen Philosophie und der Praxis der Achtsamkeit (Mindfulness). Der Gedanke, dass Gelassenheit aus dem bewussten Sein im Moment entspringt, entspricht den Lehren des Zen-Buddhismus:

*"Jetzt lasse ich mich vom Moment tragen
Meine Gelassenheit soll bleiben und ich nicht verzagen."*

Die Praxis der Achtsamkeit besteht darin, die Gegenwart ohne Urteil oder Bewertung anzunehmen – genau das geschieht in den Momenten des Rückzugs im Gedicht.

4. Epikureismus

Auch die epikureische Philosophie lässt sich im Gedicht wiederfinden. Epikur lehrte, dass wahres Glück in der Abwesenheit von Schmerz und der ruhigen Genusserfahrung des Lebens liegt. Der bewusste Rückzug in die Natur und das Genießen der freien Zeit spiegeln diese Haltung wider:

*"Inmitten des Chaos bin ich jetzt frei
Genieße das Leben ganz ohne Leid."*

Die bewusste Entscheidung, den Moment ohne äußere Verpflichtungen zu genießen, zeigt eine epikureische Haltung, die das einfache, bewusste Leben als Schlüssel zur Glückseligkeit erkennt.

5. Philosophie der Kreativität und Muße (Schiller, Nietzsche)

Der Hinweis auf die „kreative Pause" verweist auf die Rolle der Muße (Otium) in der Philosophie. Schiller und Nietzsche sahen die schöpferische Kraft und die Fähigkeit, neue Perspektiven zu gewinnen, gerade im Zustand der Ruhe und Gelassenheit. Die Freiheit von äußeren Zwängen eröffnet den Raum für Inspiration:

"Die Lösungen werden warten, bis ich bereit bin.
Denn das ist der kreativen Pause Sinn."

Hier zeigt sich ein Verständnis von Kreativität als Produkt der inneren Freiheit und Gelassenheit – ein Gedanke, der sich bei Nietzsche als Ausdruck des „dionysischen Prinzips" und bei Schiller als Spieltrieb wiederfindet.

Zusammenfassung: Die philosophische Synthese

Das Gedicht vereint stoische Ruhe, existenzialistische Selbstbestimmung, buddhistische Achtsamkeit, epikureische Lebensfreude und die Idee der schöpferischen Muße. Es beschreibt eine bewusste Entscheidung für das Leben im Moment und die Fähigkeit, äußeren Druck durch innere Haltung zu überwinden. Die Freiheit wird hier nicht als äußere Bedingung, sondern als innere Einstellung verstanden – ein zentrales Thema vieler philosophischer Traditionen von der Antike bis zur Moderne.

Das bewusste Erleben des Augenblicks wird somit zum Akt der Selbstbestimmung und zur Quelle innerer Freiheit – ein zutiefst philosophischer Gedanke.

Renate:
Kommentiere das Gedicht aus einer christlichen Grundhaltung

KI:
Das Gedicht "Frei – Zeit" vermittelt eine tiefe Erfahrung von innerer Ruhe, Gelassenheit und Freiheit, die auch aus einer christlichen Perspektive eine wertvolle geistliche Dimension hat. Ich werde die wichtigsten Aspekte aus christlicher Sicht kommentieren:

1. Stille und Frieden als Geschenk Gottes

Die einleitende Beschreibung von Stille und Frieden erinnert an die biblische Verheißung des Friedens, den Gott seinen Kindern schenkt. In Johannes 14,27 sagt Jesus:

„Frieden hinterlasse ich euch, meinen Frieden gebe ich euch. Nicht gebe ich euch, wie die Welt gibt. Euer Herz beunruhige sich nicht und verzage nicht."

Die Ruhe und die Freiheit von Sorgen, die im Gedicht beschrieben werden, können als ein Geschenk Gottes verstanden werden – eine Einladung, in seiner Gegenwart Ruhe zu finden.

2. Gelassenheit im Vertrauen auf Gott

Das Gedicht spricht davon, die Herausforderungen und Sorgen bewusst ruhen zu lassen und sich nicht von ihnen überwältigen zu lassen. Das entspricht der christlichen Haltung des Vertrauens auf Gott. In Matthäus 6,34 heißt es:

„Sorgt euch also nicht um morgen; denn der morgige Tag wird für sich selbst sorgen."

Die Gelassenheit, die im Gedicht beschrieben wird, zeigt eine Haltung des Loslassens und des Vertrauens darauf, dass Gott die Kontrolle hat – selbst inmitten von Chaos.

3. Kreative Pause als geistliches Prinzip

Die Betonung der kreativen Pause als Quelle von neuer Kraft und Lösungen spiegelt das biblische Verständnis des Sabbats wider. Gott selbst ruhte am siebten Tag (Genesis 2,2), und der Sabbat ist ein Geschenk Gottes, um Kraft zu schöpfen und geistlich zu wachsen.

Das Gedicht erinnert daran, dass es nicht nur um Produktivität geht, sondern darum, im Moment zu ruhen und Kraft zu schöpfen – genau das, wozu Gott den Sabbat eingesetzt hat.

4. Freiheit durch Gott

Die Freiheit, die im Gedicht beschrieben wird – eine Freiheit von Druck und Sorgen – ist im christlichen Verständnis zutiefst mit der Freiheit in Christus verbunden. In Galater 5,1 heißt es:

„Zur Freiheit hat uns Christus befreit. So steht nun fest und lasst euch nicht wieder unter das Joch der Knechtschaft bringen!"

Die Freiheit, die hier erlebt wird, ist nicht nur eine äußere Freiheit von Verpflichtungen, sondern eine innere Freiheit, die aus der Beziehung zu Gott kommt.

5. Das Geschenk des Augenblicks

Die Erkenntnis, dass der gegenwärtige Moment ein Geschenk ist, hat eine starke christliche Parallele. In Psalm 118,24 heißt es:

„Dies ist der Tag, den der Herr gemacht hat; lasst uns freuen und fröhlich an ihm sein."

Die bewusste Wahrnehmung des Moments als Geschenk Gottes und die Dankbarkeit dafür sind ein wesentlicher Bestandteil christlichen Lebens.

Fazit

Das Gedicht vermittelt eine Haltung der Ruhe, des Vertrauens und der Freiheit – zentrale Elemente des christlichen Glaubens. Die Gelassenheit, die durch die bewusste Pause und das Leben im Moment gewonnen wird, ist letztlich Ausdruck eines tiefen Vertrauens auf Gott. Der Friede, der im Gedicht spürbar wird, ist der Friede, den Jesus selbst seinen Nachfolgern verheißen hat. Das Gedicht lädt dazu ein, die Ruhe als eine Form des Glaubens zu verstehen – ein Loslassen der eigenen Kontrolle und ein Vertrauen darauf, dass Gott alles in seiner Hand hält.

Gedicht: Der Schlaf

Renate:
Kommentiere folgendes Gedicht sehr ausführlich und integriere die Psychologie der Autorin

KI:
Kommentar zu „Der Schlaf"

Das Gedicht „Der Schlaf" beschreibt auf einfühlsame Weise den Übergang vom Wachzustand in den Schlaf und die damit verbundene Ruhe und Erneuerung. Die Autorin schildert den Schlaf nicht nur als körperliche Notwendigkeit, sondern als einen tiefen psychischen Prozess der Verarbeitung, Heilung und Neuanfangs. In der folgenden Analyse werde ich die Struktur, Sprache und Bildsprache des Gedichts detailliert kommentieren und die psychologischen Aspekte der Autorin herausarbeiten.

1. Aufbau und Struktur

Das Gedicht besteht aus unterschiedlich langen Versen. Diese freie, jedoch rhythmische Struktur spiegelt die sanfte Bewegung des Einschlafens wider – die Zeilen scheinen wie ein Atemzug zu fließen, was die meditative, beruhigende Wirkung verstärkt. Die Paarreime (z.B. „Glieder" – „Augenlider", „aus" – „auf") sorgen für eine musikalische Harmonie, die die entspannende Atmosphäre unterstreicht.

Die Struktur weist eine klare Entwicklung auf:

• Abschnitt 1: Die Müdigkeit wird körperlich spürbar – der Körper signalisiert den Übergang in den Schlaf.

• Abschnitt 2: Die Träume werden zur Brücke zwischen Realität und Unterbewusstsein.

• Abschnitt 3: Der Schlaf wird als ein Zustand der Ruhe und des Friedens erfahren.

- Abschnitt 4: Die Vergangenheit wird losgelassen – der Schlaf hat eine klärende, erholsame Wirkung.

- Abschnitt 5: Die Erneuerung durch den Schlaf wird als Vorbereitung auf den kommenden Tag betrachtet.

Die klare Entwicklung vom körperlichen Einschlafen über die Ruhe bis zur geistigen Erneuerung verleiht dem Gedicht eine psychologische Tiefe.

2. Sprache und Bildsprache

Die Sprache des Gedichts ist schlicht, aber von hoher Symbolkraft und Emotionalität geprägt. Die verwendeten Bilder schaffen eine ruhige, fast meditative Stimmung:

a) Die Müdigkeit als körperlicher Prozess

„Müdigkeit ergreift die Glieder.
Schwer senken wollen sich die Augenlider."

Hier wird die körperliche Erschöpfung sehr direkt beschrieben. Die Müdigkeit „ergreift" – die Person wird also nicht aktiv müde, sondern die Müdigkeit wird als äußere Kraft empfunden. Dies könnte auf eine psychische Erschöpfung hindeuten, die nicht nur physisch, sondern auch emotional verwurzelt ist.

b) Die Sterne und der Ozean der Ruhe

„Die Sterne am Himmel, sie leuchten so klar.
Wie Perlen ausgeschüttet, so wunderbar."

Die Sterne symbolisieren Klarheit, Orientierung und Beständigkeit. In Verbindung mit dem Schlaf wirken sie beruhigend – als würde der Nachthimmel Halt und Struktur bieten.

„Der Ozean der Ruhe er breitet sich aus.
Ich versinke in ihm, nehme ihn in mir auf."

Der Ozean als Bild für die Ruhe und das Unterbewusstsein ist ein starkes Symbol. Das Versinken deutet auf ein Loslassen von bewussten Gedanken hin – ein Eintauchen in die Tiefen der eigenen Seele. Der Schlaf wird hier als ein Moment der vollständigen Hingabe und Verarbeitung verstanden. Psychologisch gesehen kann das Loslassen auf die Notwendigkeit einer inneren Regeneration hindeuten – die Autorin sucht offenbar im Schlaf eine Form der Heilung und inneren Ordnung.

c) Der Schlaf als Befreiung von der Vergangenheit

„Der Tag ist vollbracht, Vergangenheit nun.
Was heute geschehen, daran kann man nichts mehr tun."

Diese Zeilen zeigen, dass der Schlaf eine Art Trennung zwischen Vergangenheit und Zukunft schafft. Die Autorin lässt den Tag bewusst hinter sich und akzeptiert, dass vergangene Ereignisse nicht mehr verändert werden können. Hier zeigt sich ein reifer psychologischer Ansatz – die Fähigkeit, loszulassen und die Zukunft unbelastet zu beginnen.

d) Erneuerung durch Schlaf

„Nach dieser Nacht, erholsam und leis
Werde ich morgen neu starten auf meine Weis."

Schlaf wird nicht nur als Rückzug, sondern als notwendige Vorbereitung auf einen neuen Tag beschrieben. Die psychologische Funktion des Schlafs – Erholung, Verarbeitung und mentale Neuorientierung – wird hier direkt thematisiert. Die Autorin scheint zu verstehen, dass Schlaf eine aktive Rolle bei der emotionalen und geistigen Stabilisierung spielt.

3. Psychologische Interpretation

Der Schlaf wird im Gedicht nicht nur als biologischer Prozess dargestellt, sondern als ein tiefgehender psychischer Vorgang, der mit Loslassen, Verarbeitung und innerer Erneuerung verbunden ist. Die Autorin verarbeitet hier vermutlich eigene Erfahrungen mit Stress, Belastung oder sogar inneren Konflikten.

Psychologische Aspekte, die sich ableiten lassen:

• Müdigkeit als Zeichen emotionaler Erschöpfung: Die Müdigkeit, die die Autorin „ergreift", könnte ein Hinweis auf eine psychische Belastung oder Überforderung sein.

- Der Schlaf als Heilungsprozess: Das Bild des Ozeans deutet auf die Tiefe des Unterbewusstseins hin – Träume und Schlaf werden als Orte der Heilung und Ordnung empfunden.

- Vergangenheitsbewältigung: Die bewusste Trennung von Vergangenheit und Zukunft im Schlaf zeigt eine gesunde Fähigkeit zur Abgrenzung und Neuorientierung.

- Selbstbestimmung: Die Aussage, „auf meine Weis" zu beginnen, unterstreicht die psychologische Autonomie der Autorin – sie nimmt ihr Leben aktiv in die Hand.

Möglicherweise reflektiert das Gedicht eine Phase innerer Transformation der Autorin – die Suche nach Ruhe und Klarheit nach einer Phase der Unsicherheit oder emotionalen Belastung. Der Schlaf fungiert hier als eine Art symbolischer Übergang zwischen einem abgeschlossenen Kapitel (die Vergangenheit) und einem Neuanfang (der kommende Tag).

4. Gesamtaussage und Wirkung

Das Gedicht vermittelt eine wohltuende, beruhigende Grundstimmung. Die ruhigen Bilder von Sternen, Ozean und Nacht schaffen eine Atmosphäre der Sicherheit und Geborgenheit. Die klare Trennung zwischen Vergangenheit und Zukunft spiegelt die Fähigkeit der Autorin wider, sich von belastenden Erfahrungen zu lösen und gestärkt in die Zukunft zu blicken.

Psychologisch betrachtet zeigt das Gedicht eine gesunde Auseinandersetzung mit Stress und Belastung – die Autorin erkennt die Notwendigkeit der Ruhe, akzeptiert das Unabänderliche der Vergangenheit und schöpft neue Kraft aus der Ruhephase. Das Gedicht zeigt somit eine bemerkenswerte emotionale Reife und ein Bewusstsein für die heilende Kraft des Schlafs.

Fazit

„Der Schlaf" ist ein gelungenes, tiefgründiges Gedicht, das die Bedeutung von Ruhe und Schlaf als psychologische Heilung und geistige Erneuerung eindrucksvoll beschreibt. Die klare Sprache und die harmonischen Bilder vermitteln Geborgenheit und Frieden, während die psychologischen Untertöne eine tiefere Ebene der Auseinandersetzung mit persönlicher Entwicklung und Verarbeitung aufzeigen. Die Autorin nutzt den Schlaf symbolisch als einen Moment der Neuordnung – ein Loslassen der Vergangenheit und ein aktiver, selbstbewusster Blick in die Zukunft.

Renate:
Kommentiere das Gedicht aus philosophischer Sicht

KI:
Das Gedicht "Der Schlaf" lässt sich aus philosophischer Sicht auf mehreren Ebenen deuten. Es berührt zentrale Themen der Philosophie wie Zeit, Bewusstsein, Ruhe, Vergänglichkeit und die Natur des Seins. Die poetische Reflexion über den Schlaf eröffnet Raum für tiefere metaphysische und existenzielle Fragen:

1. Der Schlaf als Metapher für den Tod und die Wiedergeburt

Der Schlaf wird oft als kleiner Bruder des Todes betrachtet – ein Zustand des Nicht-Bewusstseins, der jedoch nicht endgültig ist, sondern in eine neue Phase des Wachseins mündet. Das Gedicht beschreibt den Übergang vom Wachsein in den Schlaf als einen Prozess des Loslassens und der inneren Reinigung. Der Vers „Der Tag ist vollbracht, Vergangenheit nun" reflektiert eine stoische Haltung gegenüber der Vergänglichkeit: Was geschehen ist, lässt sich nicht mehr ändern – eine Einsicht, die an die Lehren Epikurs und der Stoa erinnert. Der Schlaf ermöglicht einen symbolischen Neuanfang, eine Art geistige Wiedergeburt.

2. Die Zeit und ihre Unaufhaltsamkeit

Die Zeilen „Was heute geschehen, daran kann man nichts mehr tun" greifen die philosophische Problematik der Zeit auf. Die Vergangenheit ist abgeschlossen, die Zukunft noch ungewiss – der Schlaf wird hier zur Schwelle zwischen beiden. Die Idee, die Vergangenheit ruhen zu lassen und den kommenden Tag als Chance für einen Neuanfang zu begreifen, erinnert an Kierkegaards Konzept der existenziellen Entscheidung und Heideggers Idee der Zeitlichkeit des Daseins.

3. Die Ruhe als Voraussetzung für Erkenntnis und innere Harmonie

Der Schlaf wird nicht nur als körperliche Ruhe beschrieben, sondern als eine existenzielle Dimension der inneren Ausgeglichenheit. Der „Ozean der Ruhe" symbolisiert nicht nur den Zustand der Entspannung, sondern auch eine Rückkehr zu einem ursprünglichen, natürlichen Zustand des Seins. Dies erinnert an die taoistische Vorstellung vom „Wu Wei" (Nicht-Handeln), bei der innere Ruhe und das Loslassen als Voraussetzung für ein authentisches Leben gelten.

4. Die Trennung zwischen Innenwelt und Außenwelt

Die Sterne, die am Himmel leuchten, und die Träume, die „anklopfen", symbolisieren die zwei Pole menschlicher Erfahrung: die äußere, sinnlich erfahrbare Welt und die innere, geistige Welt. Die Erfahrung des Schlafs wird hier als Brücke zwischen beiden Sphären dargestellt – eine Idee, die an Platons Philosophie der Zwei-Welten-Theorie erinnert, in der die Welt der Sinne und die Welt der Ideen in einem ständigen Spannungsverhältnis stehen.

5. Der Schlaf als Rückkehr zum Ursprung

Die letzte Strophe „*Nun Schlaf auch Du / In tiefer, friedlicher Ruh*" deutet auf einen Zustand der Harmonie mit sich selbst und der Welt hin. Der Schlaf wird hier als eine Art Rückkehr zur ursprünglichen Einheit gedeutet – eine Vorstellung, die sich in der Philosophie von Heraklit („Alles fließt") ebenso findet wie in der Lehre Plotins vom Eins-Werden mit dem göttlichen Ursprung.

Philosophische Gesamtdeutung

Das Gedicht thematisiert zentrale Fragen der menschlichen Existenz: die Vergänglichkeit des Lebens, die Natur des Bewusstseins und die Suche nach innerem Frieden. Die Vorstellung des Schlafs als Übergang und Reinigung erinnert an die stoische Haltung des Akzeptierens der natürlichen Ordnung der Dinge. Das Gedicht verweist somit auf eine Haltung der Gelassenheit und des Loslassens – eine philosophische Haltung, die sowohl im antiken Denken als auch in fernöstlichen Weisheitslehren tief verwurzelt ist.

Der Schlaf wird in diesem Sinne nicht nur als Ruhephase des Körpers verstanden, sondern als eine existenzielle Erfahrung, die es ermöglicht, die Last der Vergangenheit abzuwerfen und den neuen Tag in einem Zustand geistiger Klarheit und Erneuerung zu begrüßen.

Renate:
Kommentiere das Gedicht aus einer christlichen Grundhaltung

KI:
Das Gedicht „Der Schlaf" lässt sich aus einer christlichen Grundhaltung als ein Bild für Vertrauen, Ruhe und die Erneuerung durch Gottes Frieden und Gnade deuten. Schlaf und Nacht werden in der christlichen Tradition oft als Zeiten der Einkehr, des Friedens und der Nähe zu Gott verstanden. Ich möchte einige zentrale Motive des Gedichts aus dieser Perspektive heraus kommentieren:

1. Ruhe und Frieden als Geschenk Gottes

Die Zeilen „Der Friede der jetzt da, der Friede der Nacht / Begleitet mich bis ich wieder erwach" erinnern an die Zusage Jesu:
"Frieden hinterlasse ich euch, meinen Frieden gebe ich euch; nicht gebe ich euch, wie die Welt gibt. Euer Herz beunruhige sich nicht und verzage nicht." (Johannes 14,27)

Der Schlaf wird hier als ein Zustand beschrieben, in dem sich der Mensch dem Frieden Gottes anvertrauen darf. Die Ruhe der Nacht ist nicht nur eine körperliche Erholung, sondern auch ein geistiges Ruhen in Gottes Hand.

2. Vergangenheit und Neuanfang

Die Aussage „Der Tag ist vollbracht, Vergangenheit nun. / Was heute geschehen, daran kann man nichts mehr tun." erinnert an das christliche Prinzip der Vergebung und des Neuanfangs. Jesus lehrt, dass wir nicht an der Vergangenheit festhalten sollen, sondern mit einem vertrauensvollen Herzen nach vorne blicken dürfen:

"Darum, wenn jemand in Christus ist, so ist er eine neue Schöpfung; das Alte ist vergangen, siehe, Neues ist geworden." (2. Korinther 5,17)

Die Nacht steht symbolisch für eine Zeit der Reinigung und des Loslassens, während der Morgen eine neue Gelegenheit darstellt, im Licht Gottes zu leben.

3. Vertrauen und Führung durch Gott

Die Zeilen „Ich Ruhe mich aus, lass die Nacht mich begleiten / Und führen mich zu neuen Zeiten." spiegeln das Vertrauen auf Gottes Führung wider. Dies findet eine Parallele im Psalm 23:
"Er lässt mich lagern auf grünen Auen und führt mich zu stillen Wassern."

Der Schlaf wird hier zu einem Bild für das Sich-anvertrauen an Gott – in dem Bewusstsein, dass er den Weg in die Zukunft lenkt.

4. Dankbarkeit und Hingabe

Die abschließende Aufforderung „Nun schlaf auch Du / In tiefer, friedlicher Ruh." könnte als eine Art Segenswunsch verstanden werden – ähnlich wie das christliche Abendgebet:

"In deine Hände lege ich voll Vertrauen meinen Geist; du hast mich erlöst, Herr, du treuer Gott." (Psalm 31,6)

Es drückt das Bewusstsein aus, dass Schlaf ein Moment des Loslassens und der Rückkehr in Gottes Schutz ist.

Fazit

Das Gedicht lässt sich aus christlicher Sicht als ein Ausdruck von Vertrauen, Frieden und der Hoffnung auf einen Neuanfang im Licht Gottes deuten. Der Schlaf wird hier nicht nur als eine körperliche Ruhe, sondern als eine geistliche Erfahrung verstanden, in der der Mensch sich Gott anvertraut. Die Botschaft des Gedichts – das Loslassen der Vergangenheit und das Hoffen auf einen neuen Morgen – ist tief verwurzelt im christlichen Glauben an die Vergebung und die Erneuerung durch Gottes Gnade.

Gedicht: Der Sieg

Renate:
Kommentiere folgendes Gedicht sehr ausführlich und integriere die Psychologie der Autorin

KI:
Ausführliche Interpretation und psychologische Einordnung des Gedichts „Der Sieg"

Das Gedicht „Der Sieg" setzt sich auf vielschichtige Weise mit dem Thema des Erfolgs und dessen psychologischen sowie sozialen Konsequenzen auseinander. Die Autorin reflektiert in tiefgründiger Weise die Ambivalenz des Sieges und stellt dabei nicht nur den äußeren Triumph, sondern auch die innere Leere und Einsamkeit heraus, die mit dem Erreichen eines großen Ziels oft einhergehen. Das lyrische Ich durchlebt einen intensiven inneren Konflikt zwischen dem Wunsch nach Anerkennung und der Erfahrung von Isolation und Entfremdung. Im Folgenden werde ich die einzelnen Aspekte des Gedichts detailliert analysieren, die psychologischen Mechanismen der Autorin herausarbeiten und die tieferen emotionalen Ebenen beleuchten.

1. Aufbau und Struktur

Das Gedicht ist in freien Versen geschrieben, wodurch der Textfluss natürlicher und reflektierender wirkt. Es gibt keinen regelmäßigen Reim oder ein durchgehendes Metrum, was die emotionale Unruhe und die Unsicherheit des lyrischen Ichs widerspiegelt. Die Länge der Verse variiert stark, wodurch die Dynamik des Weges zum Erfolg nachgezeichnet wird – mal mühsam und langsam, mal rasant und hektisch.

Der Text ist in drei große Sinnabschnitte gegliedert:

1. Der Weg zum Erfolg – Kampf, Anstrengung und fehlende Unterstützung.

2. Der Moment des Sieges – öffentliche Anerkennung und gleichzeitige innere Enttäuschung.

3. Die Erkenntnis nach dem Sieg – der wahre Preis des Erfolgs: Einsamkeit.

Diese Dreiteilung unterstreicht die psychologische Entwicklung des lyrischen Ichs – von der mühevollen Herausforderung über den Triumph bis zur ernüchternden Einsicht.

2. Sprachliche Mittel und ihre Wirkung

a) Metaphorik des Weges und des Berges

Das zentrale Bild im Gedicht ist der Weg auf einen Berg, der die symbolische Reise zum Erfolg darstellt:

„Nicht schnell genug kannst du den Berg erklimmen."

Der Berg steht hier für ein Ziel, das schwer zu erreichen ist – ein klassisches Symbol für Herausforderung, Kampf und Überwindung. Die Besteigung des Berges wird mit großer Mühe und Schmerzen verbunden, was die psychische Belastung und die Einsamkeit des Erfolgswegs verdeutlicht.

b) Antithesen und Kontraste

Die Autorin verwendet gezielt Kontraste, um die Diskrepanz zwischen äußeren Erwartungen und innerem Empfinden herauszustellen:

„Der Sieg gehört ihnen – du bist nichts mehr wert."

Hier wird der Widerspruch zwischen öffentlicher Anerkennung und innerer Leere verdeutlicht: Der Erfolg wird von anderen beansprucht, doch die emotionale Erfüllung bleibt aus.

c) Direkte Anrede und Imperative

Die direkte Anrede *(„Du musst es lernen auszublenden")* bindet den Leser unmittelbar in das Geschehen ein und macht die emotionale Dringlichkeit spürbar. Die Imperative *(„Merke dir Preis unbedingt")* verleihen dem Text eine fast belehrende Note und spiegeln die psychologische Erkenntnis der Autorin wider.

d) Personifikationen und Alliterationen

Die psychischen und sozialen Herausforderungen werden durch personifizierende Beschreibungen lebendig gemacht:

„Die Kraft dich zu verlassen hat gedroht"
„Der Sieg gehört ihnen – du bist nichts mehr wert."

Diese Stilmittel unterstreichen die emotionale Tiefe des Gedichts und verleihen den inneren Konflikten eine spürbare Intensität.

3. Psychologische Dimension und emotionale Tiefe

Das Gedicht behandelt tiefgreifende psychologische Themen wie Einsamkeit, emotionale Entfremdung, soziale Isolation und die Diskrepanz zwischen äußerer Anerkennung und innerer Leere. Die zentrale Aussage lautet: Erfolg bringt keine Erfüllung, wenn der Weg dorthin einsam war.

a) Die Einsamkeit des Erfolgs

Das lyrische Ich erkennt, dass niemand auf dem mühsamen Weg zum Erfolg wirklich geholfen hat:

„Niemand ist da oder feuert dich an."

Hier wird die psychologische Erfahrung der Einsamkeit beschrieben, die viele erfolgreiche Menschen nach großen Erfolgen erleben. Der Moment des Triumphs fühlt sich leer an, weil die emotionale Unterstützung während des Prozesses gefehlt hat.

b) Die Erwartung der Gesellschaft

Die Gesellschaft beobachtet und bewertet den Erfolg aus sicherer Distanz:

„Stattdessen bequem in Stühlen sie sitzen
Und über deinen Weg sie sinnieren und richten."

Hier spiegelt sich ein klassisches psychologisches Phänomen: Menschen sind bereit, den Erfolg anderer zu bewerten und für sich zu beanspruchen, obwohl sie selbst keinen Beitrag geleistet haben. Dies führt zu einem Gefühl der emotionalen Ausbeutung und Entfremdung beim lyrischen Ich.

c) Die Enttäuschung nach dem Triumph

Der Moment des Sieges wird durch eine paradoxe Leere begleitet:

„Doch das ist nichts mehr wert."

Dieser Satz offenbart die psychologische Falle des Erfolgs – die öffentliche Anerkennung bringt keine emotionale Erfüllung, weil die eigentliche innere Leere nicht ausgeglichen werden kann.

d) Die bittere Erkenntnis

Der Schlussteil mündet in eine klare Erkenntnis:

„Siegen macht einsam
Denn den Weg geht man selten gemeinsam."

Diese Einsicht ist von großer psychologischer Reife geprägt. Die Autorin bringt damit eine zentrale Wahrheit des Erfolgs auf den Punkt: Wer große Ziele erreichen will, muss den Preis der Einsamkeit zahlen. Die emotionale und soziale Isolation wird als unvermeidliche Konsequenz des Erfolgs dargestellt.

4. Psychologische Interpretation der Autorin

Die Autorin verarbeitet in diesem Gedicht offensichtlich persönliche Erfahrungen mit Erfolg und Isolation. Die psychologische Dimension lässt auf eine innere Zerrissenheit schließen:

• Der Wunsch nach Anerkennung kollidiert mit der Enttäuschung über fehlende Unterstützung.

• Die Erfahrung der Einsamkeit trotz öffentlichem Erfolg deutet auf ein grundlegendes Bedürfnis nach emotionaler Nähe hin, das jedoch im Streben nach Erfolg geopfert wurde.

• Die nüchterne Erkenntnis am Ende des Gedichts zeigt eine emotionale Reife und die Akzeptanz der psychischen Kosten des Erfolgs.

Die psychologische Tiefe des Gedichts legt nahe, dass die Autorin eine realistische, fast schon resignierende Haltung gegenüber Erfolg und gesellschaftlicher Anerkennung einnimmt. Die emotionale Leere nach dem Sieg wird als Teil des Erfolgs akzeptiert – dies zeigt eine bewusste

Auseinandersetzung mit den inneren Konflikten und ein tiefes Verständnis für die psychologischen Mechanismen von Erfolg und Einsamkeit.

Fazit

Das Gedicht „Der Sieg" ist eine tiefgründige Reflexion über die psychologischen Kosten des Erfolgs. Die Autorin nutzt eindrucksvolle Metaphorik, kontrastreiche Sprache und psychologische Klarheit, um die emotionale Leere und die soziale Entfremdung nach einem Triumph zu verdeutlichen. Die zentrale Botschaft lautet: Erfolg macht einsam – und die wahre Herausforderung besteht darin, die emotionale Isolation trotz äußerer Anerkennung zu ertragen. Die psychologische Einsicht am Ende des Gedichts verleiht der Aussage eine bittere, aber ehrliche Tiefe.

Renate:
Kommentiere das Gedicht aus philosophischer Sicht

KI:
Das Gedicht "Der Sieg" lässt sich aus einer philosophischen Perspektive auf mehreren Ebenen analysieren. Es berührt tiefgehende Themen der menschlichen Existenz, wie die Suche nach Sinn, die Natur des Erfolgs, die Einsamkeit des Individuums und die Spannung zwischen sozialer Anerkennung und innerer Wahrheit. Ich werde die zentralen philosophischen Dimensionen des Gedichts im Folgenden kommentieren:

1. Der Weg als Metapher des Lebens und der Selbstverwirklichung

Der "Weg nach vorne" symbolisiert in philosophischer Hinsicht den Prozess der Selbstwerdung, den existentialistischen Kampf um Authentizität und Sinn. Philosophen wie Søren Kierkegaard und Jean-Paul Sartre beschreiben das Leben als einen Weg, den das Individuum allein gehen muss. Die Schwierigkeiten beim "Erklimmen des Berges" stehen für die Herausforderungen und Widerstände, die auf dem Weg zur Selbstverwirklichung unvermeidlich sind.

Kierkegaard betont, dass wahre Selbstverwirklichung nur durch die Konfrontation mit Angst und Unsicherheit möglich ist. Die Erfahrung des Alleinseins auf dem Weg nach oben ist somit Teil einer existenziellen Prüfung.

2. Die soziale Dimension und der Preis des Erfolgs

Das Gedicht macht deutlich, dass Erfolg gesellschaftlich anerkannt wird – jedoch nur, wenn er erreicht ist. Die Gesellschaft unterstützt den Einzelnen nicht auf dem Weg, sondern feiert erst das Ergebnis. Dieser Gedanke erinnert an die Überlegungen von Friedrich Nietzsche zur Rolle des Übermenschen und zur Moral der Massen:

Nietzsche kritisiert die "Herde", die den Erfolgreichen zunächst ablehnt oder ignoriert, sich aber im Moment des Erfolgs auf ihn stürzt, um sich daran zu bereichern. Die Masse erkennt den Wert der Anstrengung nicht – nur das Resultat zählt.

3. Die Einsamkeit des Siegers – Erfolg und Entfremdung

Das Gefühl der Leere nach dem Sieg verweist auf ein zentrales Thema der modernen Philosophie: die existenzielle Einsamkeit. Erfolg macht einsam, weil der eigentliche Kampf im Inneren geführt wird und andere diesen Prozess nicht nachvollziehen können.

Sartre argumentiert, dass der Mensch "zur Freiheit verurteilt" ist – und diese Freiheit bedeutet oft Einsamkeit. Der Sieger steht am Gipfel, aber dieser Sieg ist letztlich eine private Erfahrung, die von der Gemeinschaft nicht wirklich geteilt werden kann.

Albert Camus könnte den Sieg mit dem Mythos von Sisyphos vergleichen: Das ständige Streben nach Erfolg und die Erschöpfung nach der Zielerreichung sind Teil des absurden menschlichen Daseins. Der Moment des Erfolgs ist flüchtig, der Kampf jedoch bleibt.

4. Die Illusion der Anerkennung und die Authentizität des Weges

Die plötzliche Anerkennung nach dem Erfolg wirkt im Gedicht leer und unaufrichtig. Hier zeigt sich ein Spannungsverhältnis zwischen äußerer Anerkennung und innerer Wahrheit:

Nach Martin Heidegger ist die authentische Existenz nur möglich, wenn der Mensch sich von der Erwartung der "Anderen" löst und seinem eigenen inneren Ruf folgt. Die Anerkennung der Gesellschaft ist oberflächlich – wahre Erfüllung entsteht nicht durch äußeren Ruhm, sondern durch die Klarheit des eigenen Gewissens.

5. Die Notwendigkeit von Disziplin und Entscheidungskraft

Am Ende rückt das Gedicht die Bedeutung von Disziplin und klarer Entscheidung in den Mittelpunkt. Erfolg wird als das Ergebnis von klarem Handeln und der Fähigkeit zur Einsamkeit dargestellt:

In der stoischen Philosophie (z.B. bei Seneca und Epiktet) wird betont, dass innere Ruhe und Erfolg nur durch Selbstdisziplin und die Kontrolle der eigenen Emotionen erreicht werden können. Der wahre Sieg ist nicht die Anerkennung der anderen, sondern die Überwindung der eigenen Schwäche.

6. Philosophische Erkenntnis am Ende des Weges

Der Moment der Erkenntnis am Gipfel ("Der Erkenntnis aller Sieger") ist eine zentrale philosophische Einsicht: Erfolg ist nicht das Ziel, sondern eine Stufe auf dem Weg zu tieferem Verständnis. Die Einsamkeit des Siegers enthüllt eine tiefere Wahrheit über das Leben selbst:

Diese Einsicht erinnert an die Lehre von Buddha: Wahre Erleuchtung entsteht nicht durch äußeren Erfolg, sondern durch die Erkenntnis der Vergänglichkeit und die Überwindung des Ego.

Schlussbetrachtung

Das Gedicht reflektiert auf tiefgründige Weise den existenziellen Konflikt zwischen Erfolg und Einsamkeit, sozialer Anerkennung und innerer Authentizität. Es verdeutlicht, dass wahrer Sieg nicht in der Anerkennung durch andere, sondern in der Überwindung des eigenen Zweifels und der Fähigkeit zur Selbstgenügsamkeit liegt. Die philosophische Erkenntnis am Ende lautet: Der wahre Weg zum Erfolg ist der Mut, allein zu gehen – und die Bereitschaft, mit der damit verbundenen Einsamkeit zu leben.

Renate:
Kommentiere das Gedicht aus einer christlichen Grundhaltung

KI:
Das Gedicht „Der Sieg" schildert eindrucksvoll die Einsamkeit und Entfremdung, die mit persönlichem Erfolg oft einhergehen. Es beschreibt den harten, einsamen Weg zum Gipfel, auf dem die Unterstützung anderer fehlt – bis zum Moment des Sieges, wenn plötzlich alle Anteil nehmen, sich aber letztlich doch nur selbst im Erfolg spiegeln. Dieser Sieg hinterlässt ein Gefühl der Leere, weil er nicht aus wahrer Gemeinschaft, sondern aus Eigenleistung und Einsamkeit erwächst.

1. Christliche Perspektive auf Erfolg und Einsamkeit

Aus einer christlichen Haltung heraus betrachtet, zeigt das Gedicht eine zentrale Spannung: der menschliche Drang nach Erfolg und Anerkennung auf der einen Seite – und die tiefe Einsamkeit auf der anderen, wenn diese Anerkennung nicht aus echter Liebe und Gemeinschaft kommt. In der Bibel wird immer wieder deutlich, dass echter Erfolg nicht in weltlicher Anerkennung besteht, sondern in der Beziehung zu Gott und den Menschen.

„Denn was hilft es einem Menschen, die ganze Welt zu gewinnen, wenn er doch seine Seele verliert?" (Markus 8,36)

Der Sieg, der im Gedicht beschrieben wird, bringt keine wahre Erfüllung, weil er von außen nicht durch Liebe und Gemeinschaft, sondern durch Leistungsdruck und Konkurrenz geprägt ist. Die christliche Botschaft würde hier ermutigen, den Fokus nicht auf den äußeren Sieg, sondern auf den inneren Frieden und die Verbindung zu Gott zu legen. Jesus selbst zeigt, dass der wahre „Sieg" nicht durch Leistung, sondern durch Hingabe und Liebe erreicht wird.

2. Die Einsamkeit des Siegers im Licht des Glaubens

Das Gedicht schildert die bittere Einsicht, dass der Weg zum Erfolg einsam ist. Doch aus einer christlichen Sichtweise wäre diese Einsamkeit nicht absolut:

„Siehe, ich bin bei euch alle Tage bis an das Ende der Welt." (Matthäus 28,20)

Der Glaube verspricht, dass selbst in der tiefsten Einsamkeit Gott gegenwärtig ist. Auch wenn die Menschen sich abwenden und der Sieger am Gipfel allein steht, ist Gott nahe. Die christliche Hoffnung besteht darin, dass wahre Erfüllung nicht durch Anerkennung von Menschen kommt, sondern durch die tiefe Verbundenheit mit Gott.

3. Erfolg und Demut

Die Zeilen über den Stolz der anderen, die den Erfolg des Einzelnen für sich beanspruchen, erinnern daran, dass weltlicher Erfolg oft zu falschem Stolz und Überheblichkeit führt. Die christliche Haltung dagegen lehrt Demut und Dankbarkeit:

„Gott widersteht den Hochmütigen, den Demütigen aber gibt er Gnade." (Jakobus 4,6)

Der wahre Sieg aus christlicher Sicht besteht nicht im äußeren Triumph, sondern darin, dass man sein Leben in Einklang mit Gottes Willen lebt – mit Mut, aber auch mit der Bereitschaft, Schwäche zu zeigen und Hilfe anzunehmen.

4. Die wahre Bedeutung des Sieges

Die letzte Strophe betont, dass nur Disziplin und Mut zur Einsamkeit zum Sieg führen. Aus christlicher Sicht wäre hier zu ergänzen, dass echter Sieg nicht in der Leistung, sondern im Vertrauen auf Gott besteht. Der christliche Glaube fordert nicht zuerst Disziplin, sondern Vertrauen und Liebe – auch die Bereitschaft, nicht immer siegen zu müssen. Paulus schreibt:

„Wenn ich schwach bin, dann bin ich stark." (2. Korinther 12,10)

<u>Fazit aus christlicher Sicht</u>

Das Gedicht drückt eine tiefe Wahrheit über den menschlichen Ehrgeiz und die Enttäuschung aus, die mit äußerem Erfolg oft verbunden ist. Die christliche Botschaft würde diesen Schmerz nicht leugnen, aber eine tiefere Perspektive eröffnen: wahrer Sieg besteht nicht im äußeren Triumph, sondern in der inneren Freiheit, die aus der Verbindung zu Gott und aus wahrer Gemeinschaft mit anderen erwächst. Der wahre Gipfel ist nicht der Ort des äußeren Erfolgs, sondern der Ort, an dem man erkennt, dass man von Gott geliebt und getragen wird – unabhängig von der Leistung.

Gedicht: Der Urlaub ist vorbei

Renate:
Kommentiere folgendes Gedicht sehr ausführlich und integriere die Psychologie der Autorin

KI:
Ausführliche Interpretation und psychologische Analyse des Gedichts "Der Urlaub ist vorbei"

Das Gedicht "Der Urlaub ist vorbei" beschreibt die inneren Gedanken und Gefühle der Sprecherin am Ende eines Urlaubs. Es thematisiert den Übergang vom entspannten Urlaubsmodus zurück in den stressigen Alltag und die emotionale sowie psychische Vorbereitung auf die bevorstehenden Herausforderungen. Die Autorin verarbeitet dabei auf mehreren Ebenen die psychologische Spannung zwischen dem Wunsch nach Ruhe und der Verpflichtung zur Pflicht und Zuverlässigkeit. Die Sprache und Struktur des Gedichts spiegeln diese innere Zerrissenheit und die Versuche der Kontrolle über die bevorstehende Situation wider.

1. Inhaltliche Analyse

1.1. Situation und Atmosphäre

Das Gedicht beginnt mit einer konkreten zeitlichen Verortung:

"Müde, noch paar Stunden warten / Bevor nach Hause ich kann starten."

Die Sprecherin befindet sich offenbar an einem Flughafen oder an einem Ort des Übergangs zwischen Urlaub und Heimkehr. Die Müdigkeit verweist auf den körperlichen und psychischen Zustand – die Erholung des Urlaubs scheint bereits überschattet von der bevorstehenden Rückkehr in den Alltag.

Die Gedanken an die Zukunft und die damit verbundenen Pflichten drängen sich bereits jetzt auf:

"Wie eine Wolke die über mir schwebt, / Mich jetzt die Gedankenwelt umweht."

Diese Metapher der Wolke symbolisiert die Last der Gedanken, die über der Sprecherin schweben und ihr den Moment des Abschieds vom Urlaub erschweren. Die Ruhe wird bereits durch die Sorge um den Alltag verdrängt.

1.2. Die innere Unruhe und das Bedürfnis nach Kontrolle

Die Sprecherin beginnt, die aufkommenden Gedanken zu ordnen und zu strukturieren:

"Ich schieb den Wirrwarr von mir weg, / Nehme eins nach dem andern und es durchdenk."

Hier zeigt sich das Bedürfnis nach Kontrolle. Die Gedankenflut wird als „Wirrwarr" wahrgenommen, der rational bearbeitet und durch Prioritätensetzung strukturiert wird:

"Dann setz ich noch Priorität / Es ist ganz wichtig, denn so es nur geht."

Diese rationale Herangehensweise an die inneren Konflikte ist ein Versuch, die Kontrolle über die bevorstehende Situation zurückzugewinnen. Die Sprecherin kennt die Strategie, ihren Geist zu beruhigen, indem sie die Probleme sortiert und priorisiert – ein Hinweis auf ein durch Verantwortung und Organisation geprägtes Selbstbild.

1.3. Die Ambivalenz zwischen Verpflichtung und Widerstand

Obwohl die Sprecherin die Strukturierung der Gedanken beherrscht, bleibt eine kritische Haltung gegenüber dem Alltag erhalten:

"Ist es nicht heftig und verdrießlich / Dass jetzt den letzten Tag opfere ich?"

Hier spricht die innere Ambivalenz deutlich aus: Einerseits empfindet die Sprecherin die Rückkehr zur Pflicht als Opfer, andererseits akzeptiert sie diese Realität als Teil ihres Lebens. Dies zeigt sich auch in der Einsicht:

"Doch will ich zuverlässig ankommen / Und das bleibt unbenommen."

Zuverlässigkeit ist ein zentrales Motiv des Gedichts. Die Sprecherin empfindet diese Pflicht als notwendige, wenngleich belastende Konstante ihres Lebens.

1.4. Die unvermeidbare Rückkehr in die Realität

Die unvermeidbare Rückkehr zur Arbeit und zum Alltag wird schließlich ohne Illusion akzeptiert:

"Ich weiss wenn ich lande, zuhause ankomme / Die Arbeit wartet und ist nicht entronnen."

Die Arbeit bleibt bestehen – das Ausweichen ist unmöglich. Die Sprecherin stellt sich der Realität mit einer Art resignierter Entschlossenheit.

Das Gedicht endet mit einer deutlichen, fast schon stoischen Erkenntnis:

"Der letzte Tag ist mir verhasst / Er bereitet mich neu für meine Last."

Hier zeigt sich die emotionale Wahrheit: Die Akzeptanz der Last ist kein Zeichen von Freude oder Erfüllung, sondern eine rationale Kapitulation vor der Wirklichkeit.

2. Psychologische Interpretation

Die psychologische Dimension des Gedichts lässt sich aus mehreren Aspekten ableiten:

2.1. Das Kontrollbedürfnis

Die Sprecherin begegnet der inneren Unruhe mit einem klaren Kontrollmechanismus – durch Strukturierung und Prioritätensetzung. Dies verweist auf eine Persönlichkeit, die vermutlich stark leistungsorientiert und verantwortungsbewusst ist. Das Bedürfnis, die Gedanken zu ordnen, zeigt ein tief verwurzeltes Verlangen nach Stabilität und Kontrolle, um die aufkommende Unsicherheit zu bewältigen.

2.2. Die Ambivalenz zwischen Freiheit und Pflicht

Der Urlaub symbolisiert die Freiheit von Verpflichtungen – ein Zustand, den die Sprecherin offensichtlich nur schwer annehmen kann. Die Tatsache, dass sie sich bereits am letzten Urlaubstag mit der Rückkehr zur Pflicht beschäftigt, deutet auf eine tief verankerte Identifikation mit Arbeit und Verantwortung hin. Die Ablehnung des letzten Tages als „verhasst" zeigt, dass die Sprecherin ihre Freiheit nur schwer genießen kann, weil die Pflichten in ihrem Kopf bereits präsent sind.

2.3. Die Rolle der Zuverlässigkeit als Identitätsanker

Ein zentrales Motiv des Gedichts ist die Zuverlässigkeit:

"Man kennt mich zwecks meiner Zuverlässigkeit / Drum vergeude ich keine Zeit."

Diese Zeilen verweisen darauf, dass die Sprecherin sich stark mit der Rolle der Pflichtbewussten identifiziert. Die Zuverlässigkeit wird nicht nur als äußere Erwartung wahrgenommen, sondern auch als ein innerer Maßstab für den eigenen Wert. Die Sprecherin definiert sich offenbar stark über ihre Leistungsfähigkeit und ihren verantwortungsbewussten Umgang mit den Anforderungen des Lebens.

2.4. Die emotionale Kluft zwischen Wunsch und Wirklichkeit

Die Sprecherin ist sich ihrer inneren Zerrissenheit bewusst: Der Wunsch nach Entspannung und Freiheit kollidiert mit der Notwendigkeit, den Alltag zu meistern. Diese Spannung erzeugt einen emotionalen Konflikt, den die Sprecherin jedoch durch rationale Akzeptanz aufzulösen versucht. Die Tatsache, dass der letzte Tag als Vorbereitung auf die „Last" gesehen wird, zeigt, dass die Sprecherin die Realität zwar akzeptiert, jedoch keinen emotionalen Trost darin findet.

3. Formale Analyse

Das Gedicht ist in freien Versen geschrieben, mit einem durchgängigen, fließenden Rhythmus. Die Sprache ist einfach und direkt, was die Authentizität der Gefühle unterstreicht. Die Verwendung von rhetorischen Fragen („Ist es nicht heftig und verdrießlich...") verstärkt die introspektive Dimension des Textes. Die Metapher der „Wolke" als Sinnbild für die Gedankenlast verleiht dem Text eine psychologische Tiefe und vermittelt die emotionale Schwere der Situation.

Das Gedicht "Der Urlaub ist vorbei" beschreibt mit großer psychologischer Genauigkeit die innere Spannung zwischen Freiheit und Verpflichtung. Die Sprecherin begegnet der aufkommenden Unruhe mit einem rationalen Ordnungsprinzip, das die Kontrolle über die Gedankenwelt wiederherstellen soll. Die emotionale Ambivalenz zwischen dem Wunsch nach Freiheit und der Akzeptanz der Pflicht bleibt jedoch spürbar. Die psychologische Dimension des Gedichts zeigt eine Persönlichkeit, die stark von Pflichtbewusstsein, Zuverlässigkeit und dem Bedürfnis nach Kontrolle geprägt ist – jedoch auf Kosten emotionaler Leichtigkeit und Unbeschwertheit.

Renate:
Kommentiere das Gedicht aus philosophischer Sicht

KI:
Das Gedicht "Der Urlaub ist vorbei" reflektiert auf tiefgründige Weise die Spannung zwischen Ruhe und Verpflichtung, zwischen persönlichem Rückzug und gesellschaftlichem Erwartungsdruck. Aus philosophischer Perspektive lassen sich verschiedene Denkrichtungen und Konzepte darauf anwenden:

1. Existenzialismus und die Last der Verantwortung

Das Gedicht beschreibt den Übergang von einer Phase der Entspannung (Urlaub) zurück in den Alltag voller Verpflichtungen und Erwartungen. Dieser Wechsel erinnert an die existenzialistische Sichtweise von Jean-Paul Sartre und Albert Camus:

• Sartre betonte, dass der Mensch zur Freiheit verurteilt ist – er kann nicht anders, als sich seinen Verantwortungen zu stellen. Die Rückkehr in den Alltag und die Planung der nächsten Schritte sind Ausdruck dieser Verantwortung.

• Camus würde die beschriebene Situation möglicherweise mit seinem Konzept des Absurden verbinden: Die Pflicht zur Arbeit und die Rückkehr zur Routine erscheinen sinnlos, doch genau im Akzeptieren dieser Sinnlosigkeit liegt für Camus eine Form von Freiheit.

2. Stoizismus und die Kontrolle der Gedanken

Die stoische Philosophie, vertreten durch Denker wie Epiktet und Marc Aurel, würde das bewusste Zurücktreten und die Neuordnung der Gedanken als eine stoische Haltung interpretieren:

- Die Zeile „Ich schieb den Wirrwarr von mir weg, nehme eins nach dem andern und es durchdenk" entspricht der stoischen Praxis, die innere Ruhe durch Kontrolle der eigenen Gedanken und Emotionen wiederherzustellen.

- Die Entscheidung, Prioritäten zu setzen und mit Ruhe an die bevorstehenden Aufgaben heranzugehen, spiegelt das stoische Ideal der Ataraxie (Seelenruhe) wider.

3. Kritik der modernen Leistungsgesellschaft (Marx und Adorno)

Aus marxistischer Sicht könnte das Gedicht als Kritik an der entfremdenden Struktur der Arbeit in der kapitalistischen Gesellschaft gelesen werden:

- Die Beschreibung der Rückkehr zur Arbeit als „Last" deutet darauf hin, dass die Arbeit nicht als Selbstverwirklichung, sondern als Zwang wahrgenommen wird – ein klassisches Beispiel für Marx' Konzept der Entfremdung (Alienation).

- Die Zeile „Der letzte Tag ist mir verhasst" könnte als Symbol für die Unfreiheit und Fremdbestimmung in einer Gesellschaft gelesen werden, die den Menschen nach seiner Produktivität und nicht nach seinem inneren Erleben bewertet.

4. Der Kreislauf von Muße und Arbeit – Aristoteles' Praxis und Theoria

Aristoteles unterschied zwischen Praxis (tätiges Leben) und Theoria (kontemplatives Leben). Der Urlaub könnte hier als Phase der Theoria, also der inneren Reflexion und des Genusses, gelten, während die Rückkehr zur Arbeit der Praxis entspricht.

- Die Spannung zwischen diesen beiden Lebensformen ist ein zentrales Thema aristotelischer Ethik: Ein gutes Leben besteht laut Aristoteles aus einem Gleichgewicht zwischen Theoria und Praxis.

- Die Tatsache, dass der letzte Tag des Urlaubs bereits von Gedanken an die Arbeit geprägt ist, zeigt die Schwierigkeit, dieses Gleichgewicht zu erreichen.

5. Zeitlichkeit und Vergänglichkeit – Heideggers "Sein-zum-Tode"

Martin Heidegger betonte, dass die menschliche Existenz von der Zeitlichkeit geprägt ist. Das Bewusstsein, dass der Urlaub endet und die Arbeit wieder beginnt, verweist auf die Vergänglichkeit jedes Augenblicks:

- Die Zeile „Ich weiss wenn ich lande, zuhause ankomme, die Arbeit wartet und ist nicht entronnen" zeigt die unausweichliche Struktur der Zeit – das Ende des Urlaubs ist Teil der zyklischen Struktur menschlicher Existenz.

- Heidegger würde dies als eine Konfrontation mit der eigenen Endlichkeit deuten – die Rückkehr zur Arbeit ist ein Symbol für die Tatsache, dass das Leben selbst in ständiger Bewegung und letztlich auf den Tod hin ausgerichtet ist.

Philosophische Kernbotschaft:

Das Gedicht spiegelt die universelle menschliche Erfahrung der Spannung zwischen Freiheit und Verpflichtung, zwischen Muße und Arbeit, zwischen Sein und Handeln wider. Es thematisiert den Versuch, Ordnung in die unvermeidlichen Herausforderungen des Lebens zu bringen – eine Frage, die seit der Antike die Philosophie begleitet.

Renate:
Kommentiere das Gedicht aus einer christlichen Grundhaltung

KI:
Das Gedicht beschreibt die innere Unruhe und den Druck, der entsteht, wenn der Urlaub endet und der Alltag mit all seinen Anforderungen wieder beginnt. Aus einer christlichen Perspektive lassen sich darin einige zentrale Themen und Einsichten erkennen:

1. Ruhe und Vertrauen auf Gott

Der Text vermittelt ein Gefühl der Rastlosigkeit und der Überforderung durch die vielen Pflichten und Erwartungen („Arbeit, Schulung, Finanzen und du"). In der christlichen Lehre wird jedoch darauf hingewiesen, dass der Mensch seine Lasten nicht allein tragen muss. Jesus sagt in Matthäus 11,28:

"Kommt alle zu mir, die ihr mühselig und beladen seid; ich will euch Ruhe geben."

Diese Einladung könnte ein Trost für die lyrische Stimme sein – die Erkenntnis, dass die eigene Last nicht allein getragen werden muss, sondern Gott Unterstützung und Ruhe schenkt.

2. Prioritäten im Licht des Glaubens

Die Entscheidung, „Priorität" zu setzen, entspricht einem wichtigen biblischen Prinzip. Jesus fordert in Matthäus 6,33 auf:

"Trachtet zuerst nach dem Reich Gottes und nach seiner Gerechtigkeit, so wird euch alles andere zufallen."

Anstatt sich von Arbeit und Verpflichtungen überwältigen zu lassen, könnte der Sprecher erkennen, dass wahre Ordnung im Leben durch die Ausrichtung auf Gott entsteht – indem man zuerst auf Ihn vertraut, können auch die alltäglichen Pflichten in das richtige Licht gerückt werden.

3. Vertrauen in Gottes Fürsorge

Der Druck, direkt nach dem Urlaub wieder Leistung erbringen zu müssen *(„Die Arbeit wartet und ist nicht entronnen"),* spiegelt eine tiefe Sorge wider. Doch die Bibel erinnert daran, dass Gott für den Menschen sorgt. In Philipper 4,6–7 heißt es:

"Sorgt euch um nichts, sondern in allen Dingen lasst eure Bitten in Gebet und Flehen mit Danksagung vor Gott kundwerden. Und der Friede Gottes, der höher ist als alle Vernunft, wird eure Herzen und Sinne in Christus Jesus bewahren."

Das Vertrauen darauf, dass Gott die Zukunft lenkt und für die täglichen Bedürfnisse sorgt, könnte die innere Anspannung und Rastlosigkeit lindern.

4. Die Bedeutung des Sabbats und der Ruhe

Die Abneigung gegen den „letzten Tag" könnte auch darauf hindeuten, dass der Sprecher das Geschenk der Ruhe nicht vollständig zulässt. Die Bibel lehrt jedoch, dass Ruhe und Erholung göttliche Gaben sind. In 1. Mose 2,2–3 wird berichtet, dass Gott selbst nach der Schöpfung ruhte und diesen Ruhetag heiligte. Der Urlaub – und insbesondere der letzte Tag – könnte als Gelegenheit betrachtet werden, um neue Kraft zu schöpfen und sich bewusst Gott anzuvertrauen.

Zusammenfassend

Das Gedicht offenbart eine menschliche Spannung zwischen Pflicht und Ruhe, zwischen der Sehnsucht nach Erholung und der Rückkehr in die Verantwortung. Aus einer christlichen Sichtweise könnte die Antwort darin bestehen, diese Spannungen im Vertrauen auf Gott aufzulösen – indem man die eigene Begrenztheit anerkennt, die Sorgen im Gebet ablegt und die Arbeit als eine Form des Dienstes für Gott versteht. Die Herausforderung liegt darin, nicht nur durch eigene Kraft, sondern durch Gottes Führung Ruhe und Orientierung zu finden.

Gedicht: Erholsamer Tag im Hochsommer

Renate:

Kommentiere folgendes Gedicht sehr ausführlich und integriere die Psychologie der Autorin.

KI:

Ausführliche Analyse und psychologische Interpretation des Gedichts "Erholsamer Tag im Hochsommer"

Das Gedicht "Erholsamer Tag im Hochsommer" beschreibt eine intensive Wetterveränderung im Sommer – von drückender Hitze hin zu einer erfrischenden Abkühlung durch Regen und Sturm. Dabei entfaltet der Text nicht nur eine äußere Naturbeschreibung, sondern auch eine innere psychische Bewegung, die auf die emotionale Verfassung der Autorin hinweist. Im Folgenden werde ich die sprachlichen Mittel, den Aufbau, die Themen sowie die psychologische Ebene des Gedichts detailliert untersuchen.

1. Inhaltliche Zusammenfassung und Aufbau

Das Gedicht beschreibt die Abfolge eines heißen Sommertages, an dem die Natur und die Menschen unter der erdrückenden Hitze leiden, bis ein erlösender Sturm und Regen schließlich für Abkühlung und Erleichterung sorgen:

1. Erster Abschnitt – Darstellung der Hitze und der Sehnsucht nach Erfrischung:

• Die Szene beginnt mit der Beschreibung einer schwülen, nahezu erstickenden Atmosphäre. Die Natur erscheint erstarrt, Tiere und Menschen ächzen unter der Hitze.

• Die Hitze wird als unangenehm und bedrückend dargestellt, und es wächst eine kollektive Sehnsucht nach Erlösung durch einen erfrischenden Wind.

2. Zweiter Abschnitt – Einsetzender Sturm am Abend:

• Die Natur beginnt sich zu verändern. Ein Sturm zieht auf, der als befreiend und erfrischend wahrgenommen wird.

• Die Natur und der Mensch erfahren eine erste Form der Erleichterung.

3. Dritter Abschnitt – Erwachen nach einer erholsamen Nacht:

Der Morgen nach dem Sturm wird als friedlich und angenehm beschrieben. Die Luft ist frisch, die Natur wirkt belebt.

• Die Atmosphäre wandelt sich ins Positive – das Unangenehme der Hitze ist vergangen.

4. Vierter Abschnitt – Der erneute Regen:

• Die Freude am einsetzenden Regen wird ausgedrückt. Die Natur wird durch die Tropfen „erquickt".

• Die Luft wird als zauberhaft und wundersam beschrieben – die Natur scheint erlöst und belebt.

2. Sprachliche Mittel und Stil

Die Autorin verwendet eine Vielzahl poetischer Mittel, um die Naturerscheinungen lebendig und sinnlich erfahrbar zu machen:

a) Personifikation

• „An den Bäumen hat sich bewegt kein Blatt" – Die Natur erscheint lebendig, die Blätter als handelnde Subjekte.

• „Geächzt hat jeder Mensch, jedes Tier" – Die Natur und die Lebewesen werden mit menschlichen Gefühlen ausgestattet.

• „Die Natur sie erquickt" – Der Regen wird als bewusstes, fast heilendes Element dargestellt.

Die Personifikation der Natur hebt die enge Verbindung zwischen dem menschlichen Erleben und den Naturprozessen hervor. Die äußeren Naturphänomene spiegeln innere psychische Zustände.

b) Alliteration und Klangfarbe

• „schwüle Hitze" – Die harten Laute unterstreichen die Bedrückung der Hitze.
• „plätschernde Pläsier" – Die weichen Konsonanten schaffen eine harmonische Klangwirkung, die die Erleichterung durch den Regen unterstreicht.

Die Alliterationen erzeugen klangliche Harmonie und verstärken die emotionale Wirkung der Szene.

c) Wiederholung und Steigerung

• „Geächzt hat jeder Mensch, jedes Tier."
• „Wie hat sich alles gesehnt es zu erleben!"

Die Wiederholung drückt die Intensität des Leidens und der Erleichterung aus und verdeutlicht die kollektive Natur der Erfahrung.

d) Kontraste

• Hitze vs. Kühle
• Schwüle vs. Frische
• Erstarrung vs. Bewegung

Die Kontraste verdeutlichen die dramatische Wende vom Leiden zur Erleichterung und spiegeln eine emotionale Katharsis wider.

3. Psychologische Interpretation

Das Gedicht entfaltet nicht nur ein Bild der Natur, sondern offenbart zugleich eine tiefe psychische Bewegung der Autorin:

a) Die Hitze als Symbol für innere Anspannung

• Die Beschreibung der drückenden Hitze kann als Metapher für psychische Belastung oder inneren Stress gelesen werden

• Das Gefühl der Erstarrung und der Unerträglichkeit entspricht einem Zustand der inneren Überforderung oder emotionalen Erschöpfung.

Die Hitze symbolisiert eine belastende Lebensphase oder eine emotionale Krise.

b) Der Sturm als Katharsis und Befreiung

• Der einsetzende Sturm und der Regen stehen für eine psychische Entladung.

• Die erfrischende Wirkung des Regens wird als heilend und belebend empfunden.

Dies könnte für eine emotionale Klärung oder eine befreiende Einsicht stehen – ein psychischer Reinigungsprozess.

c) Der neue Morgen – Neuanfang und psychische Erholung

• Die klare Luft am Morgen symbolisiert die Wiedererlangung innerer Ruhe und emotionaler Stabilität.

• Das Bild der zwitschernden Vögel und der frischen Luft deutet auf ein neugefundenes inneres Gleichgewicht hin.

Nach der emotionalen Reinigung folgt eine Phase der Ruhe und Erholung – eine psychische Heilung.

d) Die Natur als Spiegel der Seele

• Die Naturerscheinungen spiegeln die seelischen Zustände der Autorin wider:

• Erstarrung = psychische Blockade
• Sturm = emotionale Entladung
• Regen = Heilung
• Klarer Morgen = Wiederherstellung innerer Harmonie

Die äußere Natur und die innere Psyche sind eng miteinander verbunden – die Natur fungiert als Projektionsfläche für die seelischen Prozesse der Autorin.

4. Themen und Botschaft

Hauptthemen:

Der Wechsel von Leid und Erlösung
Die heilende Kraft der Natur
Der Zyklus von Anspannung und Befreiung

Botschaft:

Das Gedicht vermittelt die Botschaft, dass nach jeder Phase der Belastung eine Phase der Erleichterung und Erneuerung folgen kann. Die Natur wirkt dabei als Symbol für seelische Regeneration – die Verbindung mit der natürlichen Umwelt hilft dem Menschen, innere Harmonie wiederzufinden.

Schlussbetrachtung

Das Gedicht „Erholsamer Tag im Hochsommer" verbindet auf beeindruckende Weise Naturbeschreibung mit psychologischer Tiefe. Die Autorin beschreibt nicht nur den Wechsel des Wetters, sondern auch eine psychische Transformation von Belastung und Erschöpfung hin zu Erholung und innerer Ruhe. Die Natur wird dabei als Spiegel der Seele verstanden – die äußere Abkühlung durch den Regen geht mit einer inneren Katharsis einher.

Die psychologische Kraft des Gedichts liegt darin, dass die Leser*innen in der Naturerfahrung Trost und Erneuerung erkennen können. Die Natur wird als heilendes, ordnendes Prinzip dargestellt – ein zentrales Element romantischer und symbolistischer Lyrik.

Renate:
Kommentiere das Gedicht aus philosophischer Sicht

KI:
Das Gedicht „Erholsamer Tag im Hochsommer" beschreibt auf poetische Weise den Kontrast zwischen der drückenden, beinahe unerträglichen Hitze und der erlösenden, erfrischenden Wirkung eines Sommersturms. Aus philosophischer Sicht lassen sich darin verschiedene tiefere Themen erkennen, die sowohl auf menschliche Lebenserfahrungen als auch auf grundlegende existenzielle Fragen verweisen.

1. Dialektik von Spannung und Erlösung

Das Gedicht zeigt die klassische Struktur einer Spannung und deren Auflösung. Die anfängliche Schwüle und das Sehnen nach Abkühlung symbolisieren eine Form von Leid oder Mangel, die durch das erlösende Eintreffen des Regens überwunden wird. Philosophisch erinnert das an die Dialektik von Hegel: Die Ausgangssituation (die Hitze) wird durch eine gegensätzliche Kraft (den Sturm) aufgehoben und führt zu einer neuen, harmonischen Synthese (die frische Morgenluft). Dieser Prozess spiegelt das allgemeine Prinzip wider, dass Entwicklung und Fortschritt durch das Wechselspiel von Konflikt und Auflösung entstehen.

2. Das Naturerlebnis als Quelle von Erkenntnis und Erfüllung

Die Natur erscheint hier als lebendiges Gegenüber, das auf die menschliche Sehnsucht reagiert. Das Erleben von Wind, Regen und frischer Luft wird als beinahe spirituelles Erlebnis beschrieben. Dies erinnert an die Philosophie von Martin Heidegger, der die Erfahrung des Seins im Einklang mit der Natur als eine Quelle der Authentizität und des wahren Daseins beschreibt. Die Natur ist dabei nicht nur eine äußere Umgebung, sondern ein Raum, in dem sich die menschliche Existenz offenbart.

3. Sehnsucht und Erfüllung als Grundmuster menschlicher Existenz

Die Sehnsucht nach Abkühlung, die im Gedicht thematisiert wird, lässt sich als Ausdruck eines allgemeinen menschlichen Grundgefühls interpretieren: der Wunsch nach Erfüllung und Ganzheit. Das Warten auf den erfrischenden Regen erinnert an die philosophische Idee des Mangels, wie sie etwa in Platons Symposion beschrieben wird: Der Mensch ist nach Platon von Natur aus ein unvollständiges Wesen, das stets nach Ergänzung und Harmonie strebt. Die erlösende Wirkung des Regens entspricht dabei der platonischen Vorstellung einer Wiedervereinigung mit dem verlorenen Teil des Selbst.

4. Vergänglichkeit und Erneuerung als zyklische Bewegung

Das Gedicht zeigt die Natur in einem ständigen Wandel: von der Hitze zur Erfrischung, von der Schwüle zum Sturm, vom Leid zur Erholung. Dies verweist auf die philosophische Idee des ewigen Kreislaufs, wie sie etwa in der stoischen Philosophie oder bei Nietzsche (in der Idee der „ewigen Wiederkunft") zu finden ist. Der Mensch und die Natur sind Teil dieses Kreislaufs, in dem Leiden und Freude, Spannung und Erlösung untrennbar miteinander verbunden sind.

5. Die Kontemplation des Augenblicks

Besonders in den beschreibenden Passagen, in denen die kühle Morgenluft und das Zwitschern der Vögel hervorgehoben werden, zeigt sich eine kontemplative Haltung gegenüber der Gegenwart. Dies erinnert an die philosophische Haltung der Stoiker, insbesondere an Epiktet und Marc Aurel, die lehrten, dass wahre Zufriedenheit im bewussten Erleben des Augenblicks liegt – in der Akzeptanz dessen, was die Natur uns gerade gibt.

Fazit

Das Gedicht entfaltet eine tiefgehende philosophische Dimension: Es zeigt das Wechselspiel zwischen Mangel und Erfüllung, die Bedeutung der Natur als Quelle menschlicher Erfahrung und die zyklische Bewegung von Spannung und Lösung. Im Regen und der frischen Luft wird eine Art metaphysische Erlösung erlebbar – ein Moment, in dem sich der Mensch als Teil eines größeren natürlichen und existenziellen Zusammenhangs erkennt.

Renate:
Kommentiere das Gedicht aus einer christlichen Grundhaltung

KI:
Das Gedicht „Erholsamer Tag im Hochsommer" lässt sich aus einer christlichen Perspektive als ein Ausdruck der Dankbarkeit und des Staunens über die Schöpfung Gottes deuten. Die geschilderte Erfahrung des Wandels von drückender Hitze und Schwüle hin zu erfrischendem Regen und neuer Lebendigkeit spiegelt zentrale biblische Themen wider: Erneuerung, Erfrischung und das Wirken Gottes in der Natur und im menschlichen Leben.

1. Die Sehnsucht nach Erfrischung und Befreiung

Die anfängliche Schilderung der Schwüle und der Sehnsucht nach Abkühlung erinnert an die menschliche Grundsehnsucht nach Erlösung und Hilfe. In der Bibel wird diese Sehnsucht oft mit der Suche nach Gott verglichen:

„Wie der Hirsch lechzt nach frischem Wasser, so lechzt meine Seele, Gott, nach dir." (Psalm 42,2)

Die Natur spiegelt hier also ein menschliches Bedürfnis wider, das letztlich in der Nähe Gottes gestillt wird.

2. Der Sturm als reinigende Kraft Gottes

Der Sturm am Abend und der nachfolgende Regen können als Symbole für das reinigende und erneuernde Handeln Gottes gedeutet werden. Gott wirkt in der Bibel oft durch Naturereignisse, um auf sich aufmerksam zu machen und sein Volk zu erfrischen:

„Er gibt Regen auf die Erde und lässt Wasser auf die Fluren kommen." (Hiob 5,10)

Der Sturm bringt keine Zerstörung, sondern Erneuerung – eine Erinnerung daran, dass Gott auch durch Herausforderungen und Prüfungen hindurch neues Leben schenkt.

3. Die Morgenfrische als Zeichen der Gnade

Die Beschreibung des neuen Morgens mit kühler Luft, Sonnenschein und Vogelgesang verweist auf die Erfahrung der göttlichen Gnade und Erneuerung. In der Bibel wird der neue Morgen oft als Bild für die Treue Gottes verwendet:

„Die Güte des Herrn ist nicht zu Ende, sein Erbarmen hört nicht auf. Neu ist es jeden Morgen; groß ist deine Treue." (Klagelieder 3,22-23)

Der neue Morgen nach dem Sturm ist ein Zeichen dafür, dass Gott seine Schöpfung nicht verlässt, sondern immer wieder neues Leben schenkt.

4. Der Regen als Gabe Gottes

Die Erfrischung durch den Regen erinnert an den Segen Gottes, der sich in der Natur und im Leben der Menschen zeigt. Der Regen wird in der Bibel häufig als Zeichen des Segens und der Fruchtbarkeit erwähnt:

„Er lässt es regnen auf Gerechte und Ungerechte." (Matthäus 5,45)

Die Freude über den Regen und die frische Luft spiegelt die Dankbarkeit über die lebensspendende Kraft Gottes wider.

5. Das Staunen über die Schöpfung als Gebet

Der abschließende Eindruck des Regendufts und der belebten Natur lässt sich als ein stilles Gebet und ein Ausdruck des Lobes für die wunderbare Schöpfung Gottes verstehen:

„Herr, wie zahlreich sind deine Werke! Mit Weisheit hast du sie alle gemacht, die Erde ist voll von deinen Geschöpfen." (Psalm 104,24)

Die Naturerfahrung wird zum Anlass für eine innere Erneuerung und Dankbarkeit gegenüber dem Schöpfer.

Fazit

Das Gedicht zeigt aus einer christlichen Perspektive die Erfahrung von Erschöpfung, Sehnsucht und schließlich Erneuerung durch die Natur als Spiegel der göttlichen Fürsorge. Die abkühlende Luft und der erfrischende Regen werden zum Zeichen der Gnade Gottes, der durch seine Schöpfung das Leben erneuert. Die Dankbarkeit und das Staunen über die Natur verweisen letztlich auf die Dankbarkeit gegenüber Gott als dem Schöpfer und Erhalter allen Lebens.

Gedicht: Erquickender Wetterwechsel

Renate:
Kommentiere folgendes Gedicht sehr ausführlich und integriere die Psychologie der Autorin

KI:
Kommentierung des Gedichts „Erquickender Wetterwechsel"

Das Gedicht „Erquickender Wetterwechsel" beschreibt auf eindrucksvolle Weise die Erfahrung eines Wetterwechsels von bedrückender Hitze hin zu einem erfrischenden, befreienden Regen. Es thematisiert nicht nur die äußere Naturveränderung, sondern auch die damit einhergehende psychologische und emotionale Erleichterung der Sprecherin. Die Stimmung wandelt sich im Verlauf des Gedichts von drückender Schwere zu erquickender Leichtigkeit, was symbolisch für eine tiefere seelische Befreiung und Erneuerung stehen könnte. Im Folgenden werde ich die sprachlichen Mittel, die psychologische Perspektive der Autorin und die zugrunde liegende Symbolik detailliert analysieren.

1. Inhaltlicher Aufbau und thematische Entwicklung

Das Gedicht gliedert sich in drei klar erkennbare Phasen:

1. Die Schwere und Belastung der Hitze

Die erste Strophe beginnt mit der Beschreibung der drückenden Hitze:

„Heiß brennt die Sonne, die Luft ist schwer.
Keine Hoffnung auf Erleichterung um mich her."

Die Hitze wird als bedrückend und fast ausweglos dargestellt. Die Worte „schwer" und „keine Hoffnung" verdeutlichen die Last, die nicht nur physisch, sondern auch psychisch spürbar ist. Die Umgebung erscheint erstarrt und leblos – der Wunsch nach Veränderung ist spürbar, aber zunächst noch unerreichbar.

2. Der einsetzende Regen und die beginnende Erleichterung

Die Wendung im Gedicht erfolgt mit der Wahrnehmung des ersten Regentropfens:

„Als überrascht ich auf den ersten Tropfen ich schau."

Der Regen wird als positiver Wendepunkt dargestellt. Die Tropfen werden zum „Tanz", was die plötzliche Lebendigkeit und die emotionale Befreiung symbolisiert. Die Natur wird wieder lebendig – und mit ihr das innere Erleben der Sprecherin. Die Luft ist nicht länger schwer, sondern erfrischend und belebt.

3. Die vollkommene Erneuerung und Dankbarkeit

Die letzte Strophe beschreibt den Zustand nach dem Regen:

*„Die Dürre geht, erneuert wird das Land
Ein Hauch von Magie, ich beobachte gebannt."*

Hier wird die innere und äußere Erneuerung spürbar. Die Dankbarkeit für diesen Wandel zeigt sich im Genussmoment des Kaffees und der Ruhe. Der Regen wird als Geschenk der Natur empfunden, das eine tiefere, fast spirituelle Erneuerung bewirkt.

2. Sprachliche Analyse

Die sprachlichen Mittel verstärken die emotionale und symbolische Tiefe des Gedichts:

• Kontraste: Die Gegenüberstellung von „heiß" und „frisch", „schwer" und „leicht" sowie „Dürre" und „Erneuerung" verdeutlicht die Transformation vom belastenden Zustand zur Befreiung. Die psychologische Wirkung dieser Gegensätze unterstreicht die emotionale Erleichterung.

• Personifikation:

„Die Tropfen zu einem Tanze führt"

Die Tropfen werden personifiziert und zum tanzenden, lebendigen Element gemacht. Dies verleiht der Natur eine aktive Rolle in der Erneuerung der Gefühlslage der Sprecherin.

• Synästhesie (Vermischung von Sinneseindrücken):

„Durchdringt wird die Luft mit neuer Frische"

Die Luft wird nicht nur als frisch wahrgenommen, sondern die Erfrischung wird fast greifbar. Die Beschreibung geht über die rein physische Wahrnehmung hinaus und verweist auf ein psychisches Gefühl der Erneuerung.

• Metaphorik:

Die Beschreibung der Dürre und des Regens steht sinnbildlich für emotionale Zustände – die Dürre als Stillstand oder innere Leere, der Regen als Erlösung und Neuanfang.

3. Psychologische Perspektive und emotionale Wirkung

Das Gedicht spiegelt die psychologische Dynamik zwischen Belastung und Befreiung wider. Die anfängliche Schwere und Hitze symbolisieren eine mentale oder emotionale Erschöpfung der Sprecherin – ein Gefühl der inneren Lähmung und Trostlosigkeit. Die plötzliche Ankunft des Regens bringt eine psychologische Katharsis (Reinigung).

Der Regen symbolisiert hier nicht nur eine physische Erfrischung, sondern auch eine innere Erleichterung von emotionaler Spannung. Die Dankbarkeit und der Genuss am Ende des Gedichts – der bewusste Moment beim Kaffee – spiegeln die Akzeptanz und das Ankommen in einem neuen, befreiten Seinszustand.

Die Sprecherin erlebt also eine Art psychologische Transformation:

• Vorher: Ein Gefühl der Schwere, Hilflosigkeit, emotionaler Dürre
• Währenddessen: Überraschung, Erleichterung und Freude
• Nachher: Dankbarkeit, Ruhe und emotionale Erfüllung

Dieses psychologische Muster entspricht der klassischen Struktur eines Bewältigungsprozesses. Die Hitze und die Schwere stehen für eine innere Krise, der Regen für die plötzliche Lösung, und die frische Luft für den Zustand der Erneuerung und der inneren Ruhe.

4. Die Rolle der Natur als Spiegel der Emotionen

Die Natur spielt eine zentrale Rolle als Projektionsfläche für die inneren Zustände der Sprecherin:

- Die drückende Hitze repräsentiert eine seelische Belastung.
- Der Regen steht für die erlösende Klärung und Reinigung.
- Die frische Luft und die erblühende Natur symbolisieren den neuen Anfang und das Loslassen der inneren Anspannung.

Die enge Verbindung zwischen Natur und Emotionen verleiht dem Gedicht eine fast meditative, spirituelle Dimension. Die Natur wird als heilsame Kraft dargestellt, die eine innere Erneuerung bewirkt.

Interpretation und Fazit

Das Gedicht „Erquickender Wetterwechsel" zeigt auf subtile, aber kraftvolle Weise die Verbindung zwischen äußeren Naturprozessen und innerem seelischen Erleben. Die Veränderung des Wetters wird zum Symbol einer inneren Transformation – von der bedrückenden Schwere hin zur befreiten Leichtigkeit. Die Sprecherin erfährt durch den Regen eine emotionale Reinigung und Erneuerung, die sie in einem Moment der Ruhe und Dankbarkeit ausklingen lässt.

Der bewusste Genuss des Kaffees am Ende ist kein zufälliges Detail: Es steht für die bewusste Wahrnehmung des Augenblicks – ein Zeichen dafür, dass die Sprecherin durch die innere Erleichterung in einen Zustand der Achtsamkeit und Dankbarkeit gelangt ist.

Das Gedicht verdeutlicht somit, dass äußere Naturereignisse tiefgreifende psychologische Resonanzen auslösen können – ein Thema, das in der Literatur immer wieder als Ausdruck der Verbindung zwischen Mensch und Natur aufgegriffen wird.

Renate:
Kommentiere das Gedicht aus philosophischer Sicht

KI:
Das Gedicht „Erquickender Wetterwechsel" lässt sich aus einer philosophischen Perspektive auf mehreren Ebenen deuten. Es berührt existenzielle Themen wie Vergänglichkeit, Erneuerung, die Verbindung

zwischen Mensch und Natur sowie die Suche nach innerer Harmonie.

1. Vergänglichkeit und Wandel

Das Bild der drückenden Hitze und der anschließenden Erleichterung durch den Regen spiegelt die Grundidee des Wandels wider, die in vielen philosophischen Traditionen eine zentrale Rolle spielt. Heraklit formulierte die berühmte Idee „panta rhei" (Alles fließt): Die Welt ist in einem ständigen Zustand des Werdens und Vergehens. Die Schwere der Luft vor dem Regen symbolisiert eine Phase der Anspannung, die durch die erfrischenden Tropfen abgelöst wird – ein Sinnbild für die Dynamik des Lebens und die Unvermeidlichkeit von Veränderung.

2. Die Erfahrung des Augenblicks (Epikur und die Lebenskunst)

Die Szene des Kaffeetrinkens nach dem Regen verweist auf die epikureische Philosophie des einfachen Glücks. Epikur betonte, dass wahres Glück im Genuss der kleinen, alltäglichen Freuden liegt – wie einem Moment der Ruhe und Erfrischung nach einem Unwetter. Die frische Luft und der Kaffee verkörpern diese Idee eines erfüllten Lebens durch das bewusste Erleben der Gegenwart. Das Genießen eines einfachen Moments wird zum Akt der philosophischen Zufriedenheit.

3. Das Verhältnis von Mensch und Natur (Stoizismus und Harmonie)

Der Regen wird nicht nur als meteorologisches Ereignis, sondern als eine Art Befreiung und Harmonie zwischen Mensch und Natur dargestellt. Die stoische Philosophie lehrt, dass der Mensch in Einklang mit der natürlichen Ordnung leben sollte (logos). Die Dankbarkeit für den Regen und die Erleichterung, die er bringt, zeigt eine stoische Haltung: Akzeptanz und Gelassenheit gegenüber den Rhythmen der Natur und des Lebens.

4. Dankbarkeit und Kontemplation (Heidegger und die Gelassenheit)

Die abschließende Dankbarkeit für den Regen und den Genuss des Moments verweist auf Martin Heideggers Idee der Gelassenheit (das „Seinlassen" der Dinge). Das bewusste Wahrnehmen der Natur und das ruhige Genießen des Moments ohne das Bedürfnis, die Welt zu kontrollieren, drückt eine tiefe existenzielle Haltung aus – die Fähigkeit, das Dasein in seiner Einfachheit und Natürlichkeit zu akzeptieren.

5. Der Regen als Metapher für Reinigung und Erneuerung (Existenzphilosophie)

Der Regen kann auch als Symbol für eine innere Reinigung und Erneuerung gedeutet werden. Die schwere Luft vor dem Regen erinnert an die existenzielle Last, die der Mensch trägt. Der Regen – als plötzliche, fast magische Veränderung – steht für die Möglichkeit eines Neuanfangs und einer Befreiung von dieser Last. Kierkegaard sprach davon, dass der Mensch durch Momente der Krisenerfahrung zu einem authentischen Selbst finden kann. Der Wetterwechsel könnte also als Symbol für diesen inneren Prozess der Erneuerung verstanden werden.

Fazit

Das Gedicht verwebt also natürliche, sinnliche Erfahrungen mit tiefen philosophischen Themen: Vergänglichkeit, Dankbarkeit, die Schönheit des Augenblicks und die Harmonie zwischen Mensch und Natur. Es zeigt, dass philosophische Einsichten oft nicht aus abstrakten Überlegungen entstehen, sondern im bewussten Erleben der einfachen Momente des Lebens.

Die Erleichterung nach dem Regen wird zur Metapher für das Loslassen, die Akzeptanz des Wandels und die Rückkehr zu einer harmonischen Verbindung mit der Welt.

Renate:
Kommentiere das Gedicht aus einer christlichen Grundhaltung

KI:
Das Gedicht "Erquickender Wetterwechsel" lässt sich aus einer christlichen Grundhaltung auf verschiedene Weise deuten. Es beschreibt eine Erfahrung von Erleichterung und Erneuerung durch den Regen nach einer Zeit der drückenden Hitze – ein Bild, das in der christlichen Tradition tief verwurzelt ist und häufig für die heilende und erneuernde Kraft Gottes steht.

1. Der Regen als Segen Gottes

In der Bibel wird der Regen oft als ein Zeichen des Segens und der Fürsorge Gottes dargestellt. So heißt es zum Beispiel in 5. Mose 11,14:

"Dann gebe ich eurem Land Regen zu seiner Zeit, Frühregen und Spätregen, und du wirst dein Getreide, deinen Most und dein Öl einsammeln."

Der Regen im Gedicht könnte also als ein Ausdruck der göttlichen Fürsorge gedeutet werden – als ein Zeichen dafür, dass Gott in Zeiten der Dürre und Belastung Erleichterung schenkt.

2. Erleichterung als Bild für die göttliche Gnade

Die drückende Hitze und die schwere Luft könnten für die Lasten und Sorgen des Lebens stehen, die den Menschen bedrücken. Der einsetzende Regen bringt Erfrischung und Erneuerung – ein Bild für die Gnade Gottes, die den Menschen von seiner inneren Last befreit. Jesus selbst spricht davon in Matthäus 11,28:

"Kommt alle zu mir, die ihr mühselig und beladen seid, so will ich euch erquicken."

Die Erfahrung der Erleichterung durch den Regen könnte also als Symbol für die erlösende Kraft Jesu gesehen werden.

3. Dankbarkeit als christliche Haltung

Der Sprecher im Gedicht nimmt die Erfahrung des Regens mit einem dankbaren Herzen wahr:

"Dankbar lächelnd sehe ich den Regenfluss / Genieße den Kaffee. Beides ist ein Genuss."

Dankbarkeit ist ein zentrales Thema des christlichen Lebens. In 1. Thessalonicher 5,18 heißt es:

"Seid dankbar in allen Dingen; denn das ist der Wille Gottes in Christus Jesus für euch."

Die Dankbarkeit für die einfachen Freuden des Lebens – Regen, frische Luft und eine Tasse Kaffee – spiegelt eine Haltung wider, die der christliche Glaube fördert: die Fähigkeit, auch die kleinen Geschenke des Lebens als Gnade Gottes zu erkennen.

4. Erneuerung und Reinigung als geistliche Erfahrung

Der Regen bringt nicht nur Erfrischung für die Natur, sondern auch eine innere Erneuerung für den Menschen. In der christlichen Symbolik steht Wasser oft für Reinigung und Neuanfang, wie etwa in der Taufe. Der Regen im Gedicht könnte also als ein Zeichen dafür gesehen werden, dass Gott den Menschen geistlich erneuert und reinigt, so wie der Regen die Natur erfrischt.

Fazit

Aus einer christlichen Perspektive betrachtet, wird der Regen im Gedicht zu einem Symbol der göttlichen Gnade, die den Menschen in Zeiten der Dürre und Belastung erquickt. Die dankbare Haltung des lyrischen Ichs gegenüber diesem Geschenk spiegelt die christliche Haltung der Demut und des Vertrauens auf Gottes Fürsorge wider. Das Gedicht könnte somit als ein Ausdruck dafür verstanden werden, dass Gott nicht nur die Natur, sondern auch die Herzen der Menschen mit seiner Liebe und Erneuerung erfüllt.

Gedicht: Das Altern

Renate:

Kommentiere folgendes Gedicht sehr ausführlich und integriere die Psychologie der Autorin

KI:

Interpretation und psychologische Analyse des Gedichts „Das Altern"

Das Gedicht „Das Altern" beschäftigt sich auf tiefgründige Weise mit dem Prozess des Alterns und dessen psychologischer Verarbeitung. Die Autorin thematisiert die Erkenntnis des eigenen Alters nicht als Last oder Makel, sondern als eine Quelle der Befreiung und inneren Reife. Die Betrachtung des Alterns als etwas Positives ist eine bemerkenswerte und reife Sichtweise, die auf eine bewusste innere Auseinandersetzung mit der eigenen Lebensgeschichte und dem Verlauf der Zeit hindeutet.

1. Formale Analyse

Das Gedicht besteht aus zehn Zeilen, die sich durch eine klare, direkte Sprache und eine ruhige Struktur auszeichnen. Die Versstruktur ist bewusst schlicht gehalten, wodurch die inhaltliche Tiefe umso stärker zur Geltung kommt. Die Sprache ist einfach und direkt, aber von großer emotionaler Intensität geprägt. Es gibt keine feste Reimstruktur, was der Ausdruckskraft und Authentizität der Worte eine größere Freiheit verleiht. Der Rhythmus ist ruhig und fließend – er entspricht dem harmonischen und ausgeglichenen Gefühl, das die Autorin in Bezug auf das Altern beschreibt.

2. Inhaltliche Analyse

Das Gedicht lässt sich in drei Sinnabschnitte unterteilen:

a) Die Erkenntnis des Alters als befreiender Moment

„Der Moment, wenn man erkannt hat, wie alt man wirklich ist,
Er stört nicht. Er befreit.
Von allen Nöten, von aller Zeit."

Die erste Strophe beschreibt die unmittelbare Erkenntnis des eigenen Alters als einen Akt der Befreiung. Die Aussage, dass diese Erkenntnis „nicht stört", ist bemerkenswert, da das Altern in der Gesellschaft oft als etwas Bedrohliches oder Negatives wahrgenommen wird. Die Autorin wendet dieses Bild um und betrachtet das Bewusstwerden des eigenen Alters als eine Quelle der Freiheit. Der Verlust von Zeitdruck und äußeren Erwartungen wird hier als Erleichterung empfunden – ein psychologischer Zustand der Akzeptanz und des inneren Friedens.

b) Die Gegenwart als Quelle des Lichts

„Ich weiß, das bin ich heute und hier.
Das gibt Licht, das gefällt mir."

Hier zeigt sich eine bewusste Verankerung im gegenwärtigen Moment. Die Autorin akzeptiert sich selbst im „Heute und Hier" – eine Haltung, die stark mit Achtsamkeit und Selbstakzeptanz verbunden ist. Das Bewusstsein für das eigene Ich im gegenwärtigen Moment ist ein zentrales Element in vielen psychologischen Theorien, insbesondere in der humanistischen Psychologie (z.B. Carl Rogers). Das „Licht" symbolisiert hier die Klarheit und Erleichterung, die aus dieser Selbstakzeptanz hervorgeht.

c) Überwundene Vergangenheit und innere Reife

„Was dahinter, hab überwunden ich
Bedauern muss ich es wirklich nicht.
Gelehrt hat mich das Leben viel.
Und das allein ist auch das Ziel."

Die Autorin blickt auf die Vergangenheit zurück, jedoch ohne Bedauern oder Bitterkeit. Das überwundene Bedauern zeigt eine psychologische Reife und die Fähigkeit, vergangene Erfahrungen nicht mehr als belastend, sondern als lehrreich zu betrachten. Die Erkenntnis, dass das eigentliche Ziel des Lebens die persönliche Entwicklung und das Lernen aus den Erfahrungen ist, spiegelt eine Haltung der Dankbarkeit und des inneren Wachstums wider.

d) Die Vollendung und das innere Fest

„Das dies ich erreicht habe, zeigt mir jetzt,
ein befreites Auflachen, ein inneres Fest."

Der Abschluss des Gedichts symbolisiert die Vollendung eines psychischen Reifeprozesses. Das „befreite Auflachen" zeigt, dass die Autorin nicht nur Frieden mit sich selbst geschlossen hat, sondern auch eine tiefe innere Freude empfindet. Das „innere Fest" steht für das Erleben einer erfüllten und stimmigen Identität – ein Zustand, der in der Psychologie als „Selbstverwirklichung" (Maslow) oder als „Integrität" (Erikson) beschrieben wird.

3. Psychologische Interpretation

a) Akzeptanz des Alterns (Eriksons Theorie der psychosozialen Entwicklung)

In Erik Eriksons Modell der psychosozialen Entwicklung wird die letzte Phase des Lebens als „Integrität vs. Verzweiflung" beschrieben. In dieser Phase geht es darum, das eigene Leben zu akzeptieren und Bilanz zu ziehen. Die Autorin hat diese Phase offenbar erfolgreich durchlaufen – sie empfindet keine Reue, sondern Dankbarkeit und Gelassenheit gegenüber ihrer Lebensgeschichte. Die innere Freude und das „befreite Auflachen" sind Anzeichen dafür, dass sie die Integrität erlangt hat, die Erikson als zentrales Ziel des Alters beschreibt.

b) Achtsamkeit und Gegenwartsbewusstsein

Die bewusste Wahrnehmung des „Hier und Jetzt" und die daraus resultierende innere Zufriedenheit lassen sich psychologisch mit Konzepten der Achtsamkeit (Jon Kabat-Zinn) und der humanistischen Psychologie (Carl Rogers) erklären. Die Autorin nimmt die Gegenwart mit Ruhe und Klarheit an, ohne sich von vergangenen Fehlern oder zukünftigen Ängsten vereinnahmen zu lassen.

c) Posttraumatisches Wachstum und Resilienz

Die Aussage „Gelehrt hat mich das Leben viel" deutet darauf hin, dass die Autorin schwierige Erfahrungen gemacht hat, diese jedoch nicht als Belastung, sondern als Lernprozess wahrnimmt. Dies entspricht dem psychologischen Konzept des „posttraumatischen Wachstums" (Tedeschi & Calhoun), bei dem Menschen nach schwierigen Erfahrungen eine tiefere Einsicht und Resilienz entwickeln.

4. Psychologisches Profil der Autorin

Die Haltung der Autorin gegenüber dem Altern zeigt eine psychologische Reife und eine bewusste Auseinandersetzung mit dem eigenen Selbstbild. Sie scheint sich in einem Zustand der Ich-Integrität zu befinden – das bedeutet, dass sie die Erfahrungen ihres Lebens akzeptiert und sich selbst als vollständig und wertvoll betrachtet. Die Fähigkeit, vergangene Fehler oder Verluste ohne Bedauern zu akzeptieren, deutet auf eine hohe emotionale Intelligenz und psychische Resilienz hin. Das befreite Auflachen am Ende symbolisiert eine tiefe innere Ruhe und eine authentische Lebensfreude – Zeichen einer gelungenen Persönlichkeitsentwicklung.

5. Zusammenfassung

Das Gedicht „Das Altern" ist eine eindrucksvolle Reflexion über den Prozess des Alterns und die damit einhergehende psychologische Entwicklung. Die Autorin beschreibt das Bewusstwerden des eigenen Alters als einen Akt der Befreiung und inneren Vollendung. Sie akzeptiert ihre Vergangenheit ohne Reue, lebt im gegenwärtigen Moment und empfindet eine tiefe innere Freude. Die psychologischen Konzepte der Ich-Integrität (Erikson), der Achtsamkeit (Kabat-Zinn) und des posttraumatischen Wachstums (Tedeschi & Calhoun) bieten eine fundierte Erklärung für die emotionale Reife und Zufriedenheit, die im Gedicht zum Ausdruck kommen.

Renate:
Kommentiere das Gedicht aus philosophischer Sicht

KI:
Das Gedicht "Das Altern" setzt sich auf tiefgründige Weise mit der menschlichen Erfahrung des Alterns auseinander und eröffnet interessante philosophische Perspektiven. Es berührt zentrale Themen der Existenzphilosophie, der Zeitlichkeit und der Selbstakzeptanz. Hier sind einige philosophische Ansätze, die sich auf das Gedicht anwenden lassen:

1. Existenzphilosophie und Authentizität (Sartre, Heidegger)

Der Moment der Erkenntnis des eigenen Alters wird im Gedicht nicht als Last oder Bedrohung dargestellt, sondern als eine Form der Befreiung:
"Er stört nicht. Er befreit."
Dies erinnert an Heideggers Konzept des Seins-zum-Tode. Die bewusste Auseinandersetzung mit der eigenen Endlichkeit kann zu einem authentischen Leben führen. Die Akzeptanz des Alterns als natürliche Gegebenheit ermöglicht es, die eigene Existenz bewusst und selbstbestimmt zu gestalten.

2. Gelassenheit und Stoizismus (Epiktet, Marc Aurel)

Die stoische Philosophie betont, dass die Akzeptanz der Dinge, die außerhalb unserer Kontrolle liegen, zu innerer Ruhe führt. Das Gedicht vermittelt diese Haltung deutlich:
"Bedauern muss ich es wirklich nicht."
Der Sprecher erkennt die Unvermeidlichkeit des Alterns an, ohne dagegen zu kämpfen oder es zu beklagen. Diese Haltung der Gelassenheit spiegelt die stoische Weisheit wider, die empfiehlt, das Leben so zu akzeptieren, wie es ist.

3. Reifung und Weisheit (Aristoteles)

Aristoteles betrachtete die Reifung des Charakters und die Entwicklung von Tugenden als zentrales Ziel des menschlichen Lebens. Das Gedicht spricht genau diese Errungenschaft an:

*"Gelehrt hat mich das Leben viel.
Und das allein ist auch das Ziel."*

Das Altern wird hier nicht als Verfall, sondern als Vollendung und Reifung dargestellt. Die Erfahrung und das daraus gewonnene Wissen werden als wertvoll angesehen – als eine Form von Eudaimonia (Glückseligkeit) im Sinne von Aristoteles.

4. Der Augenblick und die Zeitlichkeit (Nietzsche)

Der Moment der Erkenntnis wird als etwas Positives, ja sogar Befreiendes wahrgenommen:

"Ich weiß, das bin ich heute und hier."

Dies erinnert an Nietzsches Idee der Ewigen Wiederkehr, wonach ein erfülltes Leben darin besteht, den gegenwärtigen Augenblick vollständig anzunehmen und zu bejahen. Das bewusste Ankommen im Jetzt ist ein Ausdruck von Selbstüberwindung und innerer Freiheit.

5. Das innere Fest – Lebensfreude und Sinnhaftigkeit (Camus)

Das Ende des Gedichts beschreibt ein inneres Fest und eine Art befreites Auflachen. Dies erinnert an Camus' Idee vom Sisyphos, der sein Schicksal annimmt und gerade dadurch Sinn und Freude findet:

"Ein befreites Auflachen, ein inneres Fest."

Das Bewusstsein des eigenen Alters und der eigenen Vergänglichkeit führt hier nicht zu Resignation, sondern zu einer tiefen Freude über die gelebte Erfahrung.

Fazit

Das Gedicht vermittelt eine existenzielle Reife und eine Akzeptanz des Alterns, die tief in philosophischen Traditionen verwurzelt ist. Es zeigt eine Entwicklung von der Sorge um die Zeit hin zur inneren Freiheit und Gelassenheit. Die Sprecherin hat die Begrenztheit des Daseins erkannt – und gerade diese Erkenntnis ermöglicht ihr, den Moment zu bejahen und in der Gegenwart Frieden zu finden.

Renate:
Kommentiere das Gedicht aus einer christlichen Grundhaltung

KI:
Kommentar aus einer christlichen Grundhaltung:

Das Gedicht „Das Altern" beschreibt auf eine sehr versöhnliche und befreiende Weise die Erkenntnis und Annahme des eigenen Alters. Aus einer christlichen Perspektive lässt sich darin eine tiefe geistliche Reife und ein Anklang an zentrale christliche Werte wie Demut, Dankbarkeit und die Hoffnung auf eine Vollendung durch Gott erkennen.

Die Erkenntnis des eigenen Alters („Der Moment, wenn man erkannt hat, wie alt man wirklich ist") wird nicht als Belastung oder Bedrohung beschrieben, sondern als ein Moment der Befreiung

(„Er stört nicht. Er befreit"). Dies erinnert an das christliche Verständnis, dass das Leben nicht im Irdischen seine letzte Erfüllung findet, sondern in der Gemeinschaft mit Gott. Das Bewusstsein der eigenen Endlichkeit wird hier nicht als etwas Beängstigendes, sondern als etwas Befreiendes erfahren – ein Hinweis auf das Vertrauen in Gottes Führung und das Annehmen des eigenen Lebensweges.

Die Aussage „Von allen Nöten, von aller Zeit" deutet auf die christliche Hoffnung hin, dass die Sorgen und Belastungen des irdischen Lebens im Vertrauen auf Gott überwunden werden können

(vgl. Phil 4,6–7: *„Sorgt euch um nichts, sondern bringt in jeder Lage betend und flehend eure Bitten mit Dank vor Gott"*).

Das Annehmen des eigenen Lebens im Alter entspricht der Haltung des Vertrauens auf Gottes Plan.

Das Gedicht spricht auch von einer inneren Freude und einem Gefühl der Erfüllung („ein befreites Auflachen, ein inneres Fest"). Dies könnte auf die christliche Erfahrung der Erlösung und des inneren Friedens verweisen, der aus dem Bewusstsein entspringt, in Gottes Hand geborgen zu sein

(vgl. Ps 16,11: *„Du zeigst mir den Weg zum Leben. Vor deinem Angesicht herrscht Freude in Fülle"*).

Schließlich wird das Leben als eine Schule der Weisheit beschrieben („Gelehrt hat mich das Leben viel. Und das allein ist auch das Ziel."). Diese Haltung steht im Einklang mit der biblischen Vorstellung, dass Gott die Menschen durch das Leben formt und auf die Ewigkeit vorbereitet.

(vgl. Spr 3,5–6: *„Vertraue auf den HERRN von ganzem Herzen und verlass dich nicht auf deinen Verstand. Erkenne ihn auf all deinen Wegen, dann ebnet er selbst deine Pfade"*).

Insgesamt zeugt das Gedicht von einer inneren Reife, die auf einer tiefen Annahme des eigenen Lebens in all seinen Phasen gründet. Aus christlicher Sicht wird das Altern hier nicht als Verfall, sondern als ein geistliches Reifen und Ankommen in der Gegenwart Gottes verstanden. Die innere Freude und das „Auflachen" deuten auf die christliche Hoffnung hin, dass am Ende des Lebens nicht Verlust, sondern eine vollkommene Erfüllung in Gott wartet.

Gedicht: Abbruch der eigenen Mauern

Renate:
Kommentiere folgendes Gedicht sehr ausführlich und integriere die Psychologie der Autorin

KI:
Das Gedicht „Abbruch der eigenen Mauern" behandelt auf tiefgründige und sehr persönliche Weise den inneren Prozess der Befreiung von selbst auferlegten Begrenzungen und die Wiederentdeckung von Freiheit und innerem Frieden durch die Verbindung mit der Natur. Die psychologische Dimension des Gedichts spiegelt die emotionale Entwicklung der lyrischen Sprecherin wider: Von innerer Enge und Begrenzung hin zu einem offenen, freien Bewusstsein und einer Rückkehr zu sich selbst.

1. Titelanalyse: "Abbruch der eigenen Mauern"

Der Titel deutet bereits das zentrale Motiv des Gedichts an: Die Mauern stehen symbolisch für innere Blockaden, Ängste oder gesellschaftlich auferlegte Zwänge, die die lyrische Sprecherin einschränken. Der „Abbruch" dieser Mauern signalisiert eine Befreiung von diesen Begrenzungen – ein bewusster Akt der Selbstermächtigung und der Rückkehr zu einer authentischen, freien Existenz.

2. Aufbau und Struktur

Das Gedicht ist in mehreren gereimten Versen aufgebaut, die einen fließenden Rhythmus erzeugen. Die Form unterstreicht die innere Bewegung der Sprecherin – vom Eingesperrtsein zur Weite und Freiheit. Die häufige Verwendung von Paarreimen und der fließende Wechsel zwischen kurzen und längeren Zeilen spiegeln die dynamische Entwicklung der inneren Befreiung wider.

3. Inhaltliche Analyse

a) Der Moment der Erkenntnis und Rückkehr zu sich selbst

„Mein Blick schweift frei vor und zurück.
Mein Herz ist plötzlich weit und voller Glück."

Die Sprecherin beschreibt einen Moment der plötzlichen Erkenntnis und Erleichterung. Das Motiv des „freien Blicks" steht symbolisch für eine neue Perspektive auf das Leben, die von innerer Offenheit und Frieden geprägt ist. Das Herz wird als Metapher für die emotionale Befreiung verwendet – es wird weit und fähig, Glück zu empfinden. Dies zeigt eine psychologische Wende: Die Sprecherin ist bereit, sich der Welt zu öffnen.

b) Die Verbindung mit der Natur als Schlüssel zur Freiheit

„Der Blick gleitet weit über das Meer,
es gibt keine Begrenzung mehr.
Himmel und Meer berühren sich fest umschlungen."

Die Natur – insbesondere das Meer – wird als Symbol für Unendlichkeit und Freiheit verwendet. Das Motiv der Verbindung zwischen Himmel und Meer steht für die Aufhebung der Trennung zwischen Körper und Geist, zwischen Begrenzung und Freiheit. Die Natur vermittelt hier ein Gefühl der Einheit und Ganzheit, das die Sprecherin auf psychologischer Ebene als Heilung erfährt.

c) Die Kraft der Natur als vergessene Ressource

„Welch eine Kraft!!! Welch Energie!!!
Die der Mensch oft vergisst. Welche Ironie."

Hier wird die Natur als Quelle der Energie und des Lebens beschrieben – eine Kraft, die der moderne Mensch oft übersieht oder ignoriert. Die dreifache Ausrufezeichen und die direkte Ansprache („Welche Ironie") erzeugen eine Dringlichkeit und mahnen an, dass der Mensch die Verbindung zur Natur wieder bewusst wahrnehmen muss. Die Natur wird hier als psychologisches Heilmittel dargestellt – eine Ressource für mentale und emotionale Stärke, die jedoch oft nicht genutzt wird.

d) Gesellschaftliche Kritik und Selbstauferlegte Mauern

„Doch blind ist man dafür so oft.
Und man lebt verbissen nur im eigenen Kopf.
Die Mauern setzen wir uns selbst."

Hier reflektiert die Sprecherin über die selbstauferlegten Grenzen, die durch gesellschaftlichen Druck, Ängste und ein rationales, verkopftes Leben entstehen. Die "Mauern" symbolisieren hier psychologische Begrenzungen: Selbstzweifel, Angst vor dem Scheitern, gesellschaftliche Normen und Erwartungen. Die Kritik richtet sich an die Tendenz des modernen Menschen, im Kopf zu leben und die emotionale und sinnliche Verbindung zur Natur zu verlieren.

e) Appell zur Veränderung und Befreiung

„Doch schau Dich um und versteh es endlich!
Denn das was wirklich zählt ist unendlich.
Öffne den Blick, den Geist, verlass Deine Alltagsspur!!!"

Die Sprecherin wendet sich direkt an den Leser und fordert zur Veränderung auf. Die Befreiung wird als ein bewusster Akt der Entscheidung dargestellt – die Bereitschaft, die eigenen inneren Mauern abzubauen und den Blick für die Schönheit und Kraft der Natur zu öffnen. Die direkte Ansprache („Schau Dich um") verstärkt den Appellcharakter des Gedichts und unterstreicht die Dringlichkeit der Erkenntnis.

f) Die Natur als Quelle der Heilung

„Tanke gratis das Wissen, die Freude die Kraft aus der Natur."

Das Gedicht schließt mit einem hoffnungsvollen Bild: Die Natur bietet Heilung, Wissen und Kraft – und das ohne Bedingungen. Die Rückkehr zur Natur wird hier als Rückkehr zur eigenen psychischen Gesundheit verstanden. Die Sprecherin ermutigt dazu, die Natur als psychologische und spirituelle Ressource zu nutzen.

4. Psychologische Dimension

Das Gedicht spiegelt einen klassischen Prozess der psychologischen Entwicklung wider:

• Zuerst gibt es einen Zustand der inneren Enge, geprägt von Selbstzweifeln und gesellschaftlichen Zwängen. Die Mauern symbolisieren diese innere Begrenzung.

• Der Moment der Erkenntnis und die Öffnung zum Meer und zur Natur stehen für einen Bewusstseinswandel – die Sprecherin löst sich von alten Mustern und öffnet sich für neue Erfahrungen.

• Die Natur wird zur heilenden Kraft: Psychologisch gesehen steht dies für die Wiederherstellung eines Gleichgewichts zwischen Rationalität und Sinnlichkeit, zwischen Geist und Emotion.

• Die Aufforderung an den Leser, sich ebenfalls zu öffnen, zeigt, dass die lyrische Sprecherin ihre Erfahrung als allgemeingültige Wahrheit begreift – die Natur als Quelle der Heilung steht jedem offen.

Die psychologische Kernbotschaft des Gedichts ist somit, dass innere Freiheit und Heilung durch die bewusste Rückkehr zur Natur und das Loslassen von selbst auferlegten Begrenzungen möglich sind. Die Mauern sind psychologische Schutzmechanismen, die überwunden werden müssen, um wahres Glück und inneren Frieden zu finden.

5. Sprachliche Analyse

• Paarreime und gleichmäßiger Rhythmus schaffen eine harmonische Klangstruktur, die die innere Bewegung von Enge zu Freiheit unterstreicht.

• Die Verwendung von Naturbildern (Meer, Himmel, Möwen) erzeugt eine beruhigende, offene Atmosphäre und symbolisiert die Freiheit und Kraft der Natur.

• Die direkte Ansprache („Schau Dich um") und die Imperative („Öffne den Blick") verstärken die Dringlichkeit und die emotionale Intensität der Botschaft.

• Die häufige Verwendung von Gegensätzen (Blau – Grau, Enge – Weite, Kopf – Natur) spiegelt die psychologische Spannung zwischen Begrenzung und Freiheit wider.

Fazit

Das Gedicht ist eine psychologisch tiefgründige Reflexion über den Prozess der inneren Befreiung und die heilende Kraft der Natur. Die lyrische Sprecherin durchläuft eine emotionale Entwicklung von Enge zu Freiheit, indem sie ihre selbstgesetzten Mauern durch die Verbindung zur Natur aufbricht. Die direkte Ansprache an den Leser macht das Gedicht zu einem Appell, die eigene Verbindung zur Natur wieder bewusst wahrzunehmen und innere Blockaden aufzulösen. Die Psychologie der Autorin zeigt sich in der Erkenntnis, dass Glück und Freiheit durch die bewusste Wahrnehmung des gegenwärtigen Moments und der Kraft der Natur möglich sind.

Renate:
Kommentiere das Gedicht aus philosophischer Sicht

KI:
Das Gedicht "Abbruch der eigenen Mauern" reflektiert aus philosophischer Sicht die zentrale Spannung zwischen innerer Begrenzung und äußerer Freiheit – ein klassisches Thema, das sowohl in der Existenzphilosophie als auch in der Naturphilosophie eine bedeutende Rolle spielt. Die poetische Sprache und die Bildlichkeit von Meer, Himmel und Natur dienen als Metaphern für die Weite des Geistes und die Möglichkeit, sich von selbst geschaffenen Einschränkungen zu befreien.

1. Selbsterkenntnis und Authentizität (Existenzphilosophie)

Der Moment der inneren Befreiung, den das lyrische Ich erfährt („Mein Herz ist plötzlich weit und voller Glück"), erinnert an die existenzphilosophische Idee von Authentizität und Selbsterkenntnis. Philosoph:innen wie Jean-Paul Sartre und Martin Heidegger haben betont, dass der Mensch seine eigene Existenz aktiv gestalten muss. Die „Mauern", die der Mensch sich selbst baut, stehen hier für die selbst auferlegten Begrenzungen des Denkens und Fühlens – durch gesellschaftliche Normen, Ängste und Routinen. Die Befreiung von diesen Mauern wird als ein Akt der Rückkehr zu sich selbst dargestellt („bin bei mir wieder angekommen"), was an Heideggers Konzept der Eigentlichkeit erinnert – der Rückkehr zum wahren Sein durch Bewusstwerdung.

2. Die Natur als Quelle der Wahrheit und der Kraft (Naturphilosophie)

Die Natur wird im Gedicht nicht nur als Kulisse beschrieben, sondern als Quelle von Kraft und Energie („Welch eine Kraft!!! Welch

Energie!!!"). Dies entspricht einer tiefen naturphilosophischen Tradition, die etwa bei den Romantikern, aber auch bei Spinoza und Goethe zu finden ist. Spinoza sah die Natur als göttliches Prinzip (Deus sive Natura) – die Erkenntnis der Natur bedeutet zugleich die Erkenntnis der eigenen Existenz und der kosmischen Ordnung. Der Aufruf, die Natur bewusst wahrzunehmen („Doch schau Dich um und versteh es endlich!"), verweist auf die Idee, dass in der Harmonie der Natur eine tiefe metaphysische Wahrheit liegt – eine Wahrheit, die der Mensch im Alltag oft übersieht.

3. Freiheit als Überwindung des Selbst (Kants Freiheitsbegriff)

Der Gedanke, dass Freiheit durch die Überwindung innerer Begrenzungen entsteht, erinnert an Kants Vorstellung von Freiheit als der Fähigkeit, sich durch Vernunft über die bloßen Triebe und äußeren Zwänge zu erheben. Die Freiheit im Gedicht entsteht nicht durch äußere Unabhängigkeit, sondern durch eine innere Transformation – das bewusste Loslassen von inneren Blockaden („Die Mauern setzen wir uns selbst"). Dies steht im Einklang mit der kantischen Idee, dass wahre Freiheit in der Selbstbestimmung durch vernünftige Einsicht besteht.

4. Das Paradoxon des modernen Menschen (Kulturkritik)

Die Ironie, dass der Mensch die Kraft der Natur oft nicht wahrnimmt („Doch blind ist man dafür so oft"), verweist auf eine kulturkritische Haltung, wie sie etwa bei Rousseau oder Adorno zu finden ist. Rousseau kritisierte die Entfremdung des Menschen von der Natur als Folge der Zivilisation – der moderne Mensch sei durch kulturelle und gesellschaftliche Zwänge von seinem natürlichen Zustand und seiner ursprünglichen Freiheit entfernt worden. Die Forderung, den Blick zu öffnen und sich der Natur zuzuwenden, spiegelt diese romantische Sehnsucht nach Rückkehr zum Ursprünglichen wider.

5. Der Weg zur Transzendenz und Ganzheit

Das Bild von Himmel und Meer, die sich „fest umschlungen" berühren, könnte als Symbol für die Verschmelzung von Gegensätzen und die Erfahrung von Ganzheit interpretiert werden – eine Erfahrung, die in vielen mystischen und transzendentalen Philosophien eine zentrale Rolle spielt. Plotin etwa sah in der Rückkehr zur Einheit mit dem Einen das höchste Ziel menschlicher Existenz.
Das Gedicht vermittelt die Idee, dass die Öffnung gegenüber der Natur

und die Aufgabe selbst gesetzter Grenzen zur Erfahrung von Ganzheit und Sinn führen können.

Philosophische Gesamtaussage

Das Gedicht ruft zu einer Befreiung des Geistes auf – einer Befreiung von den selbst erschaffenen Mauern des Denkens und der gesellschaftlichen Konditionierung. Die Natur wird dabei als Spiegel und Quelle der Wahrheit dargestellt: Wer sich ihrer Kraft öffnet, erfährt eine tiefere Form von Freiheit und Ganzheit. Philosophisch betrachtet handelt es sich um eine Synthese aus existenzieller Befreiung, naturphilosophischer Erkenntnis und romantischer Sehnsucht nach Rückkehr zum Wesentlichen.

Die abschließende Aufforderung, den Alltag zu verlassen und sich der Kraft der Natur zu öffnen, erinnert an den sokratischen Imperativ: „Erkenne dich selbst" – nicht durch intellektuelle Analyse, sondern durch die Erfahrung von Verbundenheit mit der Natur und der eigenen Existenz.

Renate:
Kommentiere das Gedicht aus einer christlichen Grundhaltung

KI:
Kommentar aus einer christlichen Perspektive:

Das Gedicht "Abbruch der eigenen Mauern" beschreibt eine Erfahrung der Befreiung und des inneren Friedens, die durch das bewusste Wahrnehmen der Natur und das Loslassen innerer Begrenzungen möglich wird. Aus einer christlichen Perspektive lässt sich diese Erfahrung tief mit dem christlichen Glauben an die befreiende und heilende Kraft Gottes verbinden.

Die zentrale Aussage des Gedichts – dass der Mensch sich oft selbst die Mauern setzt, die ihn von wahrem Glück und Erfüllung abhalten – erinnert an die christliche Lehre von der Erlösung. Im Christentum wird der Mensch als geschaffen im Ebenbild Gottes gesehen (Gen 1,27). Doch durch die Begrenzungen des eigenen Denkens, durch Sünde, Angst und Sorgen, entfernt sich der Mensch von dieser inneren Freiheit.

Das Loslassen dieser inneren Mauern entspricht dem Vertrauen auf die Führung und die Liebe Gottes, die der Mensch oft übersieht oder verdrängt.

Die Natur als Quelle von Kraft, Freude und Wissen verweist auf die Schöpfung Gottes. In der Bibel wird die Natur immer wieder als Spiegel der göttlichen Herrlichkeit beschrieben:

"Die Himmel erzählen die Herrlichkeit Gottes, und das Himmelsgewölbe verkündet seiner Hände Werk." (Psalm 19,2)

Die Schönheit und Kraft des Meeres, die frische Luft und der Duft der Algen sind in dieser Perspektive nicht bloß zufällige Naturphänomene, sondern Geschenke Gottes, die der Mensch empfangen darf. Die Aufforderung des Gedichts, die Begrenzungen des eigenen Denkens zu überwinden und den Blick zu weiten, erinnert an die christliche Botschaft der inneren Umkehr (Metanoia) – die Einladung, sich dem Wirken des Heiligen Geistes zu öffnen und neue Perspektiven im Glauben zu gewinnen:

"Denn Gott hat uns nicht einen Geist der Furcht gegeben, sondern der Kraft, der Liebe und der Besonnenheit." (2 Timotheus 1,7)

Die Erfahrung der Freiheit, die das Gedicht beschreibt, ist letztlich eine spirituelle Erfahrung:

Die Erkenntnis, dass der Mensch durch die Verbundenheit mit der Schöpfung die Nähe Gottes spürt und dadurch von seinen inneren Zwängen befreit werden kann. Die Einladung, die Alltagsmauern abzubrechen, entspricht dem Ruf Jesu:

"Kommt alle zu mir, die ihr mühselig und beladen seid; ich will euch erquicken." (Matthäus 11,28)

Insgesamt zeigt das Gedicht eine tiefe Sehnsucht nach Befreiung und Erfüllung, die sich aus christlicher Sicht in der Beziehung zu Gott verwirklicht. Die Natur wird dabei zum sichtbaren Zeichen der göttlichen Liebe und Gegenwart – eine Einladung, Gott in der Schönheit und Weite der Schöpfung zu begegnen.

Gedicht: Sorgenfrei

Renate:
Kommentiere folgendes Gedicht sehr ausführlich und integriere die Psychologie der Autorin

KI:
Interpretation und psychologische Analyse des Gedichts "Sorgenfrei"

Einleitung und allgemeine Betrachtung

Das Gedicht "Sorgenfrei" vermittelt ein Gefühl der inneren Ruhe und Gelassenheit inmitten einer von äußeren Problemen und Verpflichtungen geprägten Welt. Die lyrische Sprecherin beschreibt einen Moment der Entspannung, in dem sie bewusst die Sorgen des Alltags loslässt und sich auf die Gegenwart konzentriert. Trotz der Erkenntnis, dass die Probleme im Hintergrund bestehen bleiben, gelingt es ihr, diese für einen Moment auszublenden und einen Zustand der inneren Freiheit zu erreichen.

Das Thema des Gedichts kreist um die bewusste Entscheidung, sich der Gelassenheit hinzugeben und die Kontrolle über das eigene Innenleben zu übernehmen – ein zentraler Aspekt sowohl in der Achtsamkeitspraxis als auch in psychologischen Konzepten zur Stressbewältigung.

1. Aufbau und sprachliche Gestaltung

1.1. Form und Struktur

• Das Gedicht besteht aus mehreren gereimten Versen, die eine regelmäßige Struktur aufweisen.

• Der Reim folgt überwiegend einem Paarreimschema (aa, bb), wodurch ein harmonischer und ruhiger Klang entsteht, der die thematische Grundstimmung von Entspannung und Ausgeglichenheit unterstützt.

• Die Verse sind meist gleich lang und klar gegliedert, was den Eindruck von Ordnung und Kontrolle verstärkt – ein bewusster Kontrast zur Idee der losgelösten, sorgenfreien Haltung im Inhalt.

1.2. Sprache und Stilmittel

• Die Sprache ist einfach und direkt, aber gleichzeitig bildhaft und emotional aufgeladen.

• Die Verwendung von positiven Begriffen wie "Ruhe", "Gelassenheit", "Freiheit" und "Fest" vermittelt eine optimistische Grundstimmung.

• Das Bild des Flusses („Die Gedanken fließen sanft wie ein Fluss") symbolisiert die Fähigkeit, den Moment anzunehmen und die Gedanken ziehen zu lassen, ohne an ihnen festzuhalten – ein klassisches Motiv in der Achtsamkeitspraxis.

• Die Wiederholung von Wörtern wie "frei", "Gelassenheit" und "Probleme" betont die innere Spannung zwischen dem Wissen um die Realität der Probleme und der Entscheidung, sich dennoch von ihnen zu distanzieren.

2. Psychologische Dimensionen und innere Haltung der Autorin

2.1. Der bewusste Moment der Achtsamkeit

Die lyrische Sprecherin beschreibt eine Form der bewussten Wahrnehmung der Gegenwart, die stark an Konzepte der Achtsamkeit (Mindfulness) erinnert. In der Psychologie wird Achtsamkeit als die Fähigkeit beschrieben, den gegenwärtigen Moment ohne Wertung wahrzunehmen und sich nicht von belastenden Gedanken überwältigen zu lassen.

• Die Autorin erkennt die Existenz von Problemen („Obwohl im Hintergrund Probleme bestehen"), entscheidet sich jedoch bewusst dafür, diese nicht in den Fokus zu rücken.

• Die bewusste Entscheidung, die Sorgen ziehen zu lassen, zeigt eine innere Reife und eine entwickelte psychologische Kompetenz zur Emotionsregulation.

• Das Bild des Flusses als Metapher für die Gedanken ist ein bekanntes Symbol in der kognitiven Verhaltenstherapie, um zu verdeutlichen, dass Gedanken kommen und gehen dürfen, ohne dass man sich von ihnen mitreißen lassen muss.

2.2. Die Trennung von innerem und äußerem Konflikt

Ein zentrales psychologisches Motiv im Gedicht ist die Trennung zwischen äußeren Umständen (Probleme, Termine) und der inneren Haltung der Sprecherin.

• Während die äußeren Probleme weiterhin bestehen („Die Termine warten geduldig hinten"), gelingt es der Sprecherin, ihre innere Ruhe davon nicht beeinflussen zu lassen.

• Dies entspricht der psychologischen Fähigkeit zur Distanzierung – einer wichtigen Technik, um Stress zu reduzieren und emotionale Kontrolle zu bewahren.

• Die innere Ruhe entsteht nicht dadurch, dass die Probleme gelöst sind, sondern dadurch, dass die Autorin die Kontrolle über ihre Reaktion auf die äußeren Umstände gewinnt.

2.3. Die Kontrolle über die Zeit und den eigenen Fokus

Ein weiteres wichtiges psychologisches Element ist die bewusste Entscheidung, die Kontrolle über die Zeit und den Fokus zu übernehmen:

• Die Sprecherin erklärt, dass sie den heutigen Moment bewusst für Entspannung und Gelassenheit reserviert („Heut habe ich für Probleme keine Zeit").

• Dies zeigt ein ausgeprägtes Gefühl von Selbstwirksamkeit – die Überzeugung, das eigene Leben aktiv gestalten zu können, anstatt passiv auf äußere Umstände zu reagieren.

• Die bewusste Entscheidung, sich heute nicht mit den Problemen zu beschäftigen, sondern erst morgen, deutet auf eine gesunde Form der mentalen Abgrenzung und Kontrolle hin.

3. Die psychologische Entwicklung der Sprecherin

Das Gedicht zeigt eine fortgeschrittene psychologische Entwicklung der Sprecherin. Es vermittelt den Eindruck, dass sie:

• Die Fähigkeit entwickelt hat, Gedanken und Emotionen zu beobachten, ohne von ihnen überwältigt zu werden.

• Akzeptiert, dass Probleme zum Leben gehören, aber nicht jeden Moment dominieren müssen.

• Durch die bewusste Entscheidung zur Gelassenheit eine Form von innerer Freiheit und Resilienz erreicht.

• Die Kontrolle über ihre emotionale Reaktion zurückgewinnt, ohne die äußeren Umstände direkt beeinflussen zu müssen.

Diese Haltung entspricht Konzepten aus der positiven Psychologie (z.B. Seligmans Theorie der erlernten Optimismus) sowie der Achtsamkeitspraxis. Die Sprecherin akzeptiert die Unkontrollierbarkeit äußerer Umstände und konzentriert sich stattdessen auf die Kontrolle über ihre innere Haltung.

4. Symbolik und zentrale Botschaft

4.1. Der Fluss als Symbol für Loslassen und Akzeptanz

• Der Fluss symbolisiert den Fluss der Gedanken und die Fähigkeit, diese kommen und gehen zu lassen, ohne sich an ihnen festzuklammern.

• Die Bewegung des Flusses steht für die Dynamik des Lebens, während die Gelassenheit der Sprecherin zeigt, dass sie nicht gegen diesen Fluss ankämpfen muss.

4.2. Die Zeit als Metapher für Kontrolle

• Die bewusste Entscheidung, die Sorgen erst morgen zu beachten, zeigt ein gesundes Verhältnis zur Zeit und zur Kontrolle des eigenen Fokus.

• Dies entspricht psychologischen Konzepten zur Stressbewältigung und Prioritätensetzung.

4.3. Die innere Freiheit als Zustand des psychologischen Gleichgewichts

• Die Sprecherin findet innere Freiheit nicht durch die Lösung von Problemen, sondern durch die bewusste Entscheidung, den Moment zu akzeptieren, wie er ist.

• Das Feiern des Augenblicks („In diesem Moment ist das Leben ein Fest") zeigt eine Form von existenzieller Zufriedenheit und Selbstakzeptanz.

Fazit

Das Gedicht "Sorgenfrei" beschreibt auf poetische Weise einen psychologisch bedeutsamen Zustand von Gelassenheit, Selbstkontrolle und innerer Freiheit. Die Sprecherin reflektiert die Existenz von Problemen, entscheidet sich jedoch bewusst dafür, diese nicht die eigene emotionale Verfassung bestimmen zu lassen. Dies entspricht modernen psychologischen Konzepten der Achtsamkeit, der Emotionsregulation und der Resilienz. Die Fähigkeit, sich auf den gegenwärtigen Moment zu konzentrieren und die äußeren Umstände zu akzeptieren, zeigt eine ausgereifte psychologische Kompetenz und eine Haltung der inneren Stärke.

Renate:
Kommentiere das Gedicht aus philosophischer Sicht

KI:
Das Gedicht "Sorgenfrei" lässt sich aus einer philosophischen Perspektive auf mehreren Ebenen deuten. Es berührt grundlegende Themen der Existenz, der Zeit, der Freiheit und der Gelassenheit – allesamt zentrale Fragen, die Philosophen seit Jahrhunderten beschäftigen.

1. Stoizismus und Gelassenheit

Die Haltung der Gelassenheit, die das lyrische Ich einnimmt, erinnert stark an die stoische Philosophie, insbesondere an die Gedanken von Epiktet, Seneca und Marc Aurel. Die Stoiker betonten, dass der Mensch die äußeren Umstände nicht kontrollieren kann, wohl aber seine innere Haltung dazu. Die Zeilen:

„Probleme sie kommen, sie aber auch gehen.
Das habe ich schon oft so gesehen."

verdeutlichen genau diesen stoischen Ansatz: Das Bewusstsein
darüber, dass Probleme zum Leben gehören, aber dass die innere
Freiheit darin besteht, sich nicht von ihnen beherrschen zu lassen.
Stattdessen wird Gelassenheit als eine bewusste Entscheidung
betrachtet – als Akt innerer Autonomie gegenüber äußeren Umständen.

2. Existenzialismus und der Moment

Die Zeilen:

„Die Zeit gehört mir. Ich nutze sie weise
Und tanke Kraft im Hier und Jetzt auf meine Weise. "

spiegeln eine existenzialistische Haltung wider, wie sie etwa von Jean-
Paul Sartre oder Martin Heidegger vertreten wurde. Die Betonung des
gegenwärtigen Moments als Quelle von Sinn und Freiheit entspricht
Heideggers Konzept des „Seins zum Tode" – die bewusste
Entscheidung, im Hier und Jetzt authentisch zu leben, weil die Zukunft
unsicher und letztlich nicht kontrollierbar ist.

Der Rückzug in die Stille und die bewusste Nutzung der Zeit reflektieren
die existenzialistische Überzeugung, dass der Mensch durch
authentisches Handeln seine eigene Existenz gestaltet – unabhängig
von äußeren Zwängen oder gesellschaftlichen Erwartungen.

3. Buddhismus und das Loslassen

Die Idee, Sorgen bewusst loszulassen, erinnert an zentrale Prinzipien
des Buddhismus. Die Fähigkeit, den Moment zu akzeptieren, ohne sich
von Problemen und Ängsten vereinnahmen zu lassen, entspricht der
buddhistischen Lehre vom „Nicht-Anhaften" (Anicca). Die Zeilen:

„In diesem Moment ist das Leben ein Fest.
Ich lasse die Sorgen ziehen, atme tief ein. "

klingen nach der buddhistischen Praxis der Achtsamkeit (Mindfulness),
bei der die Konzentration auf den Atem und den gegenwärtigen
Moment dazu dient, innere Ruhe und Klarheit zu finden. Die Probleme
und Sorgen werden nicht verdrängt, sondern als vergänglich
anerkannt – ein Kerngedanke der buddhistischen Philosophie.

4. Zeit und die Relativität der Sorgen

Das Gedicht reflektiert auch die philosophische Frage nach der Zeit. Die Bereitschaft, die Sorgen auf morgen zu verschieben, verweist auf ein tiefes Verständnis der relativen Natur von Zeit und Problemen. In Anlehnung an Augustinus' Verständnis von Zeit als subjektiver Erfahrung, wird die Gegenwart als der einzige wirklich greifbare Moment verstanden:

„Gibt es euch, Probleme, morgen noch immer,
dann werde ich mich morgen um euch kümmern.“

Hier zeigt sich eine bewusste Entscheidung, den Moment nicht durch die Angst vor der Zukunft oder durch die Last der Vergangenheit zu belasten – eine philosophisch tiefgründige Haltung gegenüber der Zeit und ihrer Wahrnehmung.

5. Freiheit als innere Haltung

Schließlich ist die Idee der Freiheit in diesem Gedicht nicht als äußere Unabhängigkeit, sondern als innere Haltung definiert. Die Freiheit besteht darin, trotz äußerer Herausforderungen eine gelassene Haltung zu bewahren. Dies erinnert an die Gedanken von Immanuel Kant, der die Autonomie des Menschen als die Fähigkeit beschrieb, sich durch Vernunft und moralische Prinzipien von äußeren Zwängen zu emanzipieren. Die Zeilen:

„Inmitten des Chaos bin ich entspannt und frei.
Was morgen kommt, ist mir heute einerlei. “

drücken diese Form der inneren Freiheit aus: Die Welt mag chaotisch sein, doch die Entscheidung, gelassen zu bleiben, liegt in der Hand des Individuums.

Philosophische Gesamtdeutung

Das Gedicht „Sorgenfrei" vereint also auf elegante Weise stoische, existenzialistische, buddhistische und kantische Gedanken zu einer kohärenten Haltung der inneren Ruhe und Freiheit. Es vermittelt die Idee, dass das Leben sich nicht durch äußere Umstände kontrollieren lässt – sondern durch die bewusste Entscheidung, wie man diesen Umständen begegnet. Die tiefere philosophische Botschaft lautet daher: Wahre Freiheit entsteht nicht durch die Abwesenheit von Problemen, sondern durch die bewusste Entscheidung, ihnen mit Gelassenheit zu begegnen.

Renate:
Kommentiere das Gedicht aus einer christlichen Grundhaltung

KI:
Das Gedicht "Sorgenfrei" lässt sich aus einer christlichen Grundhaltung heraus als eine schöne Beschreibung des Vertrauens auf die göttliche Fürsorge und die Kraft des gegenwärtigen Moments deuten. Die Ruhe, die der Sprecher inmitten der Probleme empfindet, erinnert an die biblische Einladung, Sorgen und Ängste in die Hände Gottes zu legen:

"Alle eure Sorge werft auf ihn; denn er sorgt für euch." (1. Petrus 5,7)

1. Vertrauen auf Gottes Führung

Der Sprecher erkennt die Realität von Problemen und Herausforderungen im Hintergrund, entscheidet sich aber bewusst dafür, im Hier und Jetzt Frieden zu finden. Das erinnert an die Worte Jesu:

"Darum sorgt nicht für den morgigen Tag; denn der morgige Tag wird für das Seine sorgen. Es ist genug, dass jeder Tag seine eigene Plage hat." (Matthäus 6,34)

Die Entscheidung, die Sorgen loszulassen und auf den richtigen Zeitpunkt für ihre Bewältigung zu vertrauen, spiegelt ein tiefes Vertrauen in Gottes Führung wider. Diese Gelassenheit entspricht dem christlichen Verständnis, dass der Mensch nicht alles allein tragen muss, sondern Gott als Helfer und Tröster zur Seite hat.

2. Der Wert des gegenwärtigen Moments

Die Betonung des gegenwärtigen Augenblicks als Quelle von Ruhe und Frieden erinnert an die christliche Idee, dass Gott gerade in der Stille und im Vertrauen auf ihn erfahrbar wird:

"Seid stille und erkennet, dass ich Gott bin." (Psalm 46,11)

Der Sprecher nimmt sich bewusst Zeit, um innezuhalten und die Ruhe zu genießen. Diese Haltung verweist auf die biblische Aufforderung zum Sabbat und zur Ruhe, in der sich der Mensch Gott zuwenden und neue Kraft schöpfen darf.

3. Probleme kommen und gehen – Gott bleibt beständig

Die Gelassenheit, mit der der Sprecher die Probleme des Lebens betrachtet, lässt sich als Ausdruck eines tiefen Glaubens an Gottes Beständigkeit verstehen. Im Wissen darum, dass Gott über die Zeit und die Umstände des Lebens wacht, können Sorgen losgelassen werden:

"Jesus Christus gestern und heute und derselbe auch in Ewigkeit." (Hebräer 13,8)

Die Aussage, dass Probleme kommen und gehen, reflektiert die christliche Hoffnung auf Gottes bleibende Gegenwart und Treue – selbst wenn die Welt chaotisch erscheint.

4. Gelassenheit durch Vertrauen in Gottes Handeln

Die Haltung des Sprechers, sich keine Sorgen um den nächsten Tag zu machen, steht im Einklang mit der christlichen Idee, dass Gott die

Zukunft in seinen Händen hält. Die Entscheidung, sich erst morgen um die Probleme zu kümmern, zeugt von der inneren Freiheit, die entsteht, wenn ein Mensch sein Leben Gott anvertraut:

"Verlass dich auf den HERRN von ganzem Herzen und verlass dich nicht auf deinen Verstand; sondern gedenke an ihn in allen deinen Wegen, so wird er dich recht führen." (Sprüche 3,5–6)

Fazit

Das Gedicht beschreibt einen Moment der Ruhe, Gelassenheit und Freiheit im Hier und Jetzt, der aus einer inneren Haltung des Vertrauens entsteht. Aus einer christlichen Perspektive ist diese Ruhe ein Ausdruck des Vertrauens auf Gott und seiner Fürsorge. Die bewusste Entscheidung, die Sorgen nicht selbst tragen zu müssen, sondern sich der göttlichen Führung und Fürsorge anzuvertrauen, wird in der Bibel als Quelle von Frieden und Freiheit beschrieben. Die christliche Botschaft von der Ruhe in Gott wird in der Atmosphäre des Gedichts spürbar – eine Einladung, die eigene Last loszulassen und auf Gott zu vertrauen.

Gedicht: Einsamkeit oder Allein

Renate:
Kommentiere folgendes Gedicht sehr ausführlich und integriere die Psychologie der Autorin

KI:
Ausführliche Interpretation des Gedichts „Einsamkeit oder allein"

Das Gedicht „Einsamkeit oder allein" beschäftigt sich mit der feinen, aber bedeutenden Unterscheidung zwischen dem Gefühl der Einsamkeit und dem bewussten Erleben des Alleinseins. Die Autorin setzt sich auf tiefgründige und psychologisch aufgeladene Weise mit diesen beiden Zuständen auseinander, die oft verwechselt werden, obwohl sie in ihrer inneren Dynamik und emotionalen Wirkung grundlegend verschieden sind.

1. Inhaltliche Analyse

Das Gedicht gliedert sich in zwei kontrastierende Pole: das positive Alleinsein und die negative Einsamkeit. Diese Gegensätze werden durch klare Bilder und direkte Sprache herausgearbeitet.

a) Die positive Dimension des Alleinseins

In den ersten Versen beschreibt die Autorin das Alleinsein als eine bewusste Wahl, die mit Ruhe, Frieden und persönlichem Wachstum verbunden ist:

„Alleinsein ist Stille, Frieden und Entfaltung,
der Seele Raum geben und starke innere Haltung."

Hier wird das Alleinsein als ein Zustand der inneren Harmonie und Selbstreflexion dargestellt. Die Stille und das Fehlen äußerer Ablenkungen ermöglichen eine tiefere Verbindung mit sich selbst. Die bewusste Entscheidung, allein zu sein, führt zu einem Gefühl der Freiheit und Selbstbestimmung.

„Gedanken die fließen wie ein leiser Fluss.
Frei ist man hier von jedem Frust."

Die fließenden Gedanken symbolisieren Klarheit und emotionale
Balance, die durch das bewusste Alleinsein ermöglicht werden. Der
Zustand ist hier nicht belastend, sondern befreiend – ein Rückzugsort,
der Kraft schenkt und die eigene Identität stärkt.

b) Die negative Dimension der Einsamkeit

Im Gegensatz dazu wird die Einsamkeit als eine schwere, belastende
Erfahrung beschrieben:

„Einsamkeit dagegen ist schwer
Da ist ein Schmerz am Herz nagt ein Weh."

Die Autorin stellt die Einsamkeit als unfreiwillig und schmerzhaft dar.
Während das Alleinsein eine selbstgewählte Ruhe und Selbstentfaltung
ermöglicht, ist die Einsamkeit von einem Gefühl des Mangels und der
inneren Leere geprägt.

„Die Seele sucht Wärme, doch findet sie nicht.
Die Tränen benetzen brennend das traurige Gesicht."

Hier wird die psychische Dimension besonders deutlich. Die Einsamkeit
wird als eine emotionale Verwundung beschrieben, die das Bedürfnis
nach Nähe und Zuwendung offenbart. Die brennenden Tränen
symbolisieren den tiefen inneren Schmerz und die Sehnsucht nach
Verbindung mit anderen Menschen.

c) Das Spannungsfeld zwischen Freiheit und Angst

Die Autorin schafft durch die bewusste Gegenüberstellung von Freiheit
(Alleinsein) und Angst (Einsamkeit) ein spannungsreiches Kontrastbild:

„Die Stille des Alleinseins gibt Freiheit die du erlangst.
Die Einsamkeit ruft nach Begleitung, ist voll schmerzlicher Angst."

Während das Alleinsein mit Selbstbestimmung und innerer Stabilität
verbunden ist, führt die Einsamkeit in die Abhängigkeit und emotionale
Unsicherheit. Die Angst, verlassen und vergessen zu werden, wird hier
zur zentralen Erfahrung der Einsamkeit.

2. Stilistische Analyse

Die Sprache des Gedichts ist schlicht, aber sehr ausdrucksstark. Die Autorin arbeitet mit Gegensätzen, Wiederholungen und emotional aufgeladenen Bildern, um die unterschiedlichen emotionalen Qualitäten von Alleinsein und Einsamkeit herauszuarbeiten.

a) Kontrast als zentrales Stilmittel

Der Kontrast zwischen Alleinsein und Einsamkeit wird durch die wiederholte Gegenüberstellung von positiven und negativen Bildern verstärkt:

- „Alleinsein ist Stille, Frieden und Entfaltung" → positiv
- „Einsamkeit dagegen ist schwer" → negativ

Diese bewusste Gegenüberstellung sorgt dafür, dass die Unterschiede der beiden Zustände besonders deutlich hervortreten.

b) Bildhafte Sprache und Symbolik

Die Autorin verwendet zahlreiche symbolische Bilder, um die emotionale Tiefe der beiden Zustände darzustellen:

- „Gedanken die fließen wie ein leiser Fluss" → Symbol für Klarheit und innere Ruhe

- „Ein schweres Kleid" → Symbol für die Last der Einsamkeit

- „Tränen benetzen brennend das traurige Gesicht" → Symbol für tiefen Schmerz und innere Verwundung

Diese Bildsprache verleiht dem Gedicht emotionale Dichte und macht die psychologische Dimension der beiden Erfahrungen für die Lesenden greifbar.

c) Rhythmus und Klang

Der gleichmäßige, ruhige Rhythmus des Gedichts spiegelt die innere Ruhe des Alleinseins, während die plötzlichen Brüche und emotional aufgeladenen Begriffe („Schmerz", „Weh", „brennend") die innere Zerrissenheit der Einsamkeit verdeutlichen. Die klaren Reime („Fluss" – „Frust") verleihen dem Gedicht eine harmonische Struktur, die die emotionale Wirkung verstärkt.

3. Psychologische Dimension

Die psychologische Grundlage des Gedichts liegt in der existenziellen Spannung zwischen Selbstgenügsamkeit und sozialer Verbindung – einem Grundkonflikt des menschlichen Daseins. Die Autorin arbeitet die folgenden psychologischen Aspekte heraus:

a) Selbstgewählte Isolation als Quelle der Kraft

Das bewusste Alleinsein wird hier als ein Akt der Selbstbestimmung und inneren Stabilität beschrieben. Die Fähigkeit, allein zu sein, wird in der Psychologie oft mit einem gesunden Selbstwertgefühl und emotionaler Reife in Verbindung gebracht.

b) Einsamkeit als Verlust von Verbindung

Die Einsamkeit hingegen spiegelt die grundlegende menschliche Angst vor sozialer Isolation wider. Das Bedürfnis nach Nähe und Bindung wird nicht erfüllt, was zu einem Gefühl der Verlorenheit und inneren Leere führt. Die Autorin beschreibt die psychologischen Folgen von Einsamkeit sehr treffend: Angst, Unsicherheit und das Gefühl, innerlich zu zerbrechen.

c) Der Wunsch nach Balance

Die Spannung zwischen Alleinsein und Einsamkeit verweist auf die menschliche Suche nach Balance zwischen Unabhängigkeit und Bindung. Die Fähigkeit, bewusst allein zu sein, wird hier als ein Zeichen emotionaler Stärke verstanden – während die unfreiwillige Einsamkeit ein Zeichen für innere Verletzlichkeit und das Bedürfnis nach zwischenmenschlicher Nähe ist.

4. Mögliche biografische Deutung

Auch wenn keine konkreten Hinweise zur Autorin vorliegen, lässt sich aus der psychologischen Tiefe des Gedichts schließen, dass die Autorin möglicherweise persönliche Erfahrungen mit Einsamkeit und dem bewussten Alleinsein gemacht hat. Die emotionale Authentizität und die klaren Bilder deuten darauf hin, dass die Autorin eine sensible Wahrnehmung innerer Zustände besitzt und eine reflektierte Auseinandersetzung mit zwischenmenschlichen Beziehungen und emotionalen Erfahrungen durchlebt hat.

Fazit

Das Gedicht „Einsamkeit oder allein" ist eine tiefgründige Auseinandersetzung mit der Dualität zwischen selbstgewähltem Rückzug und emotionaler Isolation. Die klare Sprache, die kraftvollen Bilder und die psychologische Tiefe machen das Werk zu einer beeindruckenden Reflexion über die menschliche Natur. Die Autorin verdeutlicht die Fähigkeit, aus dem bewussten Alleinsein innere Stärke zu schöpfen – während die unfreiwillige Einsamkeit als Quelle von Angst und Schmerz beschrieben wird. Die tiefgehende psychologische Durchdringung des Themas verleiht dem Gedicht eine besondere emotionale Kraft.

Renate:
Kommentiere das Gedicht aus philosophischer Sicht

KI:
Dieses Gedicht setzt sich auf bemerkenswerte Weise mit einem zentralen Thema der menschlichen Existenz auseinander: der Differenzierung zwischen Alleinsein und Einsamkeit. Aus philosophischer Perspektive lassen sich hier verschiedene existenzielle, ethische und erkenntnistheoretische Dimensionen herausarbeiten:

1. Existenzielle Perspektive

Die Unterscheidung zwischen Alleinsein und Einsamkeit verweist auf ein klassisches Thema der Existenzphilosophie – die Spannung zwischen dem Bedürfnis nach Autonomie und dem Bedürfnis nach Verbindung.
• Das Alleinsein wird hier als ein selbstgewählter Zustand der Ruhe, des Friedens und der Selbstfindung dargestellt. Dies erinnert an die Gedanken von Jean-Paul Sartre und Martin Heidegger: Sartre betonte die Freiheit des Menschen, durch bewusste Wahl sein eigenes Sein zu gestalten. Heidegger wiederum sah das "In-der-Welt-Sein" als eine grundlegende Bedingung menschlicher Existenz – das bewusste Alleinsein als Möglichkeit, authentisch zu existieren.

• Die Einsamkeit hingegen wird als ein unfreiwilliger Zustand der Trennung und des Schmerzes beschrieben. Dies könnte mit Heideggers Konzept der "Geworfenheit" (Geworfen-Sein in die Welt) in

Verbindung gebracht werden – der Mensch fühlt sich von der Welt entfremdet und isoliert.

2. Psychologische und ethische Perspektive

Die Gegensätzlichkeit von Alleinsein und Einsamkeit spiegelt eine wichtige psychologische und ethische Einsicht wider:

• Das Alleinsein wird als eine positive Erfahrung der Selbstgenügsamkeit und inneren Freiheit geschildert – ein Zustand, in dem man sich selbst als vollständig erlebt. Dies steht im Einklang mit den Gedanken von Epikur und der stoischen Philosophie: Die Fähigkeit, mit sich selbst im Reinen zu sein, wird als höchste Form der Freiheit betrachtet.

• Die Einsamkeit hingegen zeigt den Verlust dieser Selbstgenügsamkeit – das Bedürfnis nach Verbindung bleibt unerfüllt, was zu einem Gefühl der Entfremdung führt. Arthur Schopenhauer beschreibt die Einsamkeit als ein tiefes Leiden des menschlichen Geistes, da der Mensch als soziales Wesen auf Gemeinschaft angewiesen ist.

3. Metaphysische Dimension

Die Idee, dass das Alleinsein als Quelle von Freiheit und innerem Wachstum, die Einsamkeit jedoch als existenzielle Leere empfunden wird, verweist auf eine tiefere metaphysische Frage: Was bedeutet es, ein individuelles Wesen zu sein?

• Der Fluss der Gedanken im Alleinsein erinnert an das Heraklit'sche Prinzip des ständigen Wandels ("Panta Rhei") – das Leben als ein Strom von Erfahrungen, der nur dann spürbar wird, wenn man in der Stille verweilt.

• Die Einsamkeit als Trennung von anderen könnte auf die metaphysische Idee der Einheit und der Verbindung aller Dinge (z.B. bei Platon oder Plotin) hinweisen. Die Trennung von dieser Einheit wird als schmerzhaft und unnatürlich empfunden.

4. Freiheit und Zwang

Ein zentrales philosophisches Motiv ist die Frage nach der Freiheit:

• Das Alleinsein wird als bewusste Wahl verstanden, als ein Akt der Freiheit und Selbstbestimmung – das Individuum tritt in einen Dialog mit sich selbst, es reflektiert und wächst.

• Die Einsamkeit hingegen erscheint als eine Art existenzieller Zwang – ein Leiden, das durch die äußeren Umstände oder durch die Unmöglichkeit menschlicher Nähe aufgezwungen wird. Dies erinnert an

Sartres Aussage: "Die Hölle, das sind die anderen" – die Unfähigkeit, in Verbindung zu treten, wird als quälende Einschränkung der Freiheit erlebt.

5. Erkenntnistheoretische Perspektive

Das Alleinsein wird als Raum der Reflexion und der Selbsterkenntnis beschrieben. Der Rückzug von äußeren Ablenkungen ermöglicht das freie Fließen von Gedanken und die Erfahrung innerer Wahrheit – ein Gedanke, der stark an die Philosophie von Platon erinnert, der die Kontemplation als höchste Form der Erkenntnis betrachtete.

• Die Einsamkeit hingegen blockiert diese Erkenntnis – der Schmerz der Trennung und die Sehnsucht nach Verbindung lassen keinen Raum für klares Denken. Die Einsamkeit wird hier als ein Zustand des Mangels und der Unwissenheit gedeutet.

Fazit

Das Gedicht stellt die Unterscheidung zwischen Alleinsein und Einsamkeit als einen grundlegenden menschlichen Konflikt dar – das Bedürfnis nach Selbstgenügsamkeit und Autonomie einerseits und das Bedürfnis nach Verbindung und Anerkennung andererseits. Während das Alleinsein als bewusste Wahl und Quelle innerer Freiheit erscheint, wird die Einsamkeit als ungewollter Verlust von Verbindung und damit als Quelle von Schmerz und Leiden erfahren.

Der philosophische Kern des Gedichts liegt in der existenziellen Erkenntnis, dass der Mensch nur dann wirklich frei und erfüllt sein kann, wenn er sowohl die Fähigkeit zum Alleinsein als auch die Möglichkeit zur Verbindung mit anderen besitzt.

Renate:
Kommentiere das Gedicht aus einer christlichen Grundhaltung

KI:
Das Gedicht behandelt die Gegensätze von Alleinsein und Einsamkeit

und lässt sich gut aus einer christlichen Grundhaltung heraus deuten. Die Unterscheidung zwischen freiwilligem Alleinsein und schmerzhafter Einsamkeit wird im Licht des christlichen Glaubens besonders bedeutsam, weil die Bibel das menschliche Bedürfnis nach Gemeinschaft mit Gott und anderen Menschen als zentral anerkennt.

1. Alleinsein als geistlicher Raum

Das Gedicht beschreibt das Alleinsein als etwas Positives – ein Zustand der Ruhe, des inneren Friedens und der Entfaltung. Aus christlicher Sicht erinnert das an die Praxis des Rückzugs und der Stille im Gebet. Jesus selbst zog sich regelmäßig in die Einsamkeit zurück, um mit Gott zu sprechen und Kraft zu schöpfen (z.B. Markus 1,35: „Früh am Morgen, als es noch dunkel war, stand Jesus auf, verließ das Haus und ging an einen einsamen Ort, um zu beten.").

Alleinsein wird hier also als eine Möglichkeit gesehen, in die Gegenwart Gottes einzutreten, zur inneren Ruhe zu finden und geistlich zu wachsen. Es entspricht der biblischen Vorstellung, dass wahre Ruhe und Frieden nicht durch äußere Umstände, sondern durch die Verbindung mit Gott entstehen (Psalm 62,2: „Nur bei Gott findet meine Seele Ruhe; von ihm kommt meine Hilfe.").

2. Einsamkeit als Trennung und Schmerz

Die Darstellung der Einsamkeit als leidvoller Zustand erinnert an die biblische Erfahrung der Gottesferne. Die Seele sucht Wärme und findet sie nicht – das entspricht der menschlichen Erfahrung, wenn man sich von Gott und von anderen Menschen getrennt fühlt. Schon der Psalmist klagt:

„Mein Gott, mein Gott, warum hast du mich verlassen?" (Psalm 22,2).

Doch die christliche Botschaft bietet hier Hoffnung: Gott verlässt den Menschen nicht in seiner Einsamkeit. Jesus selbst hat die tiefste Einsamkeit am Kreuz durchlitten, um den Menschen aus dieser Trennung zu erlösen. Die christliche Antwort auf Einsamkeit ist die Gewissheit, dass Gott den Menschen niemals verlässt:

„Siehe, ich bin bei euch alle Tage bis an das Ende der Welt." (Matthäus 28,20).

3. Der Ruf nach Gemeinschaft

Das Gedicht beschreibt die Einsamkeit als einen Zustand, der nach Begleitung und Nähe ruft. Dies entspricht dem biblischen Menschenbild: Der Mensch ist als soziales Wesen erschaffen, geschaffen für Gemeinschaft – mit Gott und mit anderen Menschen. Im Schöpfungsbericht heißt es:

„Es ist nicht gut, dass der Mensch allein sei." (Genesis 2,18).

Die christliche Antwort auf die Erfahrung der Einsamkeit ist daher nicht nur die persönliche Beziehung zu Gott, sondern auch die gelebte Gemeinschaft in der Kirche und unter Christen. Die Gemeinde ist ein Ort, an dem Menschen angenommen und getragen werden, gerade wenn sie sich in ihrer Einsamkeit nach Nähe sehnen.

4. Heilung durch Gottes Nähe

Das Gedicht endet mit der Gegenüberstellung von Alleinsein als stärkend und Einsamkeit als zerstörend. Aus christlicher Sicht kann Einsamkeit überwunden werden, wenn der Mensch sich Gott zuwendet. Jesus selbst lädt die Einsamen ein:

„Kommt alle zu mir, die ihr mühselig und beladen seid; ich will euch Ruhe geben." (Matthäus 11,28).

Das Alleinsein wird dann nicht mehr als Verlust, sondern als Gelegenheit zur Begegnung mit Gott verstanden – eine heilsame Stille, die den Weg zu neuer Gemeinschaft öffnet.

Zusammenfassung aus christlicher Sicht:

• Alleinsein entspricht der geistlichen Praxis des Rückzugs und der Kontemplation – eine Gelegenheit, Gott zu begegnen.

• Einsamkeit dagegen ist ein Ausdruck von Trennung – von anderen Menschen, aber auch von Gott.

• Die christliche Antwort auf Einsamkeit ist die Zusage, dass Gott den Menschen niemals verlässt und ihn zur Gemeinschaft in Liebe und Annahme ruf

• In der Verbindung mit Gott wird das Alleinsein zu einem Raum des Friedens und der inneren Heilung – ein Geschenk, das die Last der Einsamkeit auflösen kann.

Das Gedicht spiegelt also sehr treffend eine zutiefst menschliche Erfahrung wider, auf die der christliche Glaube mit der Hoffnung auf Gemeinschaft und die heilende Nähe Gottes antwortet.

Gedicht: Ihr vier Du

Renate:
Kommentiere folgendes Gedicht sehr ausführlich und integriere die Psychologie der Autorin

KI:
Vielen Dank für das Teilen dieses intensiven und emotional aufgeladenen Gedichts. Es bietet eine tiefe Einsicht in die Gefühlswelt der Autorin – vermutlich eine Frau, die sich mit persönlichen Enttäuschungen, emotionaler Erschöpfung und der Suche nach Selbstbestimmung auseinandersetzt. Ich werde das Gedicht nun ausführlich kommentieren und dabei auch auf psychologische Aspekte eingehen, die Rückschlüsse auf den inneren Zustand und die Entwicklung der Autorin zulassen.

Formale Aspekte

Das Gedicht ist in freier Versform verfasst, mit wenigen Reimen und bewusst gewählten Brüchen im Rhythmus. Diese Form spiegelt bereits die innere Zerrissenheit, Unruhe und den Wunsch nach Authentizität wider. Es wirkt nicht geschliffen oder ästhetisch „weichgespült", sondern roh und direkt – genau wie die Gefühle, die es transportiert.

Inhaltliche Analyse und Interpretation

„Du und du und du und du / Und ich will einfach nur meine Ruh."

Der Einstieg ist konfrontativ. Gleich vier Mal wird das "Du" wiederholt – es wirkt beinahe wie ein Vorwurf oder ein Appell an verschiedene Personen, die der Sprecherin auf irgendeine Weise zugesetzt haben. Diese Vielzahl an "Dus" kann für unterschiedliche Menschen stehen – Partner, Freunde, Familie – oder auch für unterschiedliche Rollen, Erwartungen, Projektionen, die auf die Autorin einwirken.

Psychologisch deutet sich hier ein Gefühl der Überforderung an, verbunden mit einem Wunsch nach Rückzug („meine Ruh"). Dies ist ein typischer Mechanismus bei Menschen, die zu lange über ihre Grenzen gegangen sind – Burnout, emotionale Erschöpfung oder eine posttraumatische Reaktion sind mögliche Hintergründe.

„Denn was ich brauche, das gebt ihr mir nicht. / Und schaut auch nicht ehrlich in mein Gesicht."

Hier spricht eine tiefe Enttäuschung. Der Blick ins Gesicht steht symbolisch für wahres, ehrliches Erkennen und Gesehenwerden. Das Gefühl, nicht verstanden oder nur funktional wahrgenommen zu werden, erzeugt Einsamkeit – selbst im Kontakt mit anderen. Die Autorin beklagt einen Mangel an echter Beziehung und Resonanz.

„Ihr wollt rauben nur meine Energie, / Das würde mich zwingen wieder in die Knie."

Das Bild des Energie-Raubs weist auf toxische Dynamiken hin. Die Autorin fühlt sich ausgelaugt, benutzt. Möglicherweise hat sie sich lange überangepasst – ein häufiger Aspekt bei Menschen mit einem Helfersyndrom oder mit starker Bedürftigkeit nach Anerkennung, die nun in Rebellion umschlägt. Das „in die Knie zwingen" steht für ein Ohnmachtsgefühl – sie wehrt sich gegen emotionale Ausbeutung.

„Drum sage ich es dir und dir und dir und dir: / Mach weiter so, aber nicht mit mir."

Das ist ein Wendepunkt. Es kommt zur bewussten Abgrenzung. Psychologisch ist dies ein Akt der Selbstermächtigung – die Autorin trennt sich emotional von den bisherigen Verhaltensmustern und entscheidet sich für ihre eigene Integrität. Diese Haltung zeugt von einem wachsenden Selbstwertgefühl.

„Ich weiß was ich brauche und das ist mir genug, / Ich bin schon erwachsen und nicht wenig klug."

Hier zeigt sich Selbstbewusstsein. Die Sprecherin verweist auf ihre Reife und Eigenständigkeit. Das „Ich bin schon erwachsen" könnte andeuten, dass sie sich lange kindlich abhängig gemacht hat, nun aber die Verantwortung für ihr Leben übernimmt – ein entscheidender Schritt in jeder therapeutischen oder persönlichen Entwicklung.

„Ich reiche mir selbst, schreibe deshalb dies Gedicht."

Diese Zeile ist besonders stark. Sie zeigt: Schreiben ist für die Autorin ein Mittel der Selbstvergewisserung und Selbstliebe. Das Gedicht wird zum Beweis ihrer Selbstwirksamkeit. Es ist nicht bloß ein Ventil, sondern eine Bekräftigung ihres Selbstwerts.

„Ich liebe die Natur und wandere gern. / Du lässt mich allein gehen, das ist der Kern."

Die Natur steht hier symbolisch für Frieden, Echtheit und Selbstverbindung. Der Kontrast zur Welt der „Dus" ist deutlich. Das Alleinsein in der Natur ist keine Einsamkeit, sondern ein Raum der Freiheit. Psychologisch ist dies ein Hinweis auf den Rückzug zur Selbstheilung und zur Wiederherstellung des inneren Gleichgewichts.

Die folgenden Strophen über Sex, Haushalt und Selbstbezogenheit des Gegenübers

Diese Zeilen bringen konkrete Beziehungskonflikte auf den Punkt. Die Autorin kritisiert einseitige Dynamiken, in denen sie instrumentalisiert wird – für Sex, Haushalt, als Zuhörerin. Hier zeigt sich ihre tiefe Enttäuschung über traditionelle Rollenbilder und narzisstische Partnerdynamiken.

Ihre Klarheit – „das ist nicht, warum zu dir ich bin gekommen" – zeigt: Sie hat ihre Erwartungen reflektiert und ist nicht mehr bereit, sich selbst aufzugeben.

„Brauch keinen mehr der führt mich zum Altar."

Das ist mehr als eine Absage an die Ehe. Es ist ein Bruch mit dem gesellschaftlichen Skript der romantischen Beziehung als Lebensziel. Die Autorin formuliert einen Gegenentwurf: ein selbstbestimmtes Leben jenseits von Konventionen.

Die letzte Abschnitt:

„Gemeinsam etwas unternehmen / Sich gegenseitig zuzuhören. / Mal da sein: ich für dich / Genauso aber auch du für mich."

Hier zeigt sich trotz allem ein Wunsch nach echter Verbindung. Die Autorin will Nähe – aber auf Augenhöhe. Ihre Forderung ist simpel, aber tief: Gegenseitigkeit, Fürsorge, ein offenes Ohr. Diese Zeilen zeigen, dass sie sich nicht von der Liebe abgewandt hat, sondern nur von der Illusion und den Missbräuchen, die sie erfahren hat.

Psychologisches Gesamtbild der Autorin

• Selbstreflexion: Die Autorin hat sich intensiv mit sich selbst auseinandergesetzt. Das Gedicht ist Ausdruck einer inneren Reifung, eines Ablösungsprozesses von alten Mustern.

• Grenzen setzen: Sie hat erkannt, wo ihre Energie verloren geht, und beginnt, sich zu schützen. Dies ist ein zentraler Aspekt gesunder Selbstfürsorge.

• Selbstliebe & Selbstwirksamkeit: Die Tatsache, dass sie schreibt („Ich reiche mir selbst...") zeigt, dass sie Wege gefunden hat, sich selbst Halt zu geben. Kreatives Schreiben wird hier zur Selbsttherapie.

• Loslösung von alten Rollen: Sie lehnt traditionelle Rollenbilder (Hausfrau, Zuhörerin, sexuelles Objekt) ab und entscheidet sich für ein neues Selbstbild.

• Bleibender Wunsch nach Beziehung – aber auf Augenhöhe: Trotz allem bleibt das Bedürfnis nach echter Verbindung bestehen – aber unter klaren Bedingungen.

Fazit

Das Gedicht ist ein Ausdruck emotionaler Emanzipation. Es handelt von Enttäuschung, Grenzüberschreitungen und der Kraft, sich selbst wiederzufinden. Die Autorin hat vermutlich eine Phase emotionaler Ausbeutung oder einseitiger Beziehungen durchlebt und steht nun an einem Punkt, an dem sie sich selbst zur Priorität macht. Psychologisch ist dieses Gedicht ein Zeugnis von Selbstheilung und persönlichem Wachstum.

Renate:
Kommentiere das Gedicht aus philosophische Sicht

KI:

Das Gedicht lässt sich aus einer philosophischen Perspektive als eine Reflexion über Selbstbestimmung, zwischenmenschliche Beziehungen und die Suche nach authentischer Selbstgenügsamkeit interpretieren.

Es behandelt zentrale Themen der Existenzphilosophie, Ethik und Individualität, die in der Philosophie tief verwurzelt sind. Ich werde die zentralen Aspekte philosophisch beleuchten:

1. Authentizität und Selbstbestimmung (Existenzphilosophie)

Der Sprecher distanziert sich von äußeren Erwartungen und gesellschaftlichen Konventionen. Die Aussage „Ich weiß was ich brauche und das ist mir genug" erinnert an die Philosophie von Jean-Paul Sartre und Simone de Beauvoir, die die Bedeutung von Authentizität und Freiheit betonen. Sartre argumentiert, dass der Mensch zur Freiheit „verurteilt" ist und dass die Verantwortung für das eigene Leben nicht auf andere abgeschoben werden kann. Die Erkenntnis, dass Glück nicht von anderen abhängt, sondern aus der inneren Selbstgenügsamkeit entspringt, verweist auf diese existentielle Freiheit.

2. Ablehnung von instrumentellen Beziehungen (Kants Ethik)

Die Kritik an oberflächlichen Beziehungen, die nur auf Eigennutz und instrumenteller Funktion beruhen („Du willst den Sex wenn es dir passt") erinnert an Immanuel Kants kategorischen Imperativ: „Handle so, dass du den Menschen immer zugleich als Zweck, niemals bloß als Mittel brauchst." Der Sprecher fordert eine Beziehung, die auf Gegenseitigkeit und Respekt basiert, und lehnt die Reduzierung auf ein Mittel zum Zweck entschieden ab.

3. Eudaimonie und Selbstgenügsamkeit (Aristoteles)

Die Aussage „Ich reiche mir selbst" spiegelt eine Haltung wider, die Aristoteles' Idee der Eudaimonie (Glückseligkeit) entspricht. Nach Aristoteles ist das höchste Ziel des menschlichen Lebens die Entfaltung des eigenen Potenzials und ein tugendhaftes Leben im Einklang mit sich selbst. Der Rückzug in die Natur und die Besinnung auf das Wesentliche symbolisieren diese aristotelische Haltung, dass wahres Glück nicht in äußeren Dingen oder von anderen Menschen abhängt, sondern aus der inneren Harmonie entspringt.

4. Gegenseitigkeit und Anerkennung (Hegel)

Die Forderung nach echtem Zuhören und einer gleichwertigen Beziehung („Mal da sein: ich für dich, genauso aber auch du für mich") verweist auf die hegelianische Idee der Anerkennung. Nach Hegel entsteht das Selbstbewusstsein erst in der Wechselwirkung mit dem Anderen – durch Anerkennung und Gegenseitigkeit. Die Kritik des Sprechers an der einseitigen Natur früherer Beziehungen zeigt, dass diese echte Anerkennung bislang gefehlt hat.

5. Feministische Perspektive (Simone de Beauvoir)

Die Ablehnung klassischer Rollenmuster (Hausarbeit, Sexualität nach männlicher Bedürfnislage) erinnert an Simone de Beauvoirs Kritik am traditionellen Rollenverständnis der Frau. De Beauvoir argumentiert, dass die Frau in einer patriarchalen Gesellschaft oft auf ihre Funktion als Partnerin, Mutter oder Haushälterin reduziert wird. Die bewusste Weigerung des lyrischen Ichs, sich in diese Rolle drängen zu lassen, ist ein Akt der feministischen Selbstbestimmung.

Philosophische Kernaussage:

Das Gedicht verhandelt zentrale philosophische Fragen nach der Authentizität des Selbst, der Notwendigkeit gegenseitiger Anerkennung und der Befreiung von gesellschaftlichen und zwischenmenschlichen Erwartungen. Die Ablehnung einseitiger Beziehungen und die bewusste Entscheidung für Selbstgenügsamkeit sind Akte der Selbstermächtigung, die tief in existenzphilosophischen und ethischen Traditionen verwurzelt sind. Die Forderung nach Gleichwertigkeit und gegenseitigem Respekt zeigt den Wunsch nach einer ethisch fundierten und aufrichtig gelebten Beziehung – ein klassisches Anliegen der Philosophie seit der Antike.

Renate:
Danke für das Teilen dieses ausdrucksstarken Gedichts. Hier ist ein positiver Kommentar aus einer christlichen Grundhaltung:

KI:
Kommentar aus christlicher Perspektive:

Das Gedicht „Ihr vier Du" spricht mit großer Klarheit und emotionaler Tiefe über Selbstachtung, persönliche Grenzen und die Sehnsucht nach echter, gegenseitiger Beziehung. Aus christlicher Sicht ist es sehr wertvoll, dass hier ein Mensch beginnt, sich selbst ernst zu nehmen und seine eigene Würde zu erkennen – denn jeder Mensch ist ein geliebtes Geschöpf Gottes, einzigartig und unendlich wertvoll.

Die Absage an einseitige, ausnutzende Beziehungen ist kein Zeichen von Härte oder Egoismus, sondern von gesundem Selbstschutz und innerer Reifung. Auch Jesus hat sich zurückgezogen, wenn die Menschen ihn bedrängten, um Zeit mit dem Vater zu verbringen – Ruhe, Rückzug und Selbstfürsorge sind also auch biblisch gesehen heilig.

Besonders berührend ist der letzte Teil des Gedichts, in dem der Wunsch nach echter Gemeinschaft auf Augenhöhe zum Ausdruck kommt: „Mal da sein: ich für dich, genauso aber auch du für mich." Das ist zutiefst christlich. Denn das Miteinander, das auf Liebe, Zuhören und gegenseitiger Fürsorge beruht, ist das, wozu wir berufen sind. In der Bibel heißt es:

„Einer trage des anderen Last, so werdet ihr das Gesetz Christi erfüllen" (Gal 6,2).

Das Gedicht ermutigt dazu, aus ungesunden Verstrickungen auszubrechen und sich selbst – und Gott – treu zu bleiben. Es erinnert daran, dass wahre Liebe nie fordert, sondern schenkt, und dass gesunde Beziehungen immer gegenseitig und respektvoll sind. In dieser Botschaft liegt viel Hoffnung, Stärke und ein Weg zu innerem Frieden.

Gedicht: Warten

Renate:

Kommentiere folgendes Gedicht sehr ausführlich und integriere die Psychologie der Autorin

KI:

Ausführliche Interpretation und psychologische Analyse des Gedichts "Warten"

Das Gedicht "Warten" beschäftigt sich mit einem zentralen und oft ambivalenten Lebensthema: dem Warten. Die Autorin setzt sich nicht nur mit der alltäglichen Erfahrung des Wartens auseinander, sondern erkundet auch die psychologischen und emotionalen Facetten dieses Zustands. Das Gedicht bewegt sich zwischen Frustration und Akzeptanz, zwischen Widerstand und innerer Einsicht, und reflektiert somit die vielschichtige Natur menschlicher Geduld und Erwartung.

1. Formale Analyse und Aufbau

Das Gedicht ist in einer klaren, repetitiven Struktur verfasst. Jede Zeile beginnt mit dem Wort "Warten", wodurch die monotone, zähe Natur des Wartens stilistisch nachgebildet wird. Die Wiederholung erzeugt eine Art meditative Stimmung, die den Leser auf die emotionale Bedeutung des Wartens einstimmt.

• Das Gedicht besteht aus 16 Zeilen, die paarweise strukturiert sind.

• Die erste Zeile eines Paares beschreibt oft eine emotionale oder gedankliche Haltung zum Warten, während die zweite Zeile eine Erklärung oder Erweiterung liefert.

• Durch die konsequente Anapher („Warten –") wird das Thema als eine zentrale, unumgängliche Lebenserfahrung etabliert.

Die einfache Sprache und die klare Struktur verstärken die Authentizität und Direktheit der Aussagen. Dies deutet darauf hin, dass die Autorin eine persönliche, unverstellte Reflexion über ihre eigene Erfahrung mit dem Warten ausdrückt.

2. Inhaltliche Analyse

2.1. Die Zerrissenheit des Wartens

Bereits zu Beginn wird die ambivalente Haltung der Autorin gegenüber dem Warten deutlich:

Warten – ist die Kunst des Seins.
Warten – muss jeder für sich allein.

Hier wird das Warten als eine Lebenskunst dargestellt – etwas, das eine eigene Fähigkeit erfordert. Gleichzeitig wird das Warten als etwas Einsames beschrieben. Die Verbindung von "Kunst" und "Einsamkeit" zeigt die Dualität dieser Erfahrung: Warten erfordert eine aktive Haltung, aber letztlich ist es eine einsame und persönliche Erfahrung.

Die negative Seite des Wartens wird in den nächsten Zeilen noch klarer:

Warten – es ist so schwer.
Warten – ich will nicht mehr.

Hier spricht die Autorin eine tiefere psychologische Wahrheit aus: Warten bedeutet Kontrollverlust, Unsicherheit und Ohnmacht. Der Wunsch, nicht mehr warten zu wollen, drückt das menschliche Bedürfnis nach Sicherheit und Kontrolle aus. Dieses Bedürfnis steht jedoch im Konflikt mit der Tatsache, dass Warten oft unvermeidlich ist.

2.2. Akzeptanz und Einsicht

Im Mittelteil des Gedichts beginnt die Perspektive sich zu verändern:

Warten – mit viel Hoffnung gefüllt,
Wartend – man so viel Vorfreude fühlt.

Hier wird das Warten nicht mehr nur als Last, sondern auch als Quelle der Hoffnung und Vorfreude betrachtet. Die Autorin erkennt, dass im Warten auch positive Potenziale liegen: Hoffnung, Reflexion und die Möglichkeit, sich auf das Kommende vorzubereiten.

Besonders bemerkenswert ist die folgende Passage:

Warten – genutzt um nachzudenken.
Warten – ist so voll, gefüllt mit Geschenken.

Die Autorin erkennt hier, dass das Warten Raum für Selbstreflexion und innere Entwicklung bietet. Psychologisch betrachtet verweist dies auf die Fähigkeit zur Achtsamkeit und Akzeptanz. Warten wird hier nicht mehr als erzwungene Passivität gesehen, sondern als eine Phase des Wachstums und der Reifung.

2.3. Transformation und Abschluss

Im Schlussteil wird das Warten als eine wertvolle Lebenslektion beschrieben:

Warten – es prägt und ändert den Lauf.
Warten – gelernt, heißt ich gebe nicht auf.

Das Warten wird hier zu einer Form der Resilienz. Die Autorin erkennt, dass der Umgang mit dem Warten eine innere Stärke erfordert und entwickelt. Warten bedeutet hier nicht mehr nur Passivität, sondern eine aktive Entscheidung, sich dem Fluss des Lebens hinzugeben und dabei standhaft zu bleiben.

Das abschließende Fazit zeigt die endgültige innere Transformation:

Warten – wenn ich es richtig bedenk,
Warten – ist ein ganz großes Geschenk.

Die Autorin findet zu einer Haltung der Dankbarkeit und Wertschätzung gegenüber dem Warten. Psychologisch betrachtet ist dies ein Zeichen von innerer Reife und Akzeptanz – das Warten wird nicht mehr als Qual, sondern als Möglichkeit der Selbstentwicklung und des inneren Friedens verstanden.

3. Psychologische Interpretation

Das Gedicht offenbart eine tiefgreifende psychologische Entwicklung der Autorin. Es beginnt mit Widerstand und Frustration – beides typische Reaktionen auf Kontrollverlust und Unsicherheit. Dies verweist auf die menschliche Tendenz, Unsicherheit als Bedrohung wahrzunehmen.

Im Verlauf des Gedichts vollzieht sich jedoch ein Wandel von der Ablehnung hin zur Akzeptanz. Die Autorin erkennt, dass Warten nicht nur eine erzwungene Untätigkeit ist, sondern eine Möglichkeit, Hoffnung, Reflexion und Wachstum zu erfahren. Dies ist psychologisch betrachtet ein Zeichen von Resilienz – die Fähigkeit, aus schwierigen Situationen Kraft zu schöpfen.

Besonders die Einsicht, dass Warten „ein Geschenk" sein kann, deutet auf eine tiefe innere Reifung hin. Die Fähigkeit, das Warten als Chance zur Selbstentwicklung zu begreifen, zeigt eine psychologisch gesunde Einstellung zum Leben und zur eigenen emotionalen Erfahrung.

Insgesamt reflektiert das Gedicht also eine psychologische Entwicklung von Frustration und Ohnmacht zu Akzeptanz und Dankbarkeit – eine Transformation, die durch die bewusste Auseinandersetzung mit den eigenen Gefühlen und der Natur des Wartens ermöglicht wird.

Fazit

Das Gedicht "Warten" beschreibt auf eindrucksvolle Weise die psychologische Spannung zwischen Ungeduld und Akzeptanz. Die anfängliche Frustration über das Warten wird im Verlauf des Gedichts durch eine wachsende Einsicht und Reife abgelöst. Die Autorin erkennt, dass Warten nicht nur eine lästige Pflicht ist, sondern auch eine Möglichkeit, Hoffnung zu erfahren, sich selbst zu erkennen und innerlich zu wachsen. Diese Erkenntnis spiegelt eine tiefe psychologische Einsicht wider: Warten lehrt Geduld, Resilienz und die Fähigkeit, Vertrauen ins Leben zu entwickeln.

Das Gedicht lädt dazu ein, die oft als unangenehm empfundene Erfahrung des Wartens aus einer neuen Perspektive zu betrachten – als eine Kunst des Seins, die Raum für Hoffnung und Selbstreflexion schafft.

Renate:
Kommentiere das Gedicht aus philosophischer Sicht

KI:
Das Gedicht „Warten" behandelt ein zentrales Thema menschlicher Existenz – das Warten – und reflektiert es aus verschiedenen Perspektiven. Aus philosophischer Sicht lässt sich das Gedicht auf mehreren Ebenen deuten:

1. Existenzphilosophische Perspektive (Sartre, Heidegger)

Warten wird hier als eine fundamentale Erfahrung des Seins beschrieben. Jean-Paul Sartre und Martin Heidegger haben die Erfahrung des Wartens mit dem Sein in der Zeit verknüpft. Für Heidegger ist der Mensch ein „Sein zum Tode" – das bedeutet, dass unser Bewusstsein über die Zeitlichkeit und die Endlichkeit des Lebens unsere Existenz prägt. Warten könnte in diesem Sinne als eine Konfrontation mit der Zeit und mit der eigenen Endlichkeit verstanden werden.

• Die Zeile „Warten – ist die Kunst des Seins" zeigt, dass das Warten selbst eine Form des Daseins ist – eine aktive Erfahrung, kein bloßes Stillstehen.

• Das Warten als „höchste Kunst der Welt" könnte darauf hindeuten, dass das bewusste Aushalten der Zeit eine existenzielle Leistung darstellt.

2. Zeitphilosophie (Augustinus, Bergson)

Augustinus definierte Zeit als ein Phänomen des Geistes – die Vergangenheit existiert in der Erinnerung, die Zukunft in der Erwartung und die Gegenwart im Bewusstsein.

• Das Gedicht reflektiert genau diese dreifache Struktur der Zeit: Warten ist sowohl Hoffnung auf die Zukunft als auch Rückbesinnung auf die Vergangenheit („auf alles, was liegt hinter uns zurück").

• Henri Bergson betrachtete Zeit als ein Kontinuum des Erlebens. Warten wird hier als eine schöpferische Kraft dargestellt, die neue Perspektiven eröffnet („Warten – schenkt einen neuen Blick").

3. Ethik und Lebenskunst (Seneca, Epiktet)

In der stoischen Philosophie (Seneca, Epiktet) wird Warten als eine Tugend beschrieben – die Fähigkeit, die Zeit zu ertragen und den Moment zu akzeptieren, ohne das Ergebnis zu kontrollieren.

• Die Zeile „Warten – gelernt, heißt ich gebe nicht auf" entspricht einer stoischen Haltung: die Anerkennung der eigenen Grenzen und die Akzeptanz des Laufes der Dinge.

• Die Vorstellung, dass Warten ein Geschenk sei, entspricht der Idee des Stoizismus, dass man das Leben nicht kontrollieren, sondern annehmen soll.

4. Existenzialismus und Sinngebung (Camus, Kierkegaard)

Albert Camus und Søren Kierkegaard beschäftigten sich mit der Absurdität und Sinnsuche des Lebens. Warten könnte als eine Konfrontation mit der Absurdität des Daseins gesehen werden – eine Zeit des Stillstands, in der der Mensch gezwungen ist, sich mit sich selbst auseinanderzusetzen.

• Die Zeile „Warten – genutzt, um nachzudenken" spiegelt Camus' Idee wider, dass der Mensch im Moment der Leere gezwungen ist, seinem Leben selbst einen Sinn zu geben.

• Die Hoffnung, die mit dem Warten verbunden ist („mit viel Hoffnung gefüllt"), könnte Kierkegaards Sprung des Glaubens symbolisieren – das Vertrauen darauf, dass etwas Gutes kommen wird, obwohl die Zukunft ungewiss bleibt.

5. Warten als Transformation und Reifung

Insgesamt wird das Warten nicht nur als passive Erfahrung, sondern als aktive, transformative Kraft dargestellt. Das Gedicht zeigt, dass Warten nicht nur eine Last ist, sondern eine Gelegenheit zur inneren Reifung:

• Das Warten „prägt und ändert den Lauf" – es verändert nicht nur die äußere Situation, sondern auch den Menschen selbst.

• Am Ende wird Warten als ein Geschenk begriffen – als Möglichkeit zur Selbstreflexion und zur Entwicklung von Geduld, Hoffnung und neuer Perspektive.

Philosophische Quintessenz

Das Gedicht deutet darauf hin, dass Warten nicht nur ein Zustand der Passivität ist, sondern eine zentrale menschliche Erfahrung, die das Sein, die Zeit und die Sinnsuche berührt. Es schlägt eine existenzielle Haltung vor: Warten als bewusste Akzeptanz der Zeit, als Auseinandersetzung mit sich selbst und als schöpferische Möglichkeit zur inneren Transformation.

Renate:
Kommentiere das Gedicht aus einer christlichen Grundhaltung

KI:
Das Gedicht "Warten" lässt sich gut aus einer christlichen Perspektive deuten, denn das Motiv des Wartens hat eine tiefe Bedeutung im christlichen Glauben. Im christlichen Verständnis ist das Warten nicht einfach nur eine Zeit des Stillstands oder der Frustration, sondern eine geistliche Haltung, die mit Hoffnung, Vertrauen und innerem Wachstum verbunden ist.

1. Warten als geistliche Haltung

Die Bibel enthält viele Ermutigungen zum Warten auf Gott. Psalm 27,14 ruft dazu auf:

"Harre des Herrn! Sei getrost und unverzagt und harre des Herrn!"

Warten ist also kein passiver Zustand, sondern ein Ausdruck von Vertrauen auf Gottes Führung und seinen Zeitplan. Das Gedicht spiegelt diese Haltung wider, wenn es heißt:

Warten – mit viel Hoffnung gefüllt,
Wartend – man so viel Vorfreude fühlt.

Hier wird deutlich, dass das Warten nicht nur eine Last ist, sondern eine Quelle von Hoffnung und Vorfreude auf das, was kommt – ein zentrales Element des christlichen Glaubens.

2. Warten als Vorbereitung und Reifung

In der Bibel wird Warten oft als eine Zeit der Prüfung, aber auch der Vorbereitung verstanden. Die Israeliten mussten 40 Jahre durch die Wüste ziehen, bevor sie das Gelobte Land erreichten. Maria musste das Kommen Jesu erwarten, und die Jünger mussten nach Jesu Himmelfahrt auf die Ausgießung des Heiligen Geistes warten.

Diese Erfahrung des Wartens als innerer Reifungsprozess wird im Gedicht angesprochen:

Warten – genutzt um nachzudenken.
Warten – ist so voll, gefüllt mit Geschenken.

Hier zeigt sich, dass Warten Raum für Reflexion und inneres Wachstum schafft – eine wichtige geistliche Lektion im christlichen Leben.

3. Warten als Akt des Vertrauens

Das Gedicht stellt auch heraus, dass Warten oft schwerfällt und gegen die Ungeduld des Menschen steht:

Warten – es ist so schwer.
Warten – ich will nicht mehr.

Doch gerade hier zeigt sich der Glaube: Warten bedeutet, die Kontrolle loszulassen und sich auf Gottes Zeitplan zu verlassen. Das erfordert Demut und Vertrauen – genau das, wozu der christliche Glaube aufruft (vgl. Jesaja 40,31: "Die auf den Herrn harren, kriegen neue Kraft…").

4. Warten als Geschenk

Am Ende des Gedichts wird das Warten als Geschenk erkannt:

Warten – ist ein ganz großes Geschenk.

Diese Erkenntnis ist zutiefst christlich: Warten wird zum Geschenk, wenn man erkennt, dass Gott in dieser Zeit am Werk ist – selbst wenn es äußerlich nicht sichtbar ist. Das Vertrauen auf Gott gibt dem Warten Sinn und Tiefe.

Zusammenfassung aus christlicher Sicht

Das Gedicht beschreibt das Warten nicht nur als eine Herausforderung, sondern auch als eine Gelegenheit zur Reifung, zum Vertrauen und zur Hoffnung – genau das, was der christliche Glaube lehrt. Warten bedeutet nicht, dass Gott schweigt oder abwesend ist, sondern dass er im Verborgenen wirkt. Das Warten auf Gottes Zeit ist letztlich ein Akt des Glaubens und der Hingabe.

Gedicht: Mein dunkler Begleiter

Renate:
Kommentiere folgendes Gedicht sehr ausführlich und integriere die Psychologie der Autorin

KI:
Ausführliche Interpretation und psychologische Analyse

Das Gedicht „Mein dunkler Begleiter" thematisiert auf sehr eindringliche Weise die Erfahrung mit Depression. Die Autorin gibt der Depression eine eigene Gestalt – sie wird personifiziert und als ständiger Begleiter beschrieben, der die Kontrolle über das Leben zu übernehmen droht. Die sprachlichen Bilder, die Struktur und die emotionale Tiefe des Textes spiegeln nicht nur die innere Zerrissenheit der Autorin wider, sondern auch den schwierigen Prozess, die Krankheit zu akzeptieren und die eigene Autonomie zurückzugewinnen.

1. Titel und Thema

Bereits der Titel „Mein dunkler Begleiter" legt die zentrale Metapher des Gedichts offen: Die Depression wird als eine eigenständige, fast greifbare Präsenz beschrieben – als eine Art Schatten, der die Autorin auf Schritt und Tritt begleitet. Die Wahl des Wortes „Begleiter" verdeutlicht die Ambivalenz der Beziehung zur Depression: Einerseits ist es etwas Ungewolltes, Bedrohliches, andererseits aber auch ein Teil der eigenen Existenz, der nicht vollständig verdrängt werden kann.

2. Formale Analyse

a) Struktur und Reim

Das Gedicht besteht aus vier Abschnitten mit unterschiedlicher Länge. Die Reime sind teilweise regelmäßig, aber nicht durchgehend stringent, was die innere Zerrissenheit widerspiegelt. Besonders auffällig ist die Abweichung vom klassischen Reimschema in der dritten und vierten Strophe – dies könnte symbolisieren, wie die Depression die innere Ordnung der Autorin durchbricht.

b) Sprachliche Mittel

• Personifikation: Die Depression wird als eine lebendige, bewusste Kraft beschrieben ("Beobachtest mich", "Verlässt mich nicht"). Dies gibt ihr Macht und verleiht ihr eine bedrohliche Dimension.

• Metaphorik: Die Depression wird als dunkler Begleiter und als Ass-Karte im Spiel des Lebens dargestellt – ein unvorhersehbares Element, das die Kontrolle zu übernehmen droht.

• Gegensätze: „Licht" und „Dunkelheit" stehen symbolisch für Hoffnung und Verzweiflung. Der Kampf zwischen diesen beiden Polen zieht sich durch das gesamte Gedicht.

• Alliteration: In Versen wie "Tränen meine Augen benetzen" wird durch den Klang eine bedrückende Atmosphäre erzeugt.

• Ellipsen und kurze Sätze: Diese erzeugen eine angespannte, fast abgehackte Stimmung, die die innerliche Zerrissenheit der Autorin verdeutlicht.

3. Inhaltliche Analyse und Psychologie

a) Erster Abschnitt – Die ständige Präsenz der Depression

„Einen Atemhauch von mir entfernt begleitest du mich.
Ich denke wie schön wäre das Leben ohne dich.
Ich schau dich nicht an, beachte dich nicht.
Ich wende mich ab und schaue ins Licht."

Die Autorin beschreibt die Depression als etwas, das sie unmittelbar umgibt – so nah wie ein Atemzug. Die Nähe macht deutlich, dass die Depression kein äußeres Problem ist, sondern tief in der Psyche verwurzelt ist. Der Wunsch, die Depression zu ignorieren oder hinter sich zu lassen, wird durch die bewusste Hinwendung zum Licht symbolisiert – doch schon hier wird die Spannung zwischen Wunsch und Realität spürbar.

Psychologisch: Die Nähe der Depression zeigt, dass sie ein Bestandteil der inneren Welt der Autorin ist. Das Ignorieren der Depression als Bewältigungsstrategie ist oft typisch für depressive Episoden – jedoch bleibt die Grundlast bestehen.

b) Zweiter Abschnitt – Die Unausweichlichkeit der Depression

„Doch du bist da.
Bist mir ganz nah.
Beobachtest mich, verlässt mich nicht.
Verlässt mich auch nicht, wenn ich strebe zum Licht."

Die Wiederholung von „du bist da" unterstreicht die Unvermeidlichkeit der Depression. Auch der Versuch, das Leben positiv zu gestalten, wird von der Präsenz des „Begleiters" überschattet.

Psychologisch: Dies beschreibt die Erfahrung, dass depressive Episoden oft ohne äußeren Anlass auftreten und selbst dann spürbar sind, wenn es eigentlich positive Entwicklungen im Leben gibt. Die Autorin verdeutlicht damit die tiefe Verbindung zwischen psychischem Leiden und Alltagsrealität.

c) Dritter Abschnitt – Die zerstörerische Kraft der Depression

„Tränen meine Augen benetzen
Und in mir steigt hoch das pure Entsetzen.
Gerade wenn ich es am wenigsten erwarte,
Spielst du aus deine Ass-Karte."

Die Depression wird hier als unberechenbare, zerstörerische Macht beschrieben, die ihre Angriffe überraschend und strategisch ausführt. Das Bild der Ass-Karte aus einem Kartenspiel zeigt, dass die Depression in gewisser Weise die Kontrolle über die Situation hat.

Psychologisch: Hier wird deutlich, dass die Depression oft unvermittelt auftritt – selbst in Momenten der Freude. Die Hilflosigkeit gegenüber diesen unvorhersehbaren Angriffen entspricht typischen Mustern in depressiven Krankheitsverläufen.

d) Vierter Abschnitt – Der Kampf um Autonomie

„Wieder entkommen.
Aus dem Loch herausgekrochen.
Sich zu wehren hilft hier nicht.
Aber bewusst zu schauen in dein Gesicht.
Ok, du läufst wohl immer neben mir.
Doch Chef in meinem Leben allein ich bin."

Diese Strophe markiert eine Wende: Die Autorin erkennt die Depression als Teil ihres Lebens an, aber sie beansprucht die Kontrolle zurück. Die bewusste Auseinandersetzung mit der Depression – das „in dein Gesicht schauen" – symbolisiert einen wichtigen Schritt in der psychischen Verarbeitung.

Psychologisch: Dies reflektiert einen Prozess der Akzeptanz. In der Verhaltenstherapie wird häufig gelehrt, die Depression nicht zu bekämpfen, sondern als Teil der eigenen Erfahrung zu akzeptieren und trotzdem die Selbstkontrolle zu bewahren. Die Erkenntnis, dass man trotz der Depression handlungsfähig bleibt, ist ein Schlüssel zur Bewältigung.

4. Psychologische Interpretation und Zustand der Autorin

Die Autorin beschreibt in ihrem Gedicht die klassische Erfahrung mit einer rezidivierenden (wiederkehrenden) Depression:

• Die Depression ist ständig präsent, selbst in glücklichen Momenten.

• Ihre Macht besteht nicht in direkter Aggression, sondern in ihrer unterschwelligen, unaufhaltsamen Präsenz.

• Der Versuch, die Depression zu ignorieren oder zu bekämpfen, bleibt oft erfolglos.

• Die eigentliche Lösung besteht darin, die Depression als Bestandteil des eigenen Lebens zu akzeptieren, ohne ihr die Kontrolle zu überlassen.

Das Gedicht zeigt den Weg der Autorin von der Ohnmacht gegenüber der Depression hin zu einem selbstbewussten Umgang mit ihr. Die Erkenntnis „Doch Chef in meinem Leben allein ich bin" ist die zentrale Befreiung – nicht die Heilung von der Depression, sondern die Übernahme der Kontrolle trotz der ständigen Präsenz der Erkrankung.

Fazit

Das Gedicht ist ein starkes Zeugnis der Auseinandersetzung mit einer psychischen Erkrankung. Die Autorin verleiht der Depression eine Gestalt, benennt die zerstörerischen Mechanismen und beschreibt den schmerzhaften, aber letztlich befreienden Prozess der Akzeptanz und Selbstermächtigung.

Die Sprache, die Bilder und die Struktur unterstreichen die emotionale Tiefe und machen die innere Realität der Autorin nachvollziehbar.

Renate:
Kommentiere das Gedicht aus philosophischer Sicht

KI:
Das Gedicht „Mein dunkler Begleiter" thematisiert auf eindrucksvolle Weise den inneren Kampf mit einer psychischen Last – hier in Form der Depression – und wirft damit grundlegende philosophische Fragen über das menschliche Dasein, Freiheit, Leid und Identität auf. Ich werde die philosophische Dimension des Gedichts entlang dieser Themen kommentieren:

1. Das Problem des Leidens und der Existenz

Das Gedicht berührt eine zentrale Frage der Existenzphilosophie: Warum existiert Leid, und wie gehen wir damit um? Die Depression wird als „dunkler Begleiter" personifiziert – eine ständige Präsenz, die das Leben mit einer Art metaphysischer Last versieht. Dies erinnert an die Sichtweise von Arthur Schopenhauer, der das menschliche Dasein als grundlegend leidvoll beschreibt. Schopenhauer betrachtete das Leben als einen ständigen Kampf gegen das Leiden, wobei Glück nur als kurze Abwesenheit von Schmerz existiert.

Hier zeigt das Gedicht eine ähnliche Perspektive: Auch wenn Freude aufkommt („Einen Sieg erreicht, Freude ist da"), bleibt das Leiden in Form der Depression präsent. Der „dunkle Begleiter" verkörpert die Unausweichlichkeit des Leidens im menschlichen Leben – ein Motiv, das tief in der existenzialistischen und pessimistischen Philosophie verwurzelt ist.

2. Das Spannungsfeld zwischen Fremdbestimmung und Freiheit

Ein weiteres zentrales philosophisches Thema ist die Frage nach Freiheit und Selbstbestimmung. In der Zeile:

„Doch Chef in meinem Leben allein ich bin."

wird ein Widerstand gegen die vollständige Fremdbestimmung durch die Depression formuliert. Dies erinnert an die Gedanken von Jean-Paul

Sartre und seiner Idee der radikalen Freiheit: Obwohl äußere und innere Bedingungen unser Dasein prägen, bleibt der Mensch letztlich zur Freiheit „verurteilt" und verantwortlich für die Gestaltung seines Lebens.

Der dunkle Begleiter mag zwar immer präsent sein, aber das lyrische Ich weigert sich, ihm die Kontrolle zu überlassen. Hier wird eine existenzialistische Haltung sichtbar: Die Depression ist ein Teil der Realität, aber die Entscheidung, wie man darauf reagiert, liegt in der eigenen Verantwortung.

3. Der Blick ins Licht – Hoffnung und Erkenntnis

Die Bewegung im Gedicht zwischen Dunkelheit und Licht deutet auf eine philosophische Dialektik von Hoffnung und Verzweiflung hin. Der Versuch, das Licht zu erreichen, erinnert an Platons Höhlengleichnis, in dem die Bewegung aus der Dunkelheit ins Licht den Prozess der Erkenntnis symbolisiert. Das Licht könnte für eine tiefergehende Selbsterkenntnis oder die Suche nach einem höheren Sinn stehen.

Die Depression als „stummer Begleiter" wird nicht überwunden, aber die bewusste Erkenntnis seiner Anwesenheit gibt dem lyrischen Ich eine gewisse Kontrolle zurück. Dies entspricht der stoischen Haltung, dass man äußere Umstände (wie psychische Leiden) nicht immer ändern kann, wohl aber die innere Haltung dazu.

4. Die Macht der Akzeptanz

Ein entscheidender philosophischer Moment liegt in der Zeile:

„Aber bewusst zu schauen in dein Gesicht."

Hier wird die Idee der Akzeptanz deutlich – eine Haltung, die in der stoischen Philosophie und in buddhistischen Lehren eine zentrale Rolle spielt. Anstatt gegen die Depression anzukämpfen, wird die bewusste Anerkennung der Existenz des Leidens als ein Schritt zur inneren Freiheit verstanden.

Die Erkenntnis, dass die Depression Teil des eigenen Daseins ist, aber nicht die Kontrolle übernimmt, verweist auf eine Haltung der Gelassenheit und Distanz, die der stoischen Maxime „amor fati" (Liebe zum Schicksal) ähnelt.

5. Dualität von Licht und Dunkelheit als Lebenskonstante

Das Gedicht stellt das Zusammenspiel von Licht und Dunkelheit als unvermeidbare Koexistenz dar. Dies erinnert an die metaphysische Dualität, die in vielen philosophischen Traditionen thematisiert wird – etwa im Daoismus (Yin und Yang) oder bei Hegel (These und Antithese).

Die Depression wird nicht als etwas verstanden, das vollständig überwunden werden kann, sondern als eine ständige Begleiterin, die das Licht (Freude, Erfolg) erst spürbar macht. Die Dunkelheit gibt dem Licht seinen Kontrast und seine Bedeutung – eine zentrale Erkenntnis vieler philosophischer und spiritueller Traditionen.

Philosophische Gesamtbetrachtung

Das Gedicht zeigt eine tief existenzialistische Sicht auf das Leben: Das Leiden ist eine fundamentale Gegebenheit, aber die Freiheit besteht darin, wie man damit umgeht. Die Akzeptanz des „dunklen Begleiters" symbolisiert eine reife Haltung der Selbstermächtigung, ohne die Illusion einer endgültigen Heilung oder vollständigen Kontrolle zu nähren.

Die philosophische Weisheit des Gedichts liegt also in der Erkenntnis, dass das Leben nicht darin besteht, das Leiden zu eliminieren, sondern darin, die eigene Freiheit und Identität inmitten dieses Leidens zu bewahren. Dies verbindet existenzialistische, stoische und metaphysische Einsichten zu einer reifen Lebensphilosophie.

Renate:
Kommentiere das Gedicht aus einer christlichen Grundhaltung

KI:
Kommentar aus christlicher Sicht:

Das Gedicht „Mein dunkler Begleiter" ist ein tief bewegender Ausdruck innerer Not und zugleich ein mutiges Bekenntnis zur Hoffnung. In der bildhaften Sprache wird die Depression als ein ständiger, unsichtbarer Begleiter beschrieben – jemand, der selbst in Momenten der Freude nicht weicht. Doch gerade in dieser Dunkelheit wird eine zentrale christliche Botschaft spürbar: Der Mensch ist nicht allein.

Auch wenn im Gedicht Gott nicht ausdrücklich erwähnt wird, so spürt man zwischen den Zeilen den Wunsch nach Licht, nach Heilung, nach Befreiung. In der christlichen Hoffnung glauben wir, dass Christus das Licht ist, das jede Finsternis erhellen kann (Johannes 1,5: „Und das Licht scheint in der Finsternis, und die Finsternis hat's nicht ergriffen"). Die Zeile „Ich wende mich ab und schaue ins Licht" könnte so gedeutet werden: Da ist eine Entscheidung, sich nicht völlig von der Dunkelheit beherrschen zu lassen, sondern sich dem Guten, dem Leben, ja vielleicht auch Gott zuzuwenden.

Besonders stark ist das Ende:

„Doch Chef in meinem Leben allein ich bin."

Es zeigt, dass die Person sich nicht von der Depression bestimmen lassen will. Aus christlicher Sicht kann man hier ergänzen: Du bist nicht allein Chef in deinem Leben – du darfst auch darauf vertrauen, dass Gott mitgeht. Auch durch dunkle Täler.

(Psalm 23,4: *„Und ob ich schon wanderte im finsteren Tal, fürchte ich kein Unglück; denn du bist bei mir..."*).

Das Gedicht lässt Platz für eine realistische Sicht auf psychisches Leiden – aber es schließt mit einer klaren Botschaft der Selbstbestimmung und Hoffnung. Aus christlicher Sicht könnte man sagen: Die Dunkelheit mag da sein, aber das Licht Gottes ist stärker. Und in jedem Schritt, den der Mensch im Kampf gegen die Depression geht, ist Gott als stiller, liebevoller Mitgeher an seiner Seite.

Gedicht: Blau

Renate:
Kommentiere folgendes Gedicht sehr ausführlich und integriere die Psychologie der Autorin.

KI:
Gedichtanalyse und psychologische Interpretation von "Blau".

Das Gedicht "Blau" ist eine poetische Meditation über die Natur, das Meer und den Zustand der inneren Ruhe und Zufriedenheit. Die Autorin nutzt die Farbe Blau als zentrales Symbol für Ruhe, Weite und emotionale Heilung. Im Folgenden werde ich das Gedicht inhaltlich und formal detailliert analysieren und die psychologische Dimension der Autorin beleuchten.

1. Inhaltliche Analyse

1.1. Thema und Stimmung

Das Gedicht thematisiert die Sehnsucht nach Ruhe, Freiheit und innerem Frieden. Die lyrische Ich-Person beschreibt einen Moment der vollkommenen Gegenwärtigkeit und Entspannung in einer mediterranen Landschaft am Meer. Die Natur, insbesondere die Farbe Blau, wird dabei als Quelle der Erholung und emotionalen Stabilität dargestellt.

Die Stimmung des Gedichts ist geprägt von einer Mischung aus Erleichterung, Ruhe und Dankbarkeit. Die Natur wird als wohltuende Kraft wahrgenommen, die die innere Balance wiederherstellt.

1.2. Aufbau und Struktur

Das Gedicht besteht aus freien Versen ohne ein klares Reimschema, wodurch eine natürliche, fast meditative Sprachmelodie entsteht. Die Struktur unterstützt den Eindruck von Gelassenheit und Ungezwungenheit, der durch den Inhalt transportiert wird.

• Die ersten Zeilen stellen die Natur und die Wirkung der Farbe Blau auf die Seele in den Vordergrund.

• In der Mitte des Gedichts wird die Gegenwärtigkeit („Ganz im Hier und Jetzt") thematisiert – ein Schlüssel zur inneren Ruhe.

• Die letzten Zeilen greifen den Kreislauf des Lebens auf („das kühle Nass" und „die Pause"), wodurch das Gefühl von Ganzheit und Erneuerung entsteht.

1.3. Symbolik und sprachliche Bilder

Die Autorin verwendet verschiedene Symbole und Metaphern, um die Wirkung der Natur auf die Psyche zu verdeutlichen:

• Blau – Symbol für Ruhe, Weite, Freiheit, Unendlichkeit

• Meer – Symbol für Tiefe des Unterbewusstseins, emotionale Reinigung

• Sonne und Wind – Symbol für die Verbindung von Körper und Geist, für Lebenskraft

• Weiße Schaumkronen – Symbol für Loslassen und Reinigung

• kühles Nass – Symbol für Erfrischung und Neuanfang

Die Sprache ist schlicht und direkt, aber voller sinnlicher Details. Die Autorin beschreibt die Eindrücke durch taktile (Sonne auf der Haut), visuelle (Blau, Schaumkronen) und auditive Reize (Rauschen des Meeres), was das Gefühl der unmittelbaren Erfahrung verstärkt.

2. Psychologische Interpretation

Das Gedicht offenbart tiefere psychologische Ebenen der Autorin, die auf verschiedene innere Prozesse und emotionale Zustände hinweisen:

2.1. Sehnsucht und Erfüllung

Bereits in der zweiten Zeile („Wie lang hat sich danach meine Sehnsucht gestaut") wird eine lange bestehende innere Leere oder Rastlosigkeit angedeutet. Die Ankunft am Meer und das Erleben der Farbe Blau symbolisieren die Erfüllung dieser Sehnsucht. Die Autorin scheint eine Phase der Unruhe oder emotionalen Dissonanz hinter sich zu lassen und endlich in der Gegenwart anzukommen.

2.2. Achtsamkeit und Selbstheilung

Der Vers:

„Ganz im Hier und Jetzt, alles andre ich jetzt vergess"

deutet auf einen Zustand der Achtsamkeit hin. Die Autorin beschreibt einen Moment, in dem Gedanken an Vergangenheit und Zukunft verblassen, und das Erleben der Gegenwart zur Quelle der Ruhe wird. Dies zeigt eine bewusste Entscheidung, sich von mentalem Ballast zu befreien – ein wichtiger Schritt in der emotionalen Heilung.

2.3. Verarbeitung von emotionalem Stress

Das Motiv der Reinigung durch Wasser:

„das kühle Nass mich erfrischt"

und die bildliche Darstellung des Meeres lassen darauf schließen, dass die Autorin möglicherweise emotionalen Stress oder eine psychische Belastung verarbeitet. Wasser ist ein archetypisches Symbol für emotionale Tiefe und Katharsis – die Autorin könnte sich hier von emotionalem Druck befreien wollen.

2.4. Harmonie zwischen Körper und Geist

Die sinnliche Wahrnehmung von Wärme (Sonne), Kälte (Meer), Bewegung (Wind) und Klang (Rauschen) zeigt, dass die Autorin ihren Körper bewusst wahrnimmt. Dies könnte auf einen Prozess der Wiederherstellung des Gleichgewichts zwischen Körper und Geist hinweisen – ein Zeichen psychischer Stabilität und innerer Balance.

3. Psychogramm der Autorin

Basierend auf der psychologischen Tiefe des Gedichts lassen sich folgende Charakterzüge und emotionale Zustände der Autorin erschließen:

• Empfindsamkeit und Naturverbundenheit: Die detaillierte Beschreibung der Natur zeigt ein hohes Maß an Sensibilität für Sinneseindrücke und emotionale Resonanz auf die Umwelt.

• Sehnsucht nach Ruhe und Frieden: Die Suche nach Blau als Symbol für Frieden und die Erfüllung dieser Sehnsucht deuten auf eine zuvor bestehende Unruhe oder emotionale Leere hin.

• Achtsamkeit und Fähigkeit zur Selbstreflexion: Die bewusste Konzentration auf die Gegenwart und die damit verbundene Erleichterung zeigen eine psychologische Reifung und die Fähigkeit, sich von belastenden Gedanken zu befreien.

• Verarbeitung und Neuanfang: Das kühle Wasser als Motiv der Erfrischung und Reinigung weist darauf hin, dass die Autorin möglicherweise eine schwierige Phase hinter sich lässt und nun einen Neubeginn erlebt.

Fazit

Das Gedicht "Blau" ist eine poetische Reise zur inneren Ruhe und seelischen Erfüllung. Die Farbe Blau, das Meer und die Natur stehen symbolisch für die Sehnsucht der Autorin nach Frieden und die anschließende Erfüllung in der Gegenwart. Psychologisch betrachtet verarbeitet die Autorin durch die Natur ein inneres Ungleichgewicht und findet durch Achtsamkeit und Sinneserfahrung zurück zu emotionaler Stabilität.

Die einfache, aber bildreiche Sprache, die sinnliche Wahrnehmung und die tiefe Symbolik der Natur lassen darauf schließen, dass die Autorin einen Moment der Heilung und des inneren Friedens durchlebt – ein Prozess, der letztlich in einem harmonischen Einklang von Körper, Geist und Natur mündet.

Renate:
Kommentiere das Gedicht aus philosophischer Sicht

KI:
Das Gedicht "Blau" kann aus einer philosophischen Perspektive auf mehreren Ebenen betrachtet werden:

1. Phänomenologie und die Erfahrung des Moments

Die Zeilen:

„Ganz im Hier und Jetzt, / Alles andre ich jetzt vergess"

spiegeln die Idee der phänomenologischen Wahrnehmung wider, wie sie etwa von Edmund Husserl oder Martin Heidegger beschrieben wird. Die unmittelbare Erfahrung der Sinneswahrnehmungen – das Blau des Meeres, die Wärme der Sonne, der sanfte Wind – verweist auf die Bedeutung der bewussten Erfahrung des gegenwärtigen Moments. Die Wahrnehmung des „Blau" wird zu einer Art meditativer Erfahrung, in der das Subjekt die äußere Welt nicht nur beobachtet, sondern in sie eingebettet ist.

2. Stoizismus und die Akzeptanz des Augenblicks

Die Haltung des lyrischen Ichs, das sich auf das Hier und Jetzt konzentriert und alles andere vergisst, erinnert an die stoische Lebensweise, wie sie von Epiktet oder Seneca beschrieben wurde. Der Stoizismus lehrt, das zu akzeptieren, was außerhalb der eigenen Kontrolle liegt, und die eigene Aufmerksamkeit auf das zu richten, was direkt erfahrbar ist. Das Gedicht beschreibt eine tiefe Ruhe, die durch die Akzeptanz der gegenwärtigen Situation entsteht – das Meer, die Sonne, der Wind – ohne den Wunsch nach Veränderung.

3. Romantik und das Erhabene

Die Naturdarstellungen – das Blau des Meeres, die weißen Schaumkronen, die kühle Erfrischung – erinnern an die romantische Idee des Erhabenen, wie sie etwa von Immanuel Kant und Friedrich Schiller formuliert wurde. Das Meer erscheint als eine Kraft, die größer ist als das Individuum. Doch anstatt Furcht auszulösen, entsteht eine harmonische Einheit zwischen Subjekt und Natur. Die Natur wird nicht als feindlich, sondern als wohltuend erlebt – eine Versöhnung mit der Welt.

4. Existenzialismus und die Suche nach Authentizität

Der Wunsch, sich auf das Wesentliche zu besinnen und im Moment aufzugehen, lässt sich auch aus existenzialistischer Sicht interpretieren. Jean-Paul Sartre und Albert Camus betonen die Absurdität der Welt, aber auch die Möglichkeit, durch authentisches Handeln und bewusstes Erleben Sinn zu schaffen. Die Zeile „Jetzt bin ich hier" ist ein Ausdruck dieser existenziellen Selbstvergewisserung – die bewusste

Entscheidung, den Moment wahrzunehmen und ihn als authentisch zu akzeptieren.

5. Daoismus und das Einswerden mit der Natur

Die Beschreibung der Natur und der sanften Harmonie mit den Elementen (Meer, Wind, Sonne) erinnert an die daoistische Philosophie (etwa in den Schriften von Laozi und Zhuangzi). Der Daoismus betont das Fließen und die Harmonie mit den natürlichen Kräften der Welt. Die Hingabe des lyrischen Ichs an die Natur, das Versinken im Blau des Meeres und der Wind, der die Haut umspielt, symbolisiert die daoistische Idee des „Wu Wei" (Nichthandelns) – das Leben im Einklang mit dem natürlichen Lauf der Dinge.

Schlussgedanke

Das Gedicht "Blau" beschreibt eine Erfahrung, die zwischen Kontemplation, Harmonie mit der Natur und einer tiefen Akzeptanz des Moments schwebt. Philosophisch lässt es sich als eine Synthese aus stoischer Ruhe, romantischer Naturverbundenheit, existenzieller Selbstvergewisserung und daoistischem Gleichgewicht lesen. Die Farbe Blau steht dabei symbolisch für Ruhe, Tiefe und Unendlichkeit – eine Brücke zwischen der äußeren Natur und der inneren Seelenlandschaft des lyrischen Ichs.

Renate:
Kommentiere das Gedicht aus einer christlichen Grundhaltung

KI:
Das Gedicht "Blau" beschreibt ein tiefes Gefühl von Ruhe, Sehnsucht und Erfüllung, das durch die Naturerfahrung am Meer hervorgerufen wird. Aus einer christlichen Perspektive lässt sich das Gedicht als ein Lob der Schöpfung Gottes und als Ausdruck der Dankbarkeit für die Schönheit und Fülle der Natur verstehen.

1. Die Schöpfung als Geschenk Gottes

Das Meer, das Blau des Himmels und die Sonne auf der Haut sind Ausdruck der Schöpfung, die in der Bibel immer wieder als ein Geschenk Gottes dargestellt wird:

"Die Himmel erzählen die Herrlichkeit Gottes, und das Himmelsgewölbe verkündet seiner Hände Werk." (Psalm 19,2)

Die Erfahrung des Meeres und der Natur ist daher nicht nur ein sinnliches Erlebnis, sondern auch eine Erinnerung daran, dass Gott selbst der Schöpfer dieser Schönheit ist. Die Freude an der Natur wird zu einem Lob Gottes – das Staunen über das Blau und die Erfrischung durch das Meer spiegeln die Größe und Güte Gottes wider.

2. Ruhe und Gegenwart im Hier und Jetzt

Die Zeile:

„Ganz im Hier und Jetzt, alles andre ich jetzt vergess"

erinnert an die biblische Ermutigung, auf Gott zu vertrauen und sich nicht von Sorgen der Zukunft erdrücken zu lassen:

"Sorgt euch also nicht um morgen; denn der morgige Tag wird für sich selbst sorgen." (Matthäus 6,34)

Die Ruhe und das Genießen des Moments im Gedicht entsprechen dem Vertrauen auf Gottes Fürsorge und der Einladung, die Schönheit der Gegenwart als ein Geschenk Gottes anzunehmen.

3. Erfrischung und Heilung

Die Erfrischung durch das kühle Meerwasser lässt sich auch als ein Symbol für die heilende Kraft Gottes deuten. Wasser spielt in der Bibel eine wichtige Rolle als Symbol für Reinigung und Erneuerung, etwa in der Taufe:

"Wer aber von dem Wasser trinkt, das ich ihm geben werde, wird niemals mehr Durst haben." (Johannes 4,14)

Die Erfahrung der Erfrischung durch das Wasser kann somit als ein Zeichen dafür gesehen werden, dass Gott uns nicht nur körperlich, sondern auch geistlich erneuert und stärkt.

4. Dankbarkeit für die Fülle des Lebens

Das Gedicht schließt mit einem einfachen, aber bedeutungsvollen Bild: „Noch eine kurze Pause, dann geh ich zu Tisch." Das Essen als

Abschluss eines erfüllten Tages verweist auf die Dankbarkeit für die täglichen Gaben Gottes. Auch Jesus hat in seinen Wundern der Brotvermehrung gezeigt, dass Gott uns versorgt – materiell wie geistlich. Die Freude am Essen und an der Gemeinschaft ist ein Ausdruck dieser göttlichen Fürsorge.

Fazit

Aus einer christlichen Sicht spiegelt das Gedicht die Schönheit der Schöpfung und die heilsame Wirkung von Ruhe, Erfrischung und Genuss wider. Es zeigt eine Haltung der Dankbarkeit und des Staunens über die Größe Gottes, der in der Natur, der Stille und den kleinen Freuden des Lebens gegenwärtig ist. Das Gedicht lädt dazu ein, sich ganz auf den Moment und die Gegenwart Gottes einzulassen – im Vertrauen darauf, dass Gott uns alles gibt, was wir brauchen.

Gedicht: Wanderung auf Mallorca

Renate:
Kommentiere folgendes Gedicht sehr ausführlich und integriere die Psychologie der Autorin

KI:
Kommentar zu „Wanderung auf Mallorca"

Das Gedicht „Wanderung auf Mallorca" beschreibt eine Wanderung entlang der Küste der Insel Mallorca. Es handelt sich dabei um eine sehr persönliche Reflexion über das Erleben von Freiheit, Selbstbestimmung und innerer Ruhe. Die Autorin nutzt die äußere Landschaft als Spiegelbild der eigenen inneren Befindlichkeit und verarbeitet dabei psychologische Themen wie Autonomie, Selbstfindung und innere Harmonie. Im Folgenden werde ich das Gedicht ausführlich analysieren und die psychologischen Aspekte der Autorin herausarbeiten.

1. Aufbau und formale Analyse

Das Gedicht besteht aus 20 Versen ohne eine streng durchgezogene Reimstruktur, jedoch mit einer spürbaren rhythmischen Ordnung. Der Text ist in einem freien Versmaß gehalten, was die Leichtigkeit und Ungezwungenheit der beschriebenen Situation widerspiegelt. Die Sprache ist schlicht und direkt, was die Authentizität des persönlichen Erlebens unterstreicht.

Die Einleitung (*„Nach sehr viel Schlaf aufgewacht"*) setzt einen Zustand der körperlichen und seelischen Erholung als Ausgangspunkt. Die Wanderung wird nicht als äußere Herausforderung beschrieben, sondern als eine Form der inneren Reise. Das bewusste Erleben der Natur und die Betonung der eigenen Entscheidungsfreiheit strukturieren den Text thematisch.

2. Psychologischer Hintergrund der Autorin

2.1. Wiedergewonnene Energie und psychische Erholung

Bereits die ersten Zeilen deuten auf eine vorhergehende Phase der Erschöpfung oder psychischen Belastung hin:

„Nach sehr viel Schlaf aufgewacht.
Meine Müdigkeit hat sich endlich entfernt heute Nacht."

Hier wird deutlich, dass die Autorin möglicherweise eine Zeit der inneren Erschöpfung hinter sich hat und durch den Schlaf – als Symbol der Regeneration – neue Energie geschöpft hat. Psychologisch gesehen könnte dies auf eine Phase der mentalen oder emotionalen Erschöpfung hindeuten, aus der die Autorin nun gestärkt hervorgeht.

2.2. Die Natur als Spiegel der inneren Gefühlswelt

Die Beschreibung der Natur (das Meer, die frische Luft, die Felsen) steht symbolisch für die innere Gefühlslage der Autorin:

„Die Luft ist noch frisch, doch die Sonne brennt,
Während die Welle donnernd zum Strande rennt."

Das Wechselspiel zwischen der Frische der Luft und der brennenden Sonne spiegelt einen inneren Kontrast zwischen Erneuerung (frische Luft) und Intensität (brennende Sonne) wider. Die Wellen, die „donnernd zum Strande rennen", verdeutlichen die kraftvolle und manchmal auch unberechenbare Dynamik innerer Prozesse.

Die Natur dient als Projektionsfläche für die innere Gefühlslandschaft der Autorin. Psychologisch betrachtet wird hier die Erfahrung von Selbstwahrnehmung und die Fähigkeit zur emotionalen Regulation deutlich.

2.3. Autonomie und Selbstbestimmung als zentrale Themen

Ein wiederkehrendes Motiv des Gedichts ist die Selbstbestimmung und die Freude an der Autonomie:

„Ich gehe allein, ich bin autark.
Bei Planung, Entscheidungen, Routen zu ändern,
Befreit es mich keine Rücksichten zu nehmen."

Die Betonung der Eigenständigkeit zeigt, dass die Autorin eine bewusste Entscheidung für die Unabhängigkeit getroffen hat. Sie genießt die Freiheit, keine Kompromisse eingehen zu müssen, und erlebt diese Unabhängigkeit als befreiend. Psychologisch gesehen könnte dies auf eine vorhergehende Phase der Abhängigkeit oder Fremdbestimmung hindeuten, aus der sich die Autorin nun aktiv herausgelöst hat.

Diese Freude an der Selbstbestimmung wirkt als Heilungsprozess. Der Verzicht auf Rücksichtnahmen signalisiert, dass die Autorin sich von äußeren Zwängen und Erwartungen emanzipiert hat. Die Wanderung wird somit zum Symbol eines eigenverantwortlichen Lebenswegs.

2.4. Psychologische Wirkung des eigenen Rhythmus

Ein weiterer zentraler psychologischer Aspekt ist die Erfahrung, im eigenen Rhythmus zu gehen:

„Dem eigenen Rhythmus zu gehorchen, macht richtig reich."

Die Autorin hebt hier die Bedeutung von Selbstwahrnehmung und Selbststeuerung hervor. Die bewusste Orientierung am eigenen inneren Takt vermittelt das Gefühl von Ganzheit und Authentizität. Aus psychologischer Sicht könnte dies auf eine positive Selbstregulation und eine gefestigte innere Struktur hindeuten. Die Wanderung ist nicht nur eine äußere Bewegung, sondern auch ein Ausdruck innerer Stabilität und Selbstsicherheit.

3. Bedeutung der Wanderung als psychologisches Symbol

Die Wanderung wird im Gedicht nicht als körperliche Herausforderung, sondern als symbolischer Akt der Selbstfindung und Befreiung dargestellt. Das Gehen entlang der Küste wird zu einem Sinnbild für die innere Reise:

• Die Autorin wählt ihren eigenen Weg und ihr eigenes Tempo.

• Die Natur wird als Spiegel und Resonanzraum für die innere Entwicklung wahrgenommen.

• Das bewusste Erleben der Freiheit und Unabhängigkeit wird als Akt der Selbstbestimmung verstanden.

Die psychologische Symbolik der Wanderung verweist auf die Idee des Individuationsprozesses im Sinne von C.G. Jung: Die Autorin erkennt und akzeptiert ihr eigenes Selbst und erfährt im Gehen eine Art innerer Ganzwerdung.

4. Interpretation der Schlusszeilen

Die abschließenden Verse bündeln die Kernaussage des Gedichts:

„Dem eigenen Rhythmus zu gehorchen, macht richtig reich."

Hier wird die Erfahrung von Freiheit und Selbstbestimmung als Quelle von innerem Reichtum beschrieben. Die Autorin erkennt, dass wahre Erfüllung nicht in äußeren Umständen, sondern im Einklang mit dem eigenen Wesen liegt.

Der „eigene Rhythmus" steht psychologisch für die authentische Selbstwahrnehmung und die Fähigkeit, sich von äußeren Erwartungen zu lösen. Die Wanderung wird damit zu einem Sinnbild für die Fähigkeit, im Einklang mit sich selbst zu leben.

Fazit

Das Gedicht „Wanderung auf Mallorca" ist mehr als nur eine Beschreibung einer Wanderung – es ist ein tiefgründiges psychologisches Selbstporträt. Die Autorin verarbeitet darin die Themen Selbstbestimmung, innere Freiheit und die heilende Kraft der Natur. Die bewusste Entscheidung, allein und unabhängig unterwegs zu sein, spiegelt eine psychische Reifung und die Fähigkeit zur Selbstregulation wider.

Die Natur dient als Resonanzraum für die innere Befindlichkeit der Autorin – die frische Luft, das donnernde Meer und die einsame Küste stehen symbolisch für die psychische Befreiung und die Wiedererlangung von Energie und Lebensfreude.

Das Gedicht beschreibt damit nicht nur eine äußere Wanderung, sondern auch eine innere Reise zu mehr Selbstbewusstsein und innerem Gleichgewicht.

Renate:
Kommentiere das Gedicht aus philosophischer Sicht

KI:
Das Gedicht "Wanderung auf Mallorca" lässt sich aus einer philosophischen Perspektive als Reflexion über Freiheit, Selbstbestimmung und die Verbindung zwischen Mensch und Natur interpretieren. Es behandelt existenzielle Themen, die tief in der Philosophie verwurzelt sind, insbesondere im Kontext der Philosophie des Existenzialismus, der Naturphilosophie und der stoischen Lebenshaltung.

1. Existenzialismus und Freiheit

Das zentrale Thema des Gedichts ist die Freiheit, die der Sprecher während der Wanderung erlebt. Die Aussage:

"Wann ich will gehen, wie weit, wohin,
Entscheid ich allein. Das ist der Sinn."

Diese Passage spiegelt den existenzialistischen Gedanken wider, dass der Mensch in seinem Dasein frei ist und sich selbst definiert. Jean-Paul Sartre betonte, dass der Mensch zur Freiheit "verurteilt" sei – die Verantwortung für die eigenen Entscheidungen und Handlungen liegt vollständig beim Individuum. Die Wanderung symbolisiert hier die Selbstbestimmung: Der Sprecher geht allein, wählt seine Route selbst und erfährt dadurch eine tiefgehende Autonomie. Die bewusste Entscheidung, keinem festen Plan zu folgen, sondern sich spontan zu orientieren, ist ein Akt der Freiheit im existenzialistischen Sinne.

2. Naturphilosophie und die ästhetische Erfahrung

Die detaillierte Beschreibung der Natur – der Sand, die Felsen, die Wellen – verweist auf eine tiefere Verbindung zwischen Mensch und Natur. In der Philosophie von Friedrich Schelling wird Natur nicht nur als Objekt betrachtet, sondern als schöpferische Kraft, die den Menschen beeinflusst und mit ihm interagiert. Die Natur wird hier nicht nur als Kulisse der Wanderung beschrieben, sondern als eine Quelle von Sinn und Inspiration:

"Die Felsen gestalten am Ufer interessante Bilder.
Der Sound der Wellen entspannt mich stark."

Die Natur erscheint hier als etwas, das den Geist beruhigt und zur Selbsterkenntnis führt. Die Schönheit der Landschaft ermöglicht eine meditative Erfahrung, die zur inneren Ordnung und Harmonie beiträgt – ein klassisches Motiv der Naturphilosophie.

3. Stoizismus und Gelassenheit

Die Haltung des lyrischen Ichs gegenüber der Wanderung zeigt auch Züge der stoischen Philosophie. Die Stoiker, etwa Seneca und Epiktet, lehrten, dass innere Freiheit und Glück daraus resultieren, sich nicht von äußeren Umständen abhängig zu machen. Das bewusste Gehen, die Ruhe und die Akzeptanz der natürlichen Umgebung sind Ausdruck einer stoischen Haltung:

*"Befreiend für Geist, Seele und Leib
Dem eigenen Rhythmus zu gehorchen, macht richtig reich."*

Der Sprecher erkennt, dass Glück und innere Freiheit nicht von äußeren Bedingungen abhängen, sondern von der inneren Haltung gegenüber dem Leben. Das autonome Wandern wird zur Metapher für eine Haltung der Gelassenheit und des bewussten Lebens im Einklang mit der Natur.

4. Individualität und Autonomie

Ein weiteres zentrales Motiv ist die Autarkie, die Unabhängigkeit von äußeren Einflüssen und sozialen Bindungen. Die Wanderung wird als individueller Akt der Selbstfindung beschrieben:

"Ich gehe allein, ich bin autark."

Diese Betonung der Eigenständigkeit verweist auf eine philosophische Auffassung von Autonomie im Sinne von Immanuel Kant. Nach Kant ist der Mensch nur dann wahrhaft frei, wenn er seinen Willen nach den Gesetzen der Vernunft bestimmt. Die bewusste Entscheidung, allein zu wandern und selbst zu entscheiden, wohin die Reise geht, ist Ausdruck eines autonomen und selbstbestimmten Lebens.

Renate:
Kommentiere das Gedicht aus einer christlichen Grundhaltung

KI:
Das Gedicht "Wanderung auf Mallorca" beschreibt die Erfahrung einer Wanderung in der Natur, geprägt von Freiheit, Einsamkeit und Selbstbestimmung. Aus einer christlichen Grundhaltung lassen sich dazu verschiedene Gedanken und Perspektiven ableiten:

1. Dankbarkeit für die Schöpfung

Die Beschreibung der Natur – die frische Luft, das Rauschen der Wellen, die Felsen und die Sonne – verweist auf die Schönheit der Schöpfung. Aus christlicher Sicht könnte dies als ein Ausdruck der Größe und Liebe Gottes verstanden werden:

"Die Himmel erzählen die Herrlichkeit Gottes, und das Himmelsgewölbe verkündet seiner Hände Werk." (Psalm 19,2)

Die Natur wird hier als eine Gabe Gottes wahrgenommen, die nicht nur Schönheit bietet, sondern auch innere Ruhe und Erneuerung schenkt.

2. Ruhe und Erholung als Geschenk Gottes

Die Erfahrung der Ruhe nach einer erholsamen Nacht und die belebende Wirkung der Wanderung erinnern an die biblische Aufforderung zur Ruhe und zum Vertrauen auf Gott:

"Kommt alle zu mir, die ihr euch plagt und schwere Lasten zu tragen habt; ich werde euch Ruhe verschaffen." (Matthäus 11,28)

Die Wanderung und die Einsamkeit könnten als eine Form geistlicher Erneuerung betrachtet werden – ein Moment, um Abstand vom Alltag zu gewinnen und innere Klarheit zu finden.

3. Freiheit und Selbstbestimmung im Licht des Glaubens

Die beschriebene Freiheit und die Autonomie bei der Routenwahl sind Ausdruck von Selbstbestimmung und persönlicher Verantwortung. Aus christlicher Sicht könnte diese Freiheit jedoch im Vertrauen auf Gott und in der Erkenntnis der göttlichen Führung vertieft werden:

"Der Herr ist mein Hirte, nichts wird mir fehlen. Er lässt mich lagern auf grünen Auen und führt mich zum Ruheplatz am Wasser."
(Psalm 23,1–2)

Wahre Freiheit bedeutet im christlichen Sinn nicht nur Unabhängigkeit, sondern auch die Freiheit, sich von Gott leiten zu lassen und seinen Willen als Wegweiser zu erkennen.

4. Ganzheitlichkeit von Geist, Seele und Leib

Die Verbindung von Geist, Seele und Leib während der Wanderung spricht von einer tiefen Harmonie und Ausgeglichenheit. Die christliche Tradition sieht den Menschen als Einheit aus Körper, Seele und Geist, die in Gott ihre Erfüllung findet:

"Oder wisst ihr nicht, dass euer Leib ein Tempel des Heiligen Geistes ist?" (1. Korinther 6,19)

Die beschriebene Erfahrung der Befreiung und des inneren Friedens könnte als eine Annäherung an die göttliche Ordnung verstanden werden – eine Rückbesinnung auf das, was den Menschen im Innersten ausmacht.

Schlussgedanke

Das Gedicht beschreibt eine Wanderung, die über den physischen Akt des Gehens hinausgeht: Es geht um eine spirituelle Erfahrung, um die Suche nach Freiheit, Ruhe und Einklang. Aus christlicher Perspektive könnte diese Wanderung ein Bild für die Lebensreise sein, auf der der Mensch im Vertrauen auf Gott und in der Schönheit der Schöpfung Erfüllung und Frieden findet. Die Freiheit, die der Dichter erlebt, könnte im Glauben an Christus noch eine tiefere Dimension bekommen – die Freiheit, nicht allein zu sein, sondern in der Führung und Liebe Gottes geborgen zu sein.

Gedicht: Wanderung nach Son Real (Mallorca)

Renate:
Kommentiere folgendes Gedicht sehr ausführlich und integriere die Psychologie der Autorin

KI:
Das Gedicht „Wanderung nach Son Real" beschreibt auf den ersten Blick eine äußere Wanderung entlang des Meeres auf Mallorca, enthüllt jedoch beim genaueren Lesen eine tiefere, innere Reise der Autorin zu sich selbst. Die Natur dient nicht nur als Kulisse, sondern als Spiegel der emotionalen und psychischen Verfassung der Autorin. In dieser Analyse werde ich sowohl die inhaltlichen und sprachlichen Aspekte als auch die psychologischen Implikationen und die seelische Situation der Autorin ausführlich beleuchten.

1. Inhaltliche Analyse

Das Gedicht lässt sich in drei große thematische Blöcke unterteilen:

(a) Die Vorbereitung und der Beginn der Wanderung

Die Autorin beginnt mit einem Moment des Erwachens und der Vorfreude auf die geplante Wanderung. Die Klarheit der Entscheidung („Dann auf!") signalisiert einen bewussten Schritt hin zu einer Handlung, die nicht nur körperlich, sondern auch seelisch motiviert ist.

Bereits hier zeigt sich die Symbolik der Wanderung: Der sandige Weg ohne klare Hinweise steht sinnbildlich für die Unsicherheiten des Lebens – die Autorin nimmt diese Herausforderung jedoch bewusst an („trainiert wird etwas härter").

Die Wahrnehmung der Natur (Wind auf der Haut, die Sonne, das Rauschen des Meeres) spiegelt eine Verbindung zur Außenwelt wider. Die äußeren Sinneseindrücke werden bewusst aufgenommen, was auf eine aktive Achtsamkeit und ein Ankommen im Hier und Jetzt hinweist.

(b) Die Konfrontation mit der Vergangenheit (die Nekropole)

Der Besuch der Nekropole von Son Real markiert einen Übergang von der äußeren Wahrnehmung zur Reflexion über Vergangenheit und Geschichte. Die Fragen nach den Menschen, die hier einst gelebt haben („Wer wart ihr?", „Wie habt ihr gelebt?"), sind nicht nur historische, sondern auch existenzielle Fragen.

• Die Leere der Gräber und die Unmöglichkeit, Antworten zu bekommen, spiegeln eine gewisse Melancholie und ein Bewusstsein für die Vergänglichkeit des Lebens wider.

• Die Auseinandersetzung mit der Vergangenheit weckt Neugier, aber auch eine Art Hilflosigkeit („Soll ich euch befragen?"), die jedoch nicht zur Resignation führt, sondern zur Akzeptanz.

(c) Die Rückkehr und die Erkenntnis

Der Rückweg symbolisiert die Verarbeitung der gewonnenen Erkenntnisse. Die Tatsache, dass die Autorin beim Rückweg Details entdeckt, die ihr zuvor entgangen waren, verdeutlicht die psychologische Bedeutung des bewussten Erlebens.

• Die Begegnung mit der Wohnhöhle steht symbolisch für Schutz und Geborgenheit – doch diese wird nicht im Außen, sondern im Inneren gesucht.

• Die abschließende Erkenntnis („Besser frei und allein, als unerfüllt und gebunden zu sein") zeigt eine starke, selbstbestimmte Haltung gegenüber Beziehungen und dem Alleinsein. Die Autorin erkennt, dass die Suche nach einem geteilten Erleben oft mit Verlust von Freiheit verbunden ist.

2. Sprachliche Analyse

(a) Stilmittel und Struktur

• Das Gedicht ist in freien Versen verfasst – die fehlende starre Form spiegelt die Freiheit des Themas und der inneren Haltung wider.

• Die Natur wird durch zahlreiche Personifikationen lebendig gemacht („Die Sonne umarmt mich", „Das Meer schäumt laut berstend"), was die enge Verbindung der Autorin zur Natur unterstreicht.

• Die wiederholten Fragen („Wer wart ihr?", „Warum gerade hier?") verstärken die nachdenkliche Stimmung und die Suche nach Sinn.

(b) Symbolik

• Der Sand steht für die Widerstände und die Mühen des Lebens.

• Das Meer symbolisiert das Unendliche und die Möglichkeit der Erneuerung.

• Die Sonne gibt Halt und Wärme, steht also für Trost und Geborgenheit.

• Die Leere der Gräber verweist auf die Vergänglichkeit und das Unwissen um die Vergangenheit.

3. Psychologische Deutung

Das Gedicht ist nicht nur eine Wanderung durch die Natur, sondern eine metaphorische Reise zu innerem Frieden und Selbstfindung. Psychologisch lassen sich mehrere Ebenen herausarbeiten:

(a) Achtsamkeit und Selbstakzeptanz

• Die bewusste Wahrnehmung der Natur (Wind, Sonne, Sand, Meer) verweist auf eine Form von Achtsamkeit, die der Autorin dabei hilft, aus ihrem Alltag herauszutreten und sich auf das Hier und Jetzt zu konzentrieren.

• Die Tatsache, dass sie „nicht nachdenkt", zeigt, dass die Wanderung eine Form von geistiger Reinigung darstellt – ein Loslassen von Belastungen des Alltags.

(b) Die Auseinandersetzung mit der Vergangenheit

Die Fragen an die Bewohner der Nekropole zeigen den Wunsch, eine Verbindung zur Vergangenheit herzustellen – nicht nur historisch, sondern auch existenziell.

• Die Tatsache, dass keine Antworten kommen, wird nicht als Scheitern, sondern als Teil der Realität akzeptiert.

• Dies deutet auf eine wachsende Reife im Umgang mit ungelösten Fragen und Unsicherheiten hin.

(c) Die Erkenntnis über Freiheit und Unabhängigkeit

Der abschließende Gedanke über das Alleinsein ist der wohl wichtigste psychologische Kern des Gedichts:

• Die Autorin erkennt, dass das Streben nach geteilten Erlebnissen und nach einer Beziehung oft zu einem Verlust von Freiheit führt.

• Die Entscheidung, sich für die innere Freiheit zu entscheiden („Besser frei und allein…") zeigt eine tiefe Selbstakzeptanz und den Mut, das eigene Leben nach den eigenen Bedürfnissen zu gestalten.

• Dies ist ein Hinweis auf einen erfolgreichen psychologischen Prozess der Individuation im Sinne von Carl Gustav Jung – die Autorin hat einen Punkt erreicht, an dem sie ihre eigene Autonomie und Individualität voll anerkennt.

4. Psychologisches Profil der Autorin

Die Autorin wirkt wie eine Person, die einen Reifeprozess durchlaufen hat:

• Die bewusste Achtsamkeit während der Wanderung zeigt eine hohe emotionale Intelligenz.

• Die Fragen an die Vergangenheit deuten auf eine gewisse Melancholie und ein Bedürfnis nach Sinnsuche hin – jedoch ohne dass dies in Verzweiflung oder Hoffnungslosigkeit mündet.

• Die abschließende Erkenntnis über das Alleinsein weist auf eine starke Persönlichkeit hin, die gelernt hat, sich selbst genug zu sein und die Freiheit des eigenen Weges als wichtigen Wert zu erkennen.

Die Wanderung wird damit zur Metapher für den Prozess der Selbstfindung: Die äußeren Herausforderungen (Sand, Wind) und die äußeren Wunder (Meer, Sonne) spiegeln die inneren Prozesse der Autorin wider. Die Erkenntnis über Freiheit und Unabhängigkeit am Ende zeigt, dass diese innere Reise erfolgreich war – die Autorin hat ihren eigenen Weg gefunden und akzeptiert ihn.

Fazit

Das Gedicht ist eine starke poetische Reflexion über die Verbindung zwischen Natur und Selbst. Die Wanderung entlang des Meeres symbolisiert eine innere Entwicklung hin zu Selbstbestimmung, Freiheit und Akzeptanz der Vergangenheit. Die psychologische Tiefe der letzten Erkenntnis – dass wahre Erfüllung nicht in äußeren Beziehungen, sondern in der inneren Freiheit liegt – macht dieses Gedicht zu einem Ausdruck persönlicher Reife und emotionaler Autonomie.

Renate:
Kommentiere das Gedicht aus philosophischer Sicht

KI:
Das Gedicht "Wanderung nach Son Real" lässt sich aus einer philosophischen Perspektive auf mehreren Ebenen deuten. Es reflektiert die existenzielle Erfahrung des Alleinseins, die Auseinandersetzung mit der Vergangenheit und der Natur sowie die Suche nach Sinn und innerer Freiheit. Ich werde die wichtigsten philosophischen Themen, die im Gedicht anklingen, im Folgenden herausarbeiten:

1. Existenzialismus und das Selbst

Die Dichterin beschreibt das bewusste Erleben der Natur und das Gefühl der Freiheit, das aus der selbstbestimmten Wanderung entspringt. Diese Erfahrung erinnert an existenzialistische Grundgedanken von Jean-Paul Sartre und Martin Heidegger:

• Sartre betonte die Freiheit des Individuums und die Notwendigkeit, durch eigene Entscheidungen Sinn zu schaffen. Der Sprecher im Gedicht entscheidet bewusst, alleine zu wandern und die Natur zu genießen – ein Akt der authentischen Selbstbestimmung.

• Heidegger sah das bewusste Sein in der Welt als Quelle der Erkenntnis. Das Wandern am Meer, das Spüren des Windes und die Begegnung mit der Stille sind Ausdruck dieses bewussten "In-der-Welt-Seins." Der Wanderer erfährt sich selbst durch die unmittelbare Verbindung mit der Natur.

Beispielstelle:

*"So geh ich in meinem eigenen Tempo hin,
genieße die Natur. In mir ist erquickende Leere drin."*

Hier wird die Verbindung von Selbst und Welt erlebbar. Die „erquickende Leere" verweist auf das Gefühl von Freiheit und Losgelöstheit, das entsteht, wenn man sich von äußeren Zwängen befreit.

2. Naturphilosophie und die Kontemplation der Natur

Das Erleben der Natur und die Harmonie, die der Sprecher darin findet, erinnert an die Naturphilosophie von Friedrich Schelling und Ralph Waldo Emerson:

• Schelling betrachtete die Natur als einen Ausdruck des Absoluten und als Spiegel menschlicher Innenwelt. Die Schönheit und Veränderlichkeit des Meeres, die Farben und der Wind symbolisieren diese tiefe Verbindung zwischen Mensch und Natur.

• Emersons Konzept des "Transzendentalismus" legt nahe, dass die Natur eine spirituelle Dimension hat, die den Menschen mit etwas Größerem verbindet. Die Natur wird hier nicht nur als Kulisse wahrgenommen, sondern als lebendiger Teil des Selbst.

Beispielstelle:

"Die Farben des Meeres, der Berg am Horizont,
verändern sich stündlich. Das ist wahre Kunst."

Die Natur erscheint hier als Schöpfungskraft, die sich in ständigem Wandel befindet – ein Ausdruck des natürlichen, kosmischen Flusses des Seins.

3. Zeit und Vergänglichkeit

Die Begegnung mit der Nekropole bringt die Dimension der Zeit und der Vergänglichkeit ins Spiel – ein klassisches Thema der Philosophie von Heraklit bis Nietzsche:

• Heraklit beschrieb die Welt als ein ständiges Werden und Vergehen. Die alten Gräber und die Frage nach den früheren Bewohnern verdeutlichen diese zyklische Natur der Existenz.

• Nietzsche sah die Vergänglichkeit nicht als Tragik, sondern als Quelle für die Erkenntnis, dass das Leben nur im Moment gelebt werden kann.

Beispielstelle:

"Wie habt ihr gelebt in Eurem Jahrhundert?
Es waren 700 vor Christus hat man herausgefunden."

Die Faszination für die Vergangenheit spiegelt die philosophische Spannung zwischen Vergänglichkeit und Kontinuität wider: Das Vergangene ist verschwunden und doch in den Spuren der Geschichte noch gegenwärtig.

4. Freiheit und Einsamkeit

Ein zentrales Thema des Gedichts ist die Spannung zwischen Freiheit und zwischenmenschlicher Verbundenheit – ein existenzielles Dilemma, das Philosophen wie Kierkegaard und Sartre beschäftigt hat:

• Kierkegaard sah die Einsamkeit als notwendige Bedingung für das Finden des eigenen Selbst. Die Erkenntnis, dass man den tiefsten Sinn des Lebens nicht mit anderen teilen kann, ist schmerzlich, aber auch befreiend.

• Sartre argumentierte, dass wahre Freiheit nur durch die Anerkennung der eigenen Einsamkeit und Selbstverantwortung möglich ist.

Beispielstelle:

"Warum warte ich immer auf jemand, der solches mit mir teilt?
Das ist in Wahrheit nur verlorene Zeit."

Hier wird die Erkenntnis sichtbar, dass die Erwartung, das eigene innere Erleben mit anderen zu teilen, letztlich eine Illusion ist – und dass wahre Freiheit erst in der Loslösung von dieser Erwartung liegt.

5. Die Suche nach Sinn

Die Fragen nach den früheren Bewohnern der Nekropole („Wer wart ihr?") und die spekulative Vorstellung über deren Leben spiegeln das philosophische Bedürfnis nach Sinnsuche wider:

• Viktor Frankl betonte, dass der Mensch im Finden von Sinn – selbst angesichts der Vergänglichkeit – seine Existenz rechtfertigt.

• Das Gedicht zeigt, dass die Erfahrung der Natur und der Geschichte den Sprecher zu einer persönlichen Antwort auf diese Sinnfrage führt – nicht in Worten, sondern in der stillen Erfahrung der Gegenwart.

Beispielstelle:

"Soll ich Euch befragen in den nächsten Tagen?
Wäret ihr bereit, mir über Euer Leben alles zu sagen?"

Diese Fragen verweisen auf die fundamentale philosophische Unsicherheit darüber, ob die Vergangenheit je wirklich verstanden werden kann – und darauf, dass der Sinn vielleicht nicht in der Antwort, sondern im Fragen selbst liegt.

Schlussgedanke

Das Gedicht zeigt die Bewegung zwischen Vergangenheit und Gegenwart, zwischen der Erfahrung von Einsamkeit und der Suche nach Verbindung, zwischen dem Moment des Erlebens und der Reflexion darüber. Es folgt damit einer existenzialistischen und naturphilosophischen Logik: Die Erfahrung der Natur und die Konfrontation mit der Vergänglichkeit führen zu einer bewussten Erkenntnis der eigenen Freiheit.

Der Dichter findet Sinn nicht durch eine endgültige Antwort, sondern in der unmittelbaren Erfahrung des Seins – in der Bewegung, in der Natur, im bewussten Alleinsein. In der Tradition von Sartre, Heidegger und Emerson bleibt der Sinn des Lebens nicht objektiv gegeben, sondern wird durch das bewusste Erleben der Welt und des Selbst erschaffen.

Renate:
Kommentiere das Gedicht aus einer christlichen Grundhaltung

KI:
Dieses Gedicht beschreibt eine Wanderung nach Son Real auf Mallorca – eine persönliche, spirituelle Reise, die das Erleben der Natur, das Nachdenken über die Vergangenheit und die Auseinandersetzung mit dem eigenen Inneren verbindet. Aus einer christlichen Perspektive lassen sich darin mehrere wichtige Themen erkennen:

1. Dankbarkeit für die Schöpfung

Der Wanderer erlebt die Natur intensiv: den Sand, das Meer, den Wind und die Sonne. Diese Wahrnehmung der Schönheit und Harmonie der Natur erinnert an die christliche Sicht auf die Schöpfung als Gabe Gottes:

"Die Himmel erzählen die Ehre Gottes, und das Firmament verkündet seiner Hände Werk." (Psalm 19,2)

Die Dankbarkeit für die Natur und ihre Schönheit spiegelt eine christliche Haltung wider – die Anerkennung, dass die Welt von Gott geschaffen ist und uns durch sie Seine Größe und Liebe offenbart wird.

2. Stille und Einkehr

Die Erfahrung der Stille und des Alleinseins auf der Wanderung zeigt eine wichtige geistliche Dimension: die Begegnung mit sich selbst und mit Gott in der Ruhe. Die Bibel ermutigt oft dazu, Stille zu suchen, um die Gegenwart Gottes zu erfahren:

"Seid stille und erkennt, dass ich Gott bin!" (Psalm 46,11)

Der Wanderer findet Frieden und innere Klarheit, indem er loslässt und die Natur in ihrer Einfachheit genießt. Das entspricht der christlichen Erfahrung, dass Gott oft im Schweigen und in der Einfachheit spricht.

3. Vergänglichkeit und Ewigkeit

Die Begegnung mit der Nekropole – alten Gräbern am Meer – lenkt die Gedanken auf die Vergänglichkeit des Lebens. Die Frage nach dem Leben der Menschen damals und nach dem Sinn des eigenen Lebens ist tief biblisch geprägt:

"Denn wir haben hier keine bleibende Stadt, sondern die zukünftige suchen wir." (Hebräer 13,14)

Die Besinnung auf die Endlichkeit des irdischen Lebens und die Suche nach dem Sinn des Daseins sind zentrale Themen des christlichen Glaubens – verbunden mit der Hoffnung auf die Auferstehung und das ewige Leben.

4. Freiheit und Bindung

Die Gedanken des Wanderers über das Alleinsein und die Frage nach erfüllten oder unerfüllten Beziehungen berühren das christliche Thema der Freiheit:

"Zur Freiheit hat uns Christus befreit." (Galater 5,1)

Die Einsicht, dass wahre Freiheit nicht zwangsläufig in menschlichen Beziehungen, sondern in der inneren Verbundenheit mit Gott liegt, spiegelt die christliche Sicht wider, dass Gott allein die letzte Erfüllung schenkt.

5. Sinn und Ziel im Leben

Die Bewegung der Wanderung – das bewusste Vorangehen, die Entdeckung neuer Dinge und die Reflexion über das Vergangene – verweist auf die christliche Vorstellung, dass unser Leben eine Pilgerschaft ist:

"Ich bin der Weg, die Wahrheit und das Leben." (Johannes 14,6)

Die Suche nach Orientierung und Sinn findet ihre Erfüllung letztlich in der Beziehung zu Christus als dem Weg und Ziel des Lebens.

Zusammenfassende christliche Deutung:

Das Gedicht beschreibt eine körperliche Wanderung, die zugleich eine spirituelle Reise ist. Die Erfahrung von Natur, Stille, Nachdenken über die Vergangenheit und Fragen nach Freiheit und Erfüllung spiegeln die christliche Sicht auf das Leben als einen Weg mit Gott wider. Die Dankbarkeit für die Schönheit der Schöpfung, die Ehrfurcht vor der Vergänglichkeit und die Suche nach wahrem Frieden weisen auf die tiefe Sehnsucht nach Gott hin – die letztlich in Christus Erfüllung findet.

Die Erfahrung der Freiheit und der inneren Ruhe in der Einsamkeit könnte aus christlicher Sicht als Zeichen dafür verstanden werden, dass wahre Erfüllung nicht durch menschliche Beziehungen, sondern durch die Verbundenheit mit Gott kommt. Die Wanderung nach Son Real wird so zu einer Metapher für die Lebensreise des Menschen mit Gott.

Gedicht: Ein Felsen am Meer

Renate:
Kommentiere folgendes Gedicht sehr ausführlich und integriere die Psychologie der Autorin

KI:
Ausführliche Interpretation und psychologische Analyse

1. Einleitung und Gesamteindruck

Das Gedicht „Ein Felsen am Meer" beschreibt ein tiefes Gefühl von Ruhe, Selbstfindung und innerer Einkehr. Die Autorin nutzt die Natur – insbesondere das Meer – als Metapher für emotionale Stabilität, innere Reinigung und persönliche Kraftquelle. Die Natur wird hier nicht nur als Kulisse wahrgenommen, sondern als eine lebendige, heilende Kraft, die den inneren Zustand der lyrischen Sprecherin spiegelt und transformiert. Das Gedicht vermittelt einen meditativen, fast spirituellen Moment der Einkehr und Selbstfindung.

Die Struktur des Gedichts ist fließend und ruhig, was die sanften, aber kraftvollen Bewegungen des Meeres widerspiegelt. Die Sprache ist einfach, aber bildhaft, wodurch die emotionale Tiefe und Authentizität der Erfahrung betont wird.

2. Detaillierte Interpretation der einzelnen Strophen

1. Strophe: Der Ort der inneren Ruhe

Ich sitze hier und tue nichts.
In meinem Kopf bildet sich ein Gedicht.
Der Felsen unter mir gibt mir halt,
Während der Wellen Getöse um mich hallt.

Die erste Strophe führt direkt in die Szene ein. Die Sprecherin sitzt auf einem Felsen am Meer – eine Haltung der Ruhe und Passivität. Das „Nichtstun" ist hier nicht als Leere zu verstehen, sondern als bewusste Entscheidung zur inneren Sammlung.

• Der „Felsen" symbolisiert Stabilität und Halt – ein fester Punkt in einer oft unruhigen Welt.

• Das „Getöse der Wellen" steht für die Herausforderungen des Lebens, die aber durch die Stabilität des Felsens kontrollierbar bleiben.

• Das entstehende Gedicht im Kopf zeigt, dass dieser Moment der Ruhe eine Quelle von Kreativität und Reflexion ist.

Psychologisch:

Die Sprecherin scheint hier nach einem Zustand der Erdung und inneren Stabilität zu suchen. Das bewusste „Nichts-Tun" zeigt eine Form der Achtsamkeit und des Loslassens – ein zentrales Element psychischer Gesundheit.

2. Strophe: Die Schönheit der Natur als Kraftquelle

Das Farbenspiel des Meeres – unverschämt schön.
Wie sollte ich so von dannen gehen.
Das Meer hat gefüllt mich mit Kraft und Lust.
So werde ich gehen wieder ohne Verdruss.

Hier tritt die Natur selbst als Quelle der Heilung in den Vordergrund. Die Schönheit des Meeres ist überwältigend („unverschämt schön") und wird zu einer direkten Kraftquelle für die Sprecherin.

• Das Meer wirkt auf die innere Welt der Sprecherin und verleiht ihr „Kraft und Lust".

• Die Frage, wie sie „von dannen gehen" soll, unterstreicht die magnetische Anziehungskraft des Meeres – es wird zu einem Ort der spirituellen und psychischen Regeneration.

Psychologisch:

Hier wird der Vorgang der inneren Heilung beschrieben: Die Schönheit und Kraft der Natur wirkt wie eine Therapie auf die Psyche der Sprecherin. Durch das bewusste Erleben des Moments schöpft sie neue Kraft und Motivation.

3. Strophe: Die Bewegung des Meeres als Spiegel innerer Ruhe

Türkisblaue Flächen von blau gesäumt,
Die Oberfläche ist von Weiß aufgeschäumt,
Da wo die Wellen brechen nahe am Strand.
Dem Schauspiel geduldig zuschaue ich gebannt.

Die Natur wird hier sehr konkret und detailreich beschrieben. Die Bewegung der Wellen und das Farbspiel des Wassers werden zu einer fast hypnotischen Erfahrung.

• Die Sprecherin beschreibt nicht nur die Natur, sondern sie geht mit ihr in Resonanz – sie „schaut gebannt" zu.

• Die Bewegung des Wassers wird zur Metapher für das Loslassen und die ständige Veränderung im Leben.

Psychologisch:

Die geduldige Betrachtung des Meeres verweist auf einen meditativen Zustand. Die Sprecherin lässt sich vom Rhythmus der Natur einnehmen, was auf einen Prozess der Achtsamkeit und Selbstregulation hindeutet.

4. Strophe: Die Sehnsucht nach Dauerhaftigkeit

Noch bin ich da,
Doch in meinem Herzen naht
Die Sehnsucht, Meer, dir immer nahe zu sein.
Du bist der Platz, wo ich fühl mich daheim.

Hier tritt das Motiv der Sehnsucht hervor. Die Erfahrung der Ruhe und Sicherheit am Meer erzeugt den Wunsch, diesen Zustand dauerhaft zu bewahren.

• Das Meer wird zu einem Ort des „Daheimseins" – einem Ort, an dem die Sprecherin sich geborgen und sicher fühlt.

• Die Verbindung zwischen dem inneren Zustand der Ruhe und der äußeren Natur wird hier klar gemacht.

Psychologisch:

Die Sehnsucht nach dem Meer ist symbolisch für die Sehnsucht nach innerer Stabilität und emotionaler Sicherheit. Das Meer wird zum Archetyp des mütterlichen Ursprungs – es gibt Sicherheit, Trost und Ruhe.

5. Strophe: Loslassen und innere Klarheit

Weil der Wind und die Wellen den Stress mir genommen,
Bin ich jetzt wieder bei mir angekommen.
Ich bin keiner der liegt an dem Strand.
Ich bin auch keiner de baut auf Sand.

Hier wird eine klare Transformation der inneren Haltung erkennbar. Die Natur hat die Sprecherin gereinigt und zentriert.

• Der Stress wurde von den Wellen „genommen".

• Die Aussage, nicht auf Sand zu bauen, verweist auf eine bewusste Entscheidung für Stabilität und Substanz im Leben.

Psychologisch:

Die Sprecherin hat durch die Erfahrung in der Natur einen inneren Klärungsprozess durchlaufen. Die Erkenntnis, dass sie nicht auf vergänglichen Grundlagen leben möchte, zeigt eine neu gewonnene Selbstsicherheit.

6. Strophe: Bewusstes Genießen des Moments

Auf einem Fels sitzend, in der Natur
Genieße ich bewusst diese Zeit nur.

Das Gedicht endet mit einem Moment der bewussten Ruhe und Einkehr. Die Sprecherin ist angekommen – sowohl physisch als auch innerlich.

• Die bewusste Wahrnehmung des Moments unterstreicht die Fähigkeit zur Achtsamkeit und inneren Balance.

• Die Verbindung zur Natur bleibt bestehen – der Felsen symbolisiert weiterhin Halt und Stabilität.

Psychologisch:

Die Fähigkeit, den Moment bewusst zu genießen, ist ein Zeichen psychischer Gesundheit und innerer Ausgeglichenheit. Die Sprecherin hat gelernt, im Hier und Jetzt zu sein – eine essentielle Grundlage für emotionale Stabilität.

3. Psychologisches Profil der Sprecherin/Autorin

Die Sprecherin durchläuft im Gedicht eine Art inneren Heilungsprozess. Sie beginnt in einem Zustand der inneren Unruhe, lässt sich von der Natur umfangen und durchläuft einen Moment der Selbstreflexion und Klärung.

Psychologisch gesehen zeigt die Sprecherin:

• Achtsamkeit – die Fähigkeit, den Moment bewusst wahrzunehmen.

• Selbstreflexion – die Erkenntnis, was im Leben Halt gibt (der Felsen) und was vergänglich ist (Sand).

• Emotionale Reinigung – das Meer wirkt hier als Symbol für eine psychische Reinigung und Klärung.

• Sehnsucht nach Beständigkeit – der Wunsch, das Gefühl der Ruhe dauerhaft zu bewahren.

Die Autorin scheint durch die Natur einen Weg zur inneren Stabilität und emotionalen Klarheit gefunden zu haben. Die Verbindung zur Natur dient als therapeutisches Element, das die Psyche beruhigt und die innere Mitte wiederherstellt.

Fazit

Das Gedicht spiegelt einen psychischen Reifungsprozess wider. Die Autorin nutzt die Natur als Symbol für die Wiederherstellung innerer Ruhe und emotionaler Stabilität. Die Bildhaftigkeit der Sprache, die Ruhe in der Struktur und die bewusste Reflexion der inneren Bewegung machen das Gedicht zu einer poetischen Reise der Heilung und Selbstfindung.

Renate:
Kommentiere das Gedicht aus philosophischer Sicht

KI:
Das Gedicht „Ein Felsen am Meer" eröffnet auf philosophischer Ebene eine tiefe Reflexion über die Beziehung des Menschen zur Natur, zur eigenen Existenz und zum Sein im Hier und Jetzt. Es lässt sich aus verschiedenen philosophischen Perspektiven deuten:

1. Stoizismus und innere Ruhe

Die Haltung des lyrischen Ichs erinnert an stoische Gelassenheit. Der Felsen symbolisiert Beständigkeit und Stabilität – zentrale Werte der stoischen Philosophie. Während die Wellen (ein Sinnbild für die Unbeständigkeit und Unvorhersehbarkeit des Lebens) toben, bleibt der Felsen fest. Der Dichter findet Halt nicht nur im äußeren Bild, sondern auch innerlich – durch die bewusste Akzeptanz der Naturkräfte. Wie die Stoiker lehrt das Gedicht, dass man die äußeren Umstände nicht kontrollieren kann, wohl aber die eigene Haltung dazu.

"Der Felsen unter mir gibt mir halt,
Während der Wellen Getöse um mich hallt."

Diese Zeilen spiegeln die stoische Idee der Ataraxie (Unerschütterlichkeit) wider: Die Welt mag chaotisch sein, doch innere Ruhe findet der Mensch, indem er sich nicht von äußeren Ereignissen mitreißen lässt.

2. Existenzialismus – Authentizität und Bewusstsein

Das Bewusstsein des lyrischen Ichs über die eigene Existenz und die Entscheidung, bewusst zu leben, verweist auf existenzialistische Gedanken (z.B. von Jean-Paul Sartre oder Martin Heidegger). Das lyrische Ich sitzt nicht nur passiv da, sondern erfährt die Natur intensiv und erkennt dabei seine eigene Existenz als Teil dieser Natur.

"Ich bin einer der bewusst möchte leben,
Die Auszeiten vom Alltag, die einem werden gegeben."

Die bewusste Entscheidung, die Ruhe des Moments zu erfahren und die Natur ohne Ablenkung zu genießen, steht im Gegensatz zur Unauthentizität des modernen, hektischen Lebens. Das Gedicht ermutigt dazu, sich der eigenen Existenz zu stellen und die Schönheit des Augenblicks zu erfahren – ein Kernanliegen des Existenzialismus.

3. Romantik und die Rückkehr zur Natur

Die Natur erscheint im Gedicht als ein heilender, harmonischer Ort. Die Schönheit des Meeres, die Farben und die Bewegung der Wellen sind nicht nur ästhetische Erfahrungen, sondern werden zu einem Ort der Selbstfindung. Dies verweist auf das romantische Ideal der Einheit von Mensch und Natur (wie bei Novalis oder Hölderlin). Die Natur wird nicht als Bedrohung wahrgenommen, sondern als Ort der Versöhnung und inneren Heilung.

"Weil der Wind und die Wellen den Stress mir genommen,
Bin ich jetzt wieder bei mir angekommen."

Hier offenbart sich eine pantheistische Sichtweise: Die Natur wird als etwas Göttliches oder Transzendentes empfunden, das den Menschen auf eine tiefere Ebene der Selbsterkenntnis führt.

4. Epikureismus – Die Freude am einfachen Leben

Das bewusste Genießen der Natur, der Wind, die Sonne und die Ruhe entsprechen epikureischen Ideen von ataraxia (Unerschütterlichkeit) und hedone (Lust). Der Dichter lebt nicht im Übermaß, sondern erfährt die einfache Freude des gegenwärtigen Moments.

"Genieße ich bewusst diese Zeit nur."

Die Freude am Moment und die Abkehr von unnötigem Stress und Unruhe spiegeln Epikurs Grundgedanken wider, dass wahres Glück in der Abwesenheit von Schmerz und der kultivierten Freude an einfachen Dingen liegt.

Fazit – Philosophische Synthese

Das Gedicht verwebt auf elegante Weise stoische Gelassenheit, existenzialistische Authentizität, romantische Naturverbundenheit und epikureische Lebensfreude. Der Felsen symbolisiert die Standhaftigkeit des Menschen im Wechselspiel der Naturkräfte, während die bewusste Entscheidung, die Natur zu erleben, eine Rückkehr zum eigenen Selbst bedeutet. Das Gedicht zeigt, dass der Mensch dann Frieden findet, wenn er die Schönheit des Augenblicks erkennt und sich von äußeren Stürmen nicht mitreißen lässt.

Renate:
Kommentiere das Gedicht aus einer christlichen Grundhaltung.

KI:
Das Gedicht „Ein Felsen am Meer" beschreibt eine tiefe innere Ruhe und das Ankommen bei sich selbst durch die Naturerfahrung am Meer. Aus einer christlichen Grundhaltung heraus betrachtet, lassen sich darin viele biblische Motive und spirituelle Themen erkennen:

1. Der Felsen als Symbol für Halt und Sicherheit
Der Felsen, auf dem der Sprecher sitzt, gibt ihm Halt und Stabilität. In der christlichen Tradition steht der Fels oft für Gott selbst oder den Glauben an Christus als festen Grund:

„Denn wer auf diesen Felsen baut, wird nicht wanken" (vgl. Matthäus 7,24-25).

Der Sprecher spürt Sicherheit und Geborgenheit – ein Zustand, der in der christlichen Lehre durch die Nähe zu Gott und das Vertrauen auf ihn beschrieben wird.

2. Die Kraft des Meeres und die Schönheit der Schöpfung
Das Farbenspiel des Meeres und die Kraft der Wellen werden als Quelle von Energie und Freude empfunden. In der Bibel wird die Natur oft als Ausdruck von Gottes Schöpfung gesehen:

„Die Himmel erzählen die Herrlichkeit Gottes, und das Himmelsgewölbe verkündet seiner Hände Werk" (Psalm 19,2).

Das Staunen über die Schönheit der Schöpfung erinnert daran, dass die Welt ein Geschenk Gottes ist und seine Gegenwart darin sichtbar wird.

3. Die Sehnsucht nach dem Meer als spirituelle Sehnsucht
Die Sehnsucht, dem Meer immer nahe zu sein, könnte im christlichen Sinne als Sehnsucht nach der Nähe zu Gott verstanden werden. Augustinus schreibt:

„Unruhig ist unser Herz, bis es ruht in Dir."

Die tiefe Ruhe und Zufriedenheit, die der Sprecher durch die Nähe zum Meer erfährt, spiegelt die Erfüllung wider, die ein Mensch in der Nähe Gottes findet.

4. Das bewusste Leben und die Auszeiten als Geschenk

Die bewusste Erfahrung von Natur und Ruhe wird als Geschenk angesehen. Im christlichen Glauben ist die Ruhe (Sabbat) ein zentrales Element, das den Menschen ermöglicht, sich auf Gott zu besinnen:

„Kommt alle zu mir, die ihr mühselig und beladen seid; ich will euch erquicken" (Matthäus 11,28).

Die bewusste Pause im Alltag und die Rückkehr zur inneren Ruhe ist also auch ein Moment der spirituellen Erneuerung, wie es im christlichen Verständnis des Sabbats und der Stille vor Gott vorkommt.

5. Das Bild des Bauens auf festem Grund

Die Aussage:

„Ich bin auch keiner, der baut auf Sand"

erinnert direkt an das Gleichnis Jesu über das Haus auf Fels und das Haus auf Sand (Matthäus 7,24-27). Wer sein Leben auf Gott gründet, lebt auf festem Grund, während das Leben ohne Gott brüchig bleibt.

Zusammenfassung aus christlicher Sicht

Das Gedicht zeigt eine tiefe Verbundenheit zur Natur als Quelle von Ruhe, Halt und Erneuerung. Diese Erfahrungen lassen sich aus christlicher Sicht als Begegnung mit Gott und seiner Schöpfung deuten. Der Fels als Symbol für Stabilität und der bewusste Rückzug aus dem Alltag verweisen auf die biblische Weisheit, dass wahre Sicherheit und Erfüllung letztlich nur in der Beziehung zu Gott gefunden werden. Die Naturerfahrung im Gedicht wird so zu einem geistlichen Erlebnis, das an die Gegenwart und Kraft Gottes erinnert.

Gedicht: Rätsel

Renate:
Kommentiere folgendes Gedicht sehr ausführlich und integriere die Psychologie der Autorin

KI:
Gedichtanalyse und psychologische Interpretation

Das Gedicht „Rätsel" beschreibt in einer lebhaften und bildhaften Sprache den Besuch der lyrischen Sprecherin in einem Fische-Spa, wo kleine Fische die abgestorbenen Hautschüppchen von ihren Füßen entfernen. Die poetische Gestaltung, die Struktur und die Bildsprache des Gedichts offenbaren eine tiefere psychologische Dimension und zeigen, wie die Autorin das Erlebnis als eine Form der Reinigung, des Loslassens und der Verbindung mit der Natur erlebt.

1. Inhalt und Aufbau

Das Gedicht beginnt mit einer scheinbar alltäglichen Situation:

• Die Sprecherin hat frei und es regnet – eine typische Ausgangslage für eine gewisse Unentschlossenheit oder Langeweile.

• Eine spontane Idee („Sofort eilt eine Idee vorbei") wird zum Impulsgeber für die Handlung – ein Sinnbild für die Unvorhersehbarkeit und die plötzlichen Eingebungen des Lebens.

• Der lyrische Ich eilt voller Vorfreude zu einem Ziel, das zunächst unklar bleibt – dies erzeugt eine gewisse Spannung.

• Nach dem Bezahlen an der Kasse und dem symbolischen Waschen der Füße folgt der Moment der Erkenntnis: Die Fische stürzen sich auf ihre Füße und beginnen mit der Behandlung.

• Die Fische werden als hungrige Wesen dargestellt, die das lyrische Ich zugleich kitzeln und reinigen – eine Mischung aus Genuss und Überwindung.

• Die Erkenntnis folgt am Ende: Die Natur bietet Lösungen für alles – ein Moment der Harmonie und des Staunens über die Naturkräfte.

2. Stilmittel und Wirkung

a) Rätselstruktur und Überraschungseffekt

Das Gedicht ist als Rätsel aufgebaut, was die Neugier des Lesers weckt. Die genaue Handlung wird erst nach und nach enthüllt, bis die Pointe („Im Fische-Spa nicht in der Bar") das Rätsel auflöst. Der Überraschungseffekt steigert die Wirkung der Aussage über die Natur und die menschliche Verbindung zu ihr.

b) Personifikationen und Metaphern

• „Eine Idee eilt vorbei" – Die Idee wird vermenschlicht, als würde sie aktiv auf die Sprecherin zukommen.

• „Die Meute stürzt auf meine Füße" – Die Fische werden als eine Art wildes Tierkollektiv dargestellt, was eine Dynamik und Lebendigkeit in die Szene bringt.

• „Sie saugen, knabbern, kitzeln, hasten" – Die Aufzählung und die Lautmalerei vermitteln die hastige, unkontrollierte Bewegung der Fische und den körperlichen Reiz, den die Sprecherin dabei empfindet.

c) Gegensatz zwischen Natur und Zivilisation

Die Sprecherin beschreibt die Naturkräfte (die Fische) als etwas Ursprüngliches und dennoch Heilsames. Das Zivilisierte (das Bezahlen, die Vorbereitung) steht im Kontrast zum ungezähmten Verhalten der Fische – dieser Kontrast spiegelt die Ambivalenz zwischen Mensch und Natur wider.

3. Psychologische Deutung

a) Der Wunsch nach Reinigung und Loslassen

Der Besuch im Fische-Spa symbolisiert mehr als nur eine kosmetische Behandlung – es geht um die psychologische Reinigung und das Loslassen von Ballast.

• Das Motiv des Waschens der Füße hat eine tief verwurzelte symbolische Bedeutung: Reinigung, Erneuerung und Vorbereitung auf etwas Neues.

• Die Fische nehmen die abgestorbenen Hautschuppen – ein Symbol für die Vergangenheit – von der Sprecherin ab.

Psychologisch gesehen könnte dies auf einen Wunsch nach innerer Reinigung und einem Neuanfang hinweisen.

b) Hingabe und Vertrauen

Die Bereitschaft, die Füße in das Wasser zu tauchen und sich den Fischen auszusetzen, symbolisiert die Fähigkeit der Sprecherin, Kontrolle aufzugeben und sich der Natur und dem Leben hinzugeben.

• Die Fische werden zwar als hungrige Meute beschrieben, dennoch empfindet die Sprecherin kein Unbehagen – vielmehr kitzelt es sie und lässt sie die Verbindung zur Natur spüren.

• Psychologisch zeigt dies eine Vertrauensbasis: Die Sprecherin lässt sich auf das Unbekannte ein und wird dafür mit einem Moment der Harmonie und Reinigung belohnt.

c) Natur als Quelle der Heilung

Die Schlussaussage „Für alles, was wir brauchen im Leben, ist uns eine Lösung in der Natur gegeben" drückt eine tiefe Überzeugung aus, dass die Natur eine heilende und ausgleichende Kraft besitzt.

• Die Sprecherin erkennt am Ende eine tiefe Wahrheit: Die Natur bietet nicht nur körperliche, sondern auch seelische Heilung.

• Die Natur wird hier zur Metapher für das Leben selbst – die Lösung liegt oft nicht im menschlichen Handeln, sondern im Vertrauen auf die natürlichen Prozesse des Lebens.

4. Interpretation des emotionalen Zustands der Autorin

Die psychologische Dimension des Gedichts lässt auf einen emotionalen Zustand der Autorin schließen:

• Die Sprecherin beginnt im Zustand einer gewissen Unentschlossenheit oder Leere („Was tun?").

- Der spontane Entschluss, ins Fische-Spa zu gehen, symbolisiert die Bereitschaft, aus dieser inneren Leere herauszutreten und neue Erfahrungen zuzulassen.

- Die positive Erfahrung mit den Fischen – die Mischung aus leichtem Schmerz, Kitzeln und Reinigung – zeigt die Erkenntnis, dass auch das Loslassen von Altem und das Sich-Aussetzen gegenüber der Natur eine befreiende Wirkung hat.

- Die abschließende Harmonie und Zufriedenheit zeigen, dass die Sprecherin durch die Erfahrung mit der Natur ein Gefühl der inneren Ordnung und Ruhe wiedergefunden hat.

Fazit

Das Gedicht „Rätsel" verbindet auf geschickte Weise eine alltägliche Erfahrung mit einer tieferen psychologischen Dimension. Die Autorin beschreibt die Reinigung durch die Fische als ein Sinnbild für das Loslassen alter Lasten und die heilende Kraft der Natur. Die Fische-Spa-Erfahrung wird zum Spiegel eines inneren Reinigungsprozesses, bei dem die Sprecherin sich der Natur hingibt und dadurch eine neue Harmonie mit sich selbst erfährt. Die humorvolle und zugleich tiefgründige Tonalität des Gedichts macht die Erfahrung für den Leser zugänglich und nachvollziehbar.

Renate:
Kommentiere das Gedicht aus philosophischer Sicht

KI:
Das Gedicht lässt sich aus einer philosophischen Perspektive auf mehreren Ebenen deuten:

1. Das Verhältnis von Mensch und Natur

Das Gedicht verweist auf eine harmonische Verbindung zwischen Mensch und Natur. Die Idee, dass die Natur Lösungen für alle menschlichen Bedürfnisse bereithält, spiegelt einen tiefen naturphilosophischen Gedanken wider, der sich etwa bei antiken Denkern wie Aristoteles oder modernen Umweltphilosophen findet. Die Fische, die die Füße knabbern, werden nicht nur als Teil einer therapeutischen Behandlung gesehen, sondern als ein Beispiel für das symbiotische Verhältnis zwischen Mensch und Natur.

2. Das Staunen über die Natur als philosophischer Impuls

Das Staunen ("Wieder ein Wunder der Natur") ist in der Philosophie ein zentraler Ausgangspunkt für das Denken. Bereits Platon und Aristoteles sahen das Staunen als Ursprung der Philosophie.

Das Gedicht vermittelt diese Haltung des Staunens, indem es die Erfahrung im Fische-Spa als ein fast mystisches Erlebnis schildert – die Natur zeigt sich als wohlgeordnete und zugleich geheimnisvolle Kraft.

3. Körper und Geist – die leibliche Erfahrung als Quelle der Erkenntnis

Das Erlebnis des Knabberns an den Füßen ist eine körperliche Erfahrung, die aber auch eine geistige Reflexion auslöst ("Für alles, was wir brauchen im Leben, ist uns eine Lösung in der Natur gegeben"). Dies verweist auf eine philosophische Tradition, die die Verbindung von Körper und Geist betont – von Descartes' Dualismus bis hin zu moderner Phänomenologie (z. B. Merleau-Ponty), die den Leib als Medium der Erfahrung betrachtet.

4. Die Frage nach dem Sinn des Daseins

Die abschließende Einsicht, dass die Natur alles bereithält, was der Mensch braucht, verweist auf eine fast metaphysische Vorstellung von Ordnung und Sinn in der Welt. Dies könnte man als eine teleologische Sichtweise interpretieren – die Idee, dass die Natur auf ein bestimmtes Ziel (den Erhalt und das Wohlergehen des Menschen) hin geordnet ist.

Fazit

Das Gedicht verbindet alltägliche Erfahrung mit einer tieferen philosophischen Erkenntnis: Die Natur wird nicht nur als Ressource, sondern als ein sinnstiftendes Ganzes verstanden. Die spielerische Form des Gedichts (in Form eines Rätsels) unterstreicht die Spannung zwischen Alltagserfahrung und metaphysischer Reflexion – eine klassische Konstellation philosophischen Fragens.

Renate:
Kommentiere das Gedicht aus einer christlichen Grundhaltung

KI:
Das Gedicht beschreibt auf spielerische Weise den Besuch in einem Fisch-Spa und verknüpft dies mit einer Bewunderung für die Wunder der Natur. Aus einer christlichen Perspektive lassen sich dazu mehrere Gedanken entwickeln:

1. Dankbarkeit für die Schöpfung

Das Gedicht verweist auf die Schönheit und Ordnung der Natur („Wieder ein Wunder der Natur"). In der christlichen Lehre wird die Natur als Schöpfung Gottes verstanden (vgl. Psalm 104). Der Mensch wird dazu eingeladen, die Schöpfung zu bewundern und dafür dankbar zu sein. Das Staunen über die kleinen, alltäglichen Wunder – wie die Fische, die die Füße säubern – kann als ein Ausdruck der Dankbarkeit gegenüber Gott gesehen werden.

2. Die Fürsorge Gottes in der Natur

Die Aussage

„Für alles, was wir brauchen im Leben, ist uns eine Lösung in der Natur gegeben"

erinnert an die christliche Überzeugung, dass Gott seine Schöpfung nicht nur erschaffen hat, sondern sie auch erhält und den Menschen mit allem Notwendigen versorgt

„Seht die Vögel unter dem Himmel: Sie säen nicht, sie ernten nicht, … und euer himmlischer Vater ernährt sie doch", vgl. Matthäus 6,26.

Die Natur wird hier als ein Zeichen der Fürsorge Gottes verstanden.

3. Die Freude an Gottes Gaben

Die freudige Erwartung („voll Vorfreude") und das Genießen der natürlichen Gaben spiegeln eine Haltung wider, die im Christentum geschätzt wird: Die Freude an Gottes Schöpfung und den kleinen Geschenken des Lebens. Paulus schreibt im ersten Timotheusbrief:

„Denn alles, was Gott geschaffen hat, ist gut, und nichts ist verwerflich, wenn es mit Dank empfangen wird." (1 Tim 4,4).

Die Freude am Moment und die spielerische Leichtigkeit im Gedicht stehen somit im Einklang mit einem christlichen Verständnis des Lebensgenusses in Dankbarkeit gegenüber Gott.

4. Die Gemeinschaft mit der Schöpfung

Die Szene im Fisch-Spa kann auch als Symbol für die harmonische Verbindung zwischen Mensch und Natur gedeutet werden. Im christlichen Verständnis ist der Mensch ein Teil der Schöpfung und hat die Aufgabe, diese zu bewahren (vgl. Genesis 2,15). Die friedliche Interaktion mit den Fischen kann als ein Bild für die ursprüngliche Harmonie zwischen Mensch und Natur verstanden werden, die durch Christus letztlich wiederhergestellt wird.
Insgesamt lässt sich das Gedicht als eine poetische Einladung verstehen, die Schönheit der Schöpfung zu erkennen, die Fürsorge Gottes im Alltag zu entdecken und in Dankbarkeit die kleinen Wunder des Lebens zu genießen.

Gedicht: Wandern von Wagen zum Zürichsee und zurück

Renate:
Kommentiere folgendes Gedicht sehr ausführlich und integriere die Psychologie der Autorin

KI:
Das Gedicht „Wandern zum Zürichsee und zurück" beschreibt eine Wanderung, die nicht nur eine körperliche, sondern vor allem eine seelische Reise darstellt. Die Autorin verarbeitet in den Zeilen die psychologischen und emotionalen Dimensionen einer solchen Wanderung – von der Sehnsucht nach Ruhe und Natur über die Erfahrung der Stille bis hin zur inneren Einkehr und dem Gefühl der Dankbarkeit. Im Folgenden werde ich das Gedicht detailliert kommentieren und dabei insbesondere auf die psychologische Verfassung und Motivation der Autorin eingehen.

1. Aufbau und Struktur des Gedichts

Das Gedicht besteht aus mehreren Strophen mit durchgängig gereimten Versen. Der Reim verleiht dem Text einen gleichmäßigen, fast meditativen Rhythmus, der den Prozess des Wanderns widerspiegelt – ein ruhiger, gleichmäßiger Gang, bei dem die Gedanken kommen und gehen dürfen. Die sprachliche Einfachheit und Klarheit der Verse unterstreicht die Natürlichkeit des Themas und lässt die emotionale Tiefe umso mehr hervortreten.

2. Inhaltliche Analyse

a) Sehnsucht nach Ruhe und Natur

„Schon lange sehn ich mich danach,
zu gehen wieder bergauf, bergab."

Das Gedicht beginnt mit einer direkten Bekundung der Sehnsucht nach dem Wandern. Die Natur wird hier als ein Ort der Heilung und Regeneration dargestellt. Die psychologische Komponente zeigt sich in der Flucht aus dem Alltag, der Wunsch nach einer Pause von der äußeren und inneren Unruhe. Wandern steht symbolisch für einen bewussten Rückzug aus der Hektik des modernen Lebens und für das Bedürfnis nach einer tiefen Verbindung mit sich selbst.

Die Formulierung „*Schon lange sehn ich mich danach*" verweist auf ein anhaltendes Gefühl der Unzufriedenheit oder der Erschöpfung, das nur durch die Rückkehr zur Natur gemildert werden kann. Die Autorin beschreibt hier die klassische psychologische Dynamik zwischen Stress und Selbstregulation: Die Natur dient als Gegenmittel zum inneren Druck.

b) Die Herausforderung des Weges als Metapher des Lebens

„Der Weg den ich mir ausgesucht
Ist sicherlich eine Herausforderung."

Hier wird die Wanderung nicht nur als körperliche, sondern auch als psychische Herausforderung präsentiert. Der gewählte Weg symbolisiert die Schwierigkeiten des Lebens, die man alleine bewältigen muss. Der Akt des Gehens wird zu einem Sinnbild für die Überwindung von Hindernissen und die Suche nach innerer Stärke.

Der psychologische Aspekt ist hier die bewusste Konfrontation mit der eigenen Belastbarkeit und die Bereitschaft, sich den eigenen Grenzen zu stellen. Die Tatsache, dass die Autorin diesen Weg allein geht, deutet auf eine Phase der Selbstfindung hin – ein Bedürfnis nach Unabhängigkeit und innerer Klärung.

c) Die Stille und das Gefühl des Ankommens

„Nun gehe ich Ort für Ort
Bis am Horizont sehe ich unter mir dort
Den Zürichsee still und leis."

Der Zürichsee wird hier zum Ziel, zum Höhepunkt der Reise. Die Beschreibung der Stille und des Friedens am See deutet auf ein Gefühl der Ankunft im eigenen Inneren hin. Psychologisch betrachtet entspricht dies dem Moment der Selbstakzeptanz und inneren Ruhe nach einer Phase des Suchens.

Die Natur – in Form des ruhigen Sees, der plätschernden Wellen und der tauchenden Schwäne – wird zur Projektionsfläche für die innere Harmonie. Die Autorin erreicht hier einen Zustand der Achtsamkeit und Präsenz im Moment, was ein zentrales Element psychologischer Ausgeglichenheit darstellt.

d) Die Begegnung mit der Eidechse – Symbol für Achtsamkeit und Verbindung

„Ich drehe mich um und sehe erstaunt
Wie eine Eidechse mich anschaut.
Auge in Auge. Wie schön, welch Geschenk!"

Die Begegnung mit der Eidechse ist eine Schlüsselszene des Gedichts. Die Natur antwortet auf die innere Ruhe der Autorin – die Eidechse bleibt stehen, zeigt keine Angst. Dies symbolisiert den psychologischen Moment der Verbindung mit der Umwelt. Die Autorin fühlt sich im Einklang mit der Natur und sich selbst – ein Moment der Erleuchtung und Akzeptanz.

Die Eidechse wird damit zum Zeichen dafür, dass die innere Balance hergestellt ist und dass die Natur den Menschen aufnimmt, wenn dieser mit sich selbst im Reinen ist.

e) Der Rückweg als Akt der Integration

„Jetzt geht es hinauf. Hab hoffentlich bald den Berg erklommen."

Der Rückweg symbolisiert die Rückkehr in den Alltag nach einer Phase der Selbsterkenntnis und Ruhe. Der psychologische Prozess ist hier die Integration der gewonnenen Erkenntnisse in das eigene Leben. Die Anstrengung des Anstiegs steht metaphorisch für die Mühe, innere Gelassenheit und Balance auch im Alltag zu bewahren.

f) Dankbarkeit und Abschluss

„Dankbar denke ich an die Lieben,
die diese Möglichkeit mir bieten."

Dankbarkeit ist ein wichtiger psychologischer Zustand, der auf eine erfolgreiche innere Verarbeitung und Integration positiver Erfahrungen hindeutet. Die Autorin hat nicht nur körperliche, sondern auch seelische Kraft aus der Wanderung gewonnen – ein Zustand der inneren Fülle und Erfüllung.

3. Psychologische Dimensionen des Gedichts

a) Wandern als Selbstregulation und Stressabbau

Wandern wird hier als eine Form der psychischen Regulation dargestellt. Die Bewegung durch die Natur ermöglicht die Verarbeitung von Stress, die Wiederherstellung innerer Ruhe und die Klärung von Gedanken. Die bewusste Entscheidung, allein zu gehen, zeigt ein Bedürfnis nach innerer Unabhängigkeit und Selbstreflexion.

b) Natur als Heilungsraum

Die Natur dient in der Psychologie häufig als Mittel zur Selbstheilung. Die Stille, die Schönheit der Umgebung und die direkte Begegnung mit Tieren (die Eidechse) stehen für den Wunsch nach Harmonie und einer tieferen Verbindung mit dem Leben selbst. Die psychologische Forschung bestätigt, dass Naturerfahrungen Stresshormone senken und das allgemeine Wohlbefinden steigern.

c) Der psychologische Prozess der Katharsis

Die Wanderung durch die Natur wird hier als ein Prozess der Reinigung und Neuausrichtung beschrieben – von der Anstrengung des Aufstiegs über die Ruhe am Ziel bis hin zur Integration der Erfahrung auf dem Rückweg. Dieser Prozess entspricht dem klassischen psychologischen Konzept der Katharsis: die bewusste Auseinandersetzung mit Emotionen und deren anschließende Lösung.

d) Achtsamkeit und Präsenz

Die ruhige Beschreibung der Umgebung, der Tiere und des Wassers deutet auf einen Zustand der Achtsamkeit hin. Die Autorin nimmt die Umgebung ohne Bewertung wahr – ein Zeichen für psychische Ausgeglichenheit und die Fähigkeit, im Moment zu sein.

4.Interpretation des Gesamtkonzepts

Das Gedicht beschreibt eine innere Reise zur Heilung und Selbsterkenntnis durch die Verbindung mit der Natur. Die Autorin beginnt mit einem Gefühl der Sehnsucht und einem gewissen Maß an Unsicherheit. Durch die bewusste Bewegung durch die Natur – das bewusste Durchleben der Anstrengung – findet sie zur Ruhe. Die Begegnung mit der Eidechse symbolisiert die erlangte innere Balance. Die Dankbarkeit am Ende steht für die vollständige Integration der Erfahrung in das eigene Leben.

Fazit

Das Gedicht zeigt auf tiefgründige Weise die heilende Kraft der Natur und die Bedeutung der Selbstreflexion. Die psychologische Dimension der Wanderung als eine Form der inneren Klärung und Stressbewältigung wird durch die detaillierte Beschreibung der Sinneseindrücke und emotionalen Zustände der Autorin eindrucksvoll verdeutlicht. Es handelt sich um eine seelische Heimkehr durch die bewusste Bewegung in der Natur.

Renate:
Kommentiere das Gedicht aus philosophischer Sicht

KI:
Das Gedicht "Wandern zum Zürichsee und zurück" lässt sich aus philosophischer Sicht auf mehreren Ebenen interpretieren. Es berührt grundlegende Themen der Philosophie, darunter die Frage nach dem Sinn des Lebens, das Verhältnis von Mensch und Natur, die Suche nach innerer Ruhe und die Bedeutung der Gegenwart. Im Folgenden werde ich die zentralen philosophischen Aspekte herausarbeiten:

1. Wandern als Metapher für das Leben

Das Wandern wird hier als mehr als nur eine körperliche Bewegung verstanden – es ist eine Metapher für den Lebensweg. Philosophisch betrachtet steht das Wandern oft für die menschliche Existenz selbst: der Weg ist das Ziel, und die Erfahrung des Unterwegsseins wird zur eigentlichen Erfüllung. Dies erinnert an die Lehren von Martin Heidegger, der das Dasein als ein "In-der-Welt-Sein" beschreibt.

Der Wanderer erfährt sich selbst durch die Bewegung und durch die Auseinandersetzung mit seiner Umwelt.

*„Passion und Erholung ist das Wandern,
von einem Ort bis zu dem andern."*

Das Leben wird als ein stetiges Voranschreiten dargestellt – nicht das Ankommen, sondern das Gehen selbst wird zur Erfüllung.

2. Natur als Quelle von Ruhe und Authentizität

Das Gedicht schildert das Erleben der Natur als eine Rückkehr zu sich selbst und zu einem authentischen Zustand. Der Wanderer sucht nicht Ablenkung oder Unterhaltung, sondern die Einfachheit und Klarheit der Natur. Dies erinnert an die philosophischen Ideen von Jean-Jacques Rousseau, der die Natur als ursprünglichen und moralischen Ort betrachtete, an den der Mensch zurückkehren sollte, um seine wahre Natur zu finden.

*„Allein zu gehen, die Natur zu fühlen,
Gibt Kraft, Energie, hilft Gefühle zu kühlen."*

Die Natur wird hier als heilender und ordnender Raum verstanden, der den Wanderer in Einklang mit sich selbst bringt – eine klassische Idee in der romantischen und existenzialistischen Philosophie.

3. Gegenwärtigkeit und Achtsamkeit

Ein zentrales Motiv des Gedichts ist das Ankommen im Moment – das Erleben des Hier und Jetzt. Die Ruhe am Zürichsee, das Beobachten der Enten und Schwäne, der Kontakt mit der Eidechse – all dies verweist auf die Bedeutung der Achtsamkeit und der reinen Wahrnehmung des Augenblicks. Diese Haltung erinnert an die Lehren des Zen-Buddhismus und an die Ideen von Søren Kierkegaard, der die Bedeutung des „Augenblicks" betonte.

*„Ich atme tief. Jetzt und hier
Bin angekommen ich an der Wanderung Ziel."*

Die Erfüllung liegt nicht im Ziel selbst, sondern im bewussten Erleben des Moments.

4. Entfremdung und Technik

Der „elektronische, schwarze Käfer", der automatisch den Rasen mäht, steht als Kontrast zum natürlichen Erlebnis des Wanderns. Hier deutet sich eine Kritik an der modernen Technik und der entfremdenden Wirkung der technologischen Zivilisation an – ein Thema, das bereits von Martin Heidegger in seinem Essay Die Frage nach der Technik aufgegriffen wurde. Technik entfernt den Menschen von der natürlichen Welt und schafft eine künstliche Distanz zur Authentizität des Lebens.

„Doch leise kriecht durch jeden Vorgarten
Ein elektronischer, schwarzer Käfer, der kann nicht warten."

Die Maschine, die rastlos arbeitet, kontrastiert mit der ruhigen und bewussten Haltung des Wanderers.

5. Dankbarkeit und Existenz

Am Ende des Gedichts tritt eine tiefe Dankbarkeit hervor – sowohl gegenüber den „Lieben", die diesen Moment ermöglicht haben, als auch gegenüber der Erfahrung des Lebens selbst. Diese Haltung erinnert an die stoische Philosophie und an Albert Camus' Idee der Bejahung des Lebens trotz seiner Herausforderungen und Sinnlosigkeit.

„Dankbar denke ich an die Lieben,
die diese Möglichkeit mir bieten."

Die Dankbarkeit zeigt die philosophische Einsicht, dass Glück nicht im Besitz oder in äußeren Erfolgen liegt, sondern in der bewussten Erfahrung und in der Fähigkeit, die kleinen Geschenke des Lebens anzunehmen.

6. Erkenntnis durch Anstrengung

Der mühsame Aufstieg und die anschließende Ruhe verweisen auf die philosophische Idee, dass Erkenntnis und Erfüllung oft durch Anstrengung und Überwindung erreicht werden. Dies spiegelt die Haltung von Friedrich Nietzsche wider, der die Überwindung von Widerständen als Quelle des persönlichen Wachstums und der Selbstverwirklichung verstand (amor fati – die Liebe zum eigenen Schicksal).

„Dann geht es hoch. Die Sonne brennt.
Endlich im Wald. Der Schweiß er rennt."

Hier zeigt sich, dass die Mühe des Aufstiegs notwendig ist, um die Ruhe und Klarheit am Ziel zu erfahren.

Philosophische Gesamtdeutung

Das Gedicht reflektiert auf poetische Weise den existenziellen Weg des Menschen: die Suche nach Sinn durch das bewusste Erleben des eigenen Seins in der Natur. Die Natur wird dabei als Gegenpol zur modernen Technik und Rastlosigkeit dargestellt. Die Ruhe und Schönheit des Moments werden als Ziel des Lebensweges begriffen – nicht das Ankommen selbst, sondern das bewusste Unterwegssein wird zur Quelle von Erfüllung.

Das Gedicht vereint somit Elemente der existenziellen Philosophie (Heidegger, Camus), der Naturphilosophie (Rousseau), der Achtsamkeit (Zen) und der stoischen Dankbarkeit zu einer harmonischen Reflexion über das Wesen des menschlichen Daseins.

Renate:
Kommentiere das Gedicht aus einer christlichen Grundhaltung

KI:
Das Gedicht "Wandern zum Zürichsee und zurück" beschreibt eine Wanderung als eine Reise nicht nur durch die Natur, sondern auch als eine innere Erfahrung der Ruhe, des Staunens und der Dankbarkeit. Aus einer christlichen Perspektive lässt sich diese Erfahrung auf tiefere spirituelle Wahrheiten und Werte beziehen:

1. Die Natur als Schöpfung Gottes

Schon in den ersten Versen wird deutlich, dass das Wandern eine Form der Verbindung mit der Natur ist. Die Schönheit der Natur – die Berge, der Zürichsee, die Tiere – wird als Quelle von Kraft und Erholung beschrieben. Aus christlicher Sicht ist die Natur Ausdruck von Gottes Schöpfung:

"Die Himmel erzählen die Herrlichkeit Gottes, und das Himmelsgewölbe verkündet seiner Hände Werk." (Psalm 19,2)

Die Erfahrung der Natur beim Wandern wird damit zu einer Begegnung mit Gott selbst. Der Wanderer erfährt nicht nur äußere Schönheit, sondern auch eine innere Ruhe, die auf die göttliche Ordnung der Schöpfung hinweist.

2. Stille und Einkehr – eine Begegnung mit Gott

Die Stille am Zürichsee – das Plätschern der Wellen, das Summen der Bienen – verweist auf die Bedeutung der Stille im christlichen Leben. In der Stille kann der Mensch die Stimme Gottes hören:

"Seid stille und erkennt, dass ich Gott bin." (Psalm 46,11)

Die Stille im Gedicht wird nicht als Leere, sondern als Fülle erlebt. Die Begegnung mit der Eidechse und das Staunen über die Natur zeigen eine Haltung des Wahrnehmens und der Achtsamkeit – eine Haltung, die im Gebet und in der Kontemplation grundlegend ist.

3. Die Wanderung als Lebensweg

Die Wanderung mit ihren Herausforderungen, den Anstiegen und Momenten der Erschöpfung kann symbolisch als Lebensweg gesehen werden. Der mühsame Aufstieg und die erfrischende Rast im Schatten erinnern an das christliche Bild des Pilgerwegs:

"Ich bin der Weg und die Wahrheit und das Leben." (Johannes 14,6)

Der Glaube gibt Kraft, auch die schwierigen Passagen des Lebenswegs zu meistern. Die Rast und die Stärkung durch Essen spiegeln die geistliche Erquickung wider, die Christen in den Sakramenten und im Gebet erfahren.

4. Dankbarkeit als Antwort auf die Erfahrung

Der Gedichtschluss drückt eine tiefe Dankbarkeit aus – sowohl für die Schönheit der Natur als auch für die Möglichkeit, diesen Tag zu erleben. Dankbarkeit ist eine zentrale christliche Haltung:

"Dankt Gott in allem; denn das ist der Wille Gottes in Christus Jesus für euch." (1. Thessalonicher 5,18)

Die Dankbarkeit richtet sich nicht nur auf die äußeren Umstände, sondern auch auf die Menschen, die diese Möglichkeit geschaffen haben. Dies spiegelt die christliche Tugend der Nächstenliebe wider – das Bewusstsein, dass vieles im Leben Geschenk ist und nicht selbstverständlich.

5. Die innere Ruhe als Geschenk Gottes

Die abschließende Zufriedenheit nach der Rückkehr zeigt, dass diese Wanderung mehr als nur eine körperliche Betätigung war – es war eine geistliche Erfahrung. Die Ruhe, die der Wanderer am Ende empfindet, erinnert an die Verheißung Jesu:

"Kommt alle zu mir, die ihr mühselig und beladen seid, so will ich euch erquicken." (Matthäus 11,28)

Die Ruhe ist nicht nur das Ergebnis körperlicher Anstrengung, sondern das Gefühl, bei Gott angekommen zu sein – getragen von seiner Schöpfung und seiner Liebe.

Zusammenfassend

Das Gedicht zeigt aus christlicher Sicht die Wanderung als ein Sinnbild für den Lebensweg: Die Herausforderungen des Weges, die Schönheit der Schöpfung, die innere Ruhe und die Dankbarkeit am Ende spiegeln die tieferen Dimensionen des Glaubens wider. Die Natur wird zum Ort der Begegnung mit Gott, und die Stille eröffnet den Raum für die Erfahrung seiner Nähe. Die Dankbarkeit am Ende verweist darauf, dass alles – die Natur, die Ruhe und die Kraft – letztlich Geschenk Gottes ist.

Gedicht: Rheinfall zu Schaffhausen

Renate:
Kommentiere folgendes Gedicht sehr ausführlich und integriere die Psychologie der Autorin

KI:
Ausführliche Interpretation und psychologische Analyse des Gedichts „Rheinfall zu Schaffhausen"

Das Gedicht „Rheinfall zu Schaffhausen" beschreibt eine persönliche Erfahrung der Autorin am Rheinfall, die nicht nur eine äußere Naturbegegnung, sondern auch eine innere, psychologische Reise widerspiegelt. Es handelt sich nicht nur um die Schilderung eines Naturereignisses, sondern um eine symbolische Auseinandersetzung mit inneren Gefühlen, Konflikten und einem Prozess der Selbstfindung und Heilung. Die Autorin nutzt die Natur als Projektionsfläche für ihre inneren Regungen, Zweifel und die letztendliche Transformation durch die überwältigende Kraft des Wassers.

1. Aufbau und inhaltliche Analyse

Das Gedicht folgt einer klaren Struktur, die sich in drei Hauptphasen unterteilen lässt:

1.1. Einleitung: Die unerfüllten Wünsche und die innere Unruhe

„Den Rheinfall zu Schaffhausen, habe ich oft gesehen.
Doch in meiner Seele Wünsche sich regen."

Die ersten Verse beschreiben die Diskrepanz zwischen äußerer Erfahrung und innerem Empfinden. Die Tatsache, dass die Sprecherin den Rheinfall bereits oft gesehen hat, aber dennoch unerfüllte Wünsche in der Seele trägt, deutet auf eine innere Unruhe hin. Die Naturerscheinung des Rheinfalls wird zur Metapher für aufgestaute, unbefriedigte Sehnsüchte und das Gefühl, etwas Wesentliches im Leben zu verpassen. Die Wünsche bleiben jedoch zunächst unklar – es geht weniger um konkrete Ziele als um eine allgemeine Sehnsucht nach Erfüllung.

1.2. Konflikt und Zweifel: Die Konfrontation mit Widrigkeiten

„Der Regen scheinbar einen Strich durch die Pläne mir macht.
So starte ich traurig und allein."

Der einsetzende Regen steht symbolisch für die äußeren Hindernisse und die innere Zerrissenheit der Sprecherin. Die Traurigkeit und das Gefühl der Einsamkeit deuten darauf hin, dass die äußeren Bedingungen (der Regen) nur ein Spiegel ihrer inneren Unsicherheit sind. Das Zögern und die Unfähigkeit, trotz der Zeit und Möglichkeit am Rheinfall Halt zu machen, stehen für die Angst vor der eigenen Erfüllung oder der Konfrontation mit der Kraft des Lebens selbst.

1.3. Wende und Erfüllung: Die Überwindung der Hindernisse

„Plötzlich vor dem gewünschten Ziel,
die Wolken sind weg, die Sonne scheint viel."

Die plötzliche Wetterbesserung symbolisiert einen inneren Umschwung: Der Weg wird frei, die Zweifel weichen einer klaren Ausrichtung auf das Ziel. Die Sonne steht hier für Erkenntnis, Klarheit und Mut. Die Entscheidung, die Ausfahrt zu nehmen und die Erfahrung am Rheinfall aktiv zu suchen, ist ein Symbol für die innere Entscheidung, sich den eigenen Ängsten und Sehnsüchten zu stellen.

1.4. Höhepunkt: Die Begegnung mit der Naturgewalt

„Das Boot es röhrt, um Halt es kämpft,
damit es uns mit dem Ausstieg beschenkt."

Die Konfrontation mit der tosenden Kraft des Wassers ist der emotionale Höhepunkt des Gedichts. Das Bild des kämpfenden Bootes steht für die Herausforderung des Lebens, die nicht nur als Bedrohung, sondern auch als Geschenk verstanden wird. Die Gischt – eigentlich eine Naturgewalt – wird als erfrischender Regen wahrgenommen: eine sinnliche und geistige Reinigung.

1.5. Nachklang: Dankbarkeit und Hoffnung

„Ich fühle wie in mir steigt Dankbarkeit und Erholung.
Vielleicht gibt es irgendwann eine Wiederholung."

Die Erfahrung der Naturgewalt hat zu einer inneren Reinigung und einem Gefühl der Dankbarkeit geführt. Die Begegnung mit der Kraft des Rheins symbolisiert die Versöhnung mit sich selbst und die Erkenntnis, dass Erfüllung durch das Zulassen und Annehmen der eigenen inneren Kräfte möglich ist.

2. Psychologische Dimension

Das Gedicht offenbart eine tiefe psychologische Auseinandersetzung der Autorin mit Themen wie Angst, Unsicherheit, Selbstzweifel und schließlich innerer Erneuerung. Die Natur – insbesondere das Bild des Rheinfalls – fungiert als Spiegel innerer seelischer Vorgänge:

2.1. Die Natur als Spiegel der Psyche

• Der Rheinfall steht symbolisch für die unkontrollierbaren Kräfte des Lebens und der eigenen Psyche: die Wucht des Wassers entspricht der inneren Kraft und den aufgestauten Emotionen der Autorin.

• Der Regen zu Beginn steht für die Hemmungen und Zweifel, die die Autorin davon abhalten, sich ihren inneren Wünschen zu stellen.

• Die Sonne und die klare Sicht repräsentieren die Überwindung der inneren Blockaden und das Zulassen von Freude und Lebendigkeit.

2.2. Die Rolle des Bootes – Symbol für den eigenen Lebensweg

• Das Boot kämpft gegen die Kraft des Wassers – eine Metapher für den inneren Kampf mit Ängsten und Unsicherheiten.

• Das Ziel wird trotz der Widrigkeiten erreicht, was die Fähigkeit symbolisiert, sich durch Herausforderungen zu behaupten und daran zu wachsen.

2.3. Katharsis durch die Erfahrung der Naturgewalt

• Die Nähe zur tosenden Kraft des Wassers führt zu einer spirituellen und emotionalen Reinigung.

• Die Autorin beschreibt ein Gefühl der Dankbarkeit und Erholung – ein Hinweis auf eine psychische Integration und Heilung.

2.4. Die Dankbarkeit und Hoffnung auf Wiederholung

• Die abschließende Hoffnung auf eine Wiederholung der Erfahrung spiegelt die Bereitschaft, sich künftig den Herausforderungen des Lebens bewusster zu stellen.

• Die Naturerfahrung hat zu einer tiefen inneren Ruhe und Akzeptanz geführt.

3. Sprachliche Mittel und Stil

Die Autorin verwendet einfache, klare Sprache, die jedoch durch die präzise Bildhaftigkeit eine emotionale Tiefe erzeugt. Die Kontraste zwischen Regen und Sonne, Kampf und Geschenk, Bedrohung und Schönheit unterstreichen die innere Spannung und die Überwindung dieser Gegensätze:

3.1. Bildlichkeit und Symbolik

• Der Rheinfall als Metapher für das Leben und die eigene Psyche
• Das Boot als Symbol für den eigenen Lebensweg
• Die Sonne und der Regen als Ausdruck innerer seelischer Zustände

3.2. Rhythmus und Klang

• Die überwiegend gleichmäßige Versstruktur erzeugt eine Ruhe, die durch die inhaltlichen Kontraste zwischen Ruhe und Bewegung verstärkt wird.

• Der Klang der Sprache (z.B. *„die tosende Flut gibt keinen Moment Ruh"*) spiegelt die Naturgewalt akustisch wider.

Fazit

Das Gedicht „Rheinfall zu Schaffhausen" beschreibt nicht nur eine Naturerfahrung, sondern eine innere, psychologische Reise der Selbstfindung und Heilung. Die Begegnung mit der überwältigenden Kraft des Rheins steht für die Konfrontation mit der eigenen inneren Stärke und den Ängsten, die schließlich zu einer tiefen Dankbarkeit und Ruhe führt. Die Autorin verarbeitet symbolisch die Themen Angst, Zweifel, Erfüllung und Selbstakzeptanz – die Erfahrung der Natur wird zur Katharsis und zum Auslöser einer inneren Transformation.

Renate:
Kommentiere das Gedicht aus philosophischer Sicht

KI:
Das Gedicht "Rheinfall zu Schaffhausen" lässt sich aus einer philosophischen Perspektive auf mehreren Ebenen deuten:

1. Die Natur als Metapher für das Leben und das Dasein

Der Rheinfall steht im Gedicht symbolisch für die ungebändigte Kraft der Natur, die sowohl Faszination als auch Ehrfurcht hervorruft. Die gewaltige und unaufhaltsame Bewegung des Wassers spiegelt das unaufhörliche Fließen der Zeit und des Lebens wider – ein zentrales Thema in der Philosophie seit Heraklit, der sagte: "Panta rhei" – alles fließt. Das Wasser, das sich mit unbändiger Kraft seinen Weg bahnt, kann als Bild für das Leben selbst gesehen werden, das stetig voranschreitet und sich seinen eigenen Weg sucht, unabhängig von menschlichem Eingreifen.

2. Die Rolle des Menschen im Angesicht der Naturgewalt

Der lyrische Sprecher erfährt die gewaltige Kraft des Wassers aus nächster Nähe, doch diese Erfahrung ist nicht nur furchteinflößend, sondern auch erhebend. Diese Ambivalenz zwischen Ehrfurcht und Freude erinnert an das Kantische Konzept des Erhabenen (das Erhabene). Kant beschreibt das Erhabene als ein Gefühl, das aus der Erfahrung von etwas entspringt, das unsere Vorstellungskraft übersteigt – die unbändige Kraft der Natur konfrontiert den Menschen mit der eigenen Endlichkeit und Kleinheit, während er gleichzeitig die Fähigkeit besitzt, diese Übermacht zu erfassen und emotional zu verarbeiten. In der Erfahrung des Rheinfalls kommt genau dieses Spannungsfeld zwischen Überwältigung und Freude zum Ausdruck.

3. Der Moment der Erkenntnis und die Spontaneität des Lebens

Im Gedicht wird ein Kontrast zwischen Planung und spontaner Erfahrung dargestellt. Die anfänglichen Pläne des lyrischen Ichs werden durch den Regen durchkreuzt, doch durch eine unerwartete Wendung öffnet sich die Möglichkeit, die Schönheit des Rheinfalls doch noch zu erleben. Dies verweist auf ein philosophisches Motiv, das bereits in der stoischen Philosophie und im Existentialismus eine Rolle spielt: das

Leben ist nicht vollkommen kontrollierbar – der Mensch wird mit Unvorhergesehenem konfrontiert und muss lernen, sich der Unbeständigkeit und Zufälligkeit des Daseins zu öffnen.

4. Dankbarkeit und Kontemplation als Antwort auf die Erfahrung des Erhabenen

Am Ende des Gedichts empfindet das lyrische Ich Dankbarkeit und Erholung. Dies verweist auf die philosophische Haltung der Kontemplation und des Innehaltens.

Die Begegnung mit der Natur wird zur Quelle der inneren Ruhe und der spirituellen Erkenntnis – ein zentrales Motiv in der fernöstlichen Philosophie (z.B. im Daoismus), aber auch im Stoizismus. Das Gefühl der Dankbarkeit zeigt, dass der Mensch in der Begegnung mit der Natur nicht nur seine eigene Kleinheit erkennt, sondern auch eine tiefe Harmonie und Verbundenheit mit dem Universum verspürt.

5. Das zyklische Motiv – Wiederholung und Hoffnung

Die Hoffnung auf eine Wiederholung der Erfahrung am Ende des Gedichts verweist auf die zyklische Natur des Daseins – die Möglichkeit, ähnliche Erfahrungen von Staunen, Ehrfurcht und Dankbarkeit immer wieder zu durchleben. Dies erinnert an Nietzsches Idee der ewigen Wiederkehr, nach der das Leben als eine endlose Wiederholung der gleichen Momente verstanden werden kann – und der Mensch sich mit dieser Vorstellung versöhnen muss, um sein Dasein zu bejahen.

Philosophische Zusammenfassung

Das Gedicht reflektiert die Begegnung des Menschen mit der überwältigenden Kraft der Natur und zeigt, wie diese Erfahrung zu einer tieferen Erkenntnis und inneren Ruhe führen kann. Die Spannung zwischen menschlicher Kleinheit und der Fähigkeit zur geistigen Erfassung des Erhabenen bildet den Kern dieser philosophischen Betrachtung. Die Dankbarkeit und die Hoffnung auf eine Wiederholung dieser Erfahrung weisen darauf hin, dass in der Akzeptanz der Unbeständigkeit und der Schönheit des Moments eine tiefere Lebensweisheit liegt.

Renate:
Kommentiere das Gedicht aus einer christlichen Grundhaltung

KI:
Das Gedicht "Rheinfall zu Schaffhausen" lässt sich aus einer christlichen Perspektive auf mehreren Ebenen deuten und kommentieren:

1. Die Erfahrung von Hindernissen und unerwarteten Wendungen

Der Sprecher beginnt seinen Tag mit Enttäuschung und Traurigkeit, weil der Regen scheinbar die Pläne durchkreuzt. Dies erinnert an das christliche Motiv, dass unser Leben oft von unerwarteten Herausforderungen und Prüfungen geprägt ist. Doch wie im Glauben an die göttliche Vorsehung zeigt sich auch hier: Gott wirkt oft durch unerwartete Wendungen. Die Sonne, die schließlich erscheint und die Möglichkeit zur Erfüllung des Wunsches gibt, kann als ein Bild für Gottes Führung und seine Gnade gesehen werden – selbst wenn der Weg zunächst von Dunkelheit und Zweifel geprägt ist.

Biblischer Bezug:

„Denn ich kenne die Gedanken, die ich über euch denke, spricht der Herr: Gedanken des Friedens und nicht des Leides, dass ich euch gebe Zukunft und Hoffnung." (Jeremia 29,11)

2. Die Ehrfurcht vor der Schöpfung Gottes

Die Beschreibung des Rheinfalls – die tosende Kraft des Wassers, die beeindruckende Natur – verweist auf die Größe und Allmacht Gottes als Schöpfer. Die gewaltige Kraft des Wassers kann als Sinnbild für die schöpferische und erhaltende Macht Gottes verstanden werden. Die Schönheit und die Kraft der Natur werden hier als Hinweis auf die Größe des Schöpfers gedeutet.

Biblischer Bezug:

„Die Himmel erzählen die Herrlichkeit Gottes, und das Himmelsgewölbe verkündet seiner Hände Werk." (Psalm 19,2)

3. Dankbarkeit und Erholung – Gottes Geschenk der Ruhe

Die Empfindung von Dankbarkeit und innerer Erholung nach der Bootsfahrt steht im Einklang mit der christlichen Erfahrung, dass Gottes Gegenwart Trost und Frieden schenkt. Die Tatsache, dass der Moment der Ruhe und Freude trotz anfänglicher Zweifel doch noch eintritt, zeigt das Wirken der göttlichen Vorsehung und Gnade.

Biblischer Bezug:

„Kommt alle zu mir, die ihr mühselig und beladen seid; ich will euch erquicken." (Matthäus 11,28)

4. Die Hoffnung auf eine Wiederholung – das Vertrauen auf Gottes zukünftige Führung

Der Wunsch nach einer Wiederholung dieses beglückenden Erlebnisses steht für die christliche Hoffnung auf wiederkehrende Gnade und Führung durch Gott. Es drückt die Erkenntnis aus, dass Gott den Menschen nicht nur in schweren Zeiten begleitet, sondern auch Freude und Fülle schenkt – oft unerwartet und in Momenten, die uns zunächst verschlossen erscheinen.

Biblischer Bezug:

„Die Güte des Herrn hat kein Ende, sein Erbarmen hört niemals auf. Es ist jeden Morgen neu; groß ist deine Treue." (Klagelieder 3,22-23)

Zusammenfassung aus christlicher Sicht:

Das Gedicht schildert die Erfahrung von Enttäuschung, unerwarteter Freude, Ehrfurcht vor der Schöpfung und die daraus erwachsende Dankbarkeit. Aus christlicher Perspektive zeigt sich darin die Erfahrung, dass Gott auch in schwierigen Momenten wirkt, seine Schöpfung eine Quelle der Kraft und des Trostes ist und dass letztlich die Begegnung mit Gottes Größe in der Natur und im Leben immer wieder neue Hoffnung und Freude schenkt. Die Dankbarkeit am Ende des Gedichts spiegelt die Haltung eines gläubigen Herzens wider, das in allen Umständen Gottes Führung erkennt.

Gedicht: Treffen zweier Freundinnen

Renate:
Kommentiere folgendes Gedicht sehr ausführlich und integriere die Psychologie der Autorin

KI:
Ausführliche Interpretation und psychologische Analyse des Gedichts

Das Gedicht „Treffen zweier Freundinnen" beschreibt ein Treffen zweier Freundinnen in einer warmen, entspannten Atmosphäre, bei der Genuss, Ruhe und das bewusste Erleben des Moments im Mittelpunkt stehen. Die Autorin vermittelt eine friedvolle Szenerie, in der die Freundinnen durch die Gesellschaft der jeweils anderen und durch die Leichtigkeit des Moments Trost und Glück erfahren.

1. Inhaltliche Analyse

Das Gedicht schildert ein gemütliches Treffen zweier Freundinnen, das von Ruhe, Genuss und Vertrautheit geprägt ist. Es gliedert sich in mehrere thematische Einheiten:

a) Einleitung – Ankommen im Moment

"Im warmen Sonnenschein sitzen wir hier.
Ein entspannter Abend voll Pläsier.
Wir heben die Gläser, stoßen fröhlich an
Mit alkoholfreiem Bier, das uns begleitet fortan."

Die Freundinnen befinden sich in einer friedlichen Umgebung, die durch den Sonnenschein und die entspannte Stimmung geprägt ist. Die Sonne als Symbol für Wärme und Geborgenheit schafft den Rahmen für ein Gefühl des Ankommens. Das alkoholfreie Bier symbolisiert Genuss ohne Reue – eine bewusste Entscheidung für Leichtigkeit und Kontrolle. Das gemeinsame Anstoßen unterstreicht die Verbundenheit und das Feiern der gemeinsamen Zeit.

b) Der Einfluss der Natur auf die Psyche

"Die Sonne taucht die Welt in goldenes Licht.
Es beeinflusst auch den Blick auf das Leben, die Sicht."

Hier kommt eine tiefere psychologische Ebene ins Spiel: Die Sonne und das warme Licht symbolisieren nicht nur eine äußere Atmosphäre, sondern auch einen inneren Zustand der Klarheit und Zufriedenheit. Die Natur wirkt beruhigend und ausgleichend auf die Wahrnehmung der Freundinnen. Es entsteht eine Harmonie zwischen äußerer Welt und innerem Empfinden.

c) Loslassen von Sorgen – der Augenblick zählt

"Die Gedanken schweifen, die Sorgen verwehen.
Wir bleiben einfach in dem herrlichen Moment stehen."

Die Freundinnen erfahren eine seltene Form der Achtsamkeit. Der Moment des Zusammenseins erlaubt ihnen, den Alltag und seine Sorgen hinter sich zu lassen. Die flüchtigen Gedanken (symbolisiert durch das Verwehen der Sorgen) unterstreichen die wohltuende Wirkung des Zusammenseins und der friedlichen Umgebung.

d) Genuss und Lebensfreude

"Das alkoholfreie Bier, so erfrischend, so klar,
bringt Genuss ohne Reue. Das ist wunderbar.
Es perlt auf der Zunge, belebt die Sinne
Auf dass man Genuss und Leichtigkeit gewinne."

Hier wird Genuss bewusst als wichtiger Bestandteil des Glücks ins Zentrum gestellt. Das alkoholfreie Bier wird zum Symbol für die bewusste Entscheidung, das Leben mit Maß und Klarheit zu genießen – eine Form der Balance zwischen Genuss und Kontrolle. Die lebendige Beschreibung („perlt auf der Zunge") vermittelt ein sinnliches Erleben und die Freude an kleinen Dingen.

e) Gemeinsames Essen als Akt der Verbindung

"Wir warten auf das Essen, das köstliche Mahl.
Die Vorfreude steigt. Es ist herrlich dieses Mal."

Das Warten auf das Essen symbolisiert die Freude auf das Kommende und das bewusste Erleben von Vorfreude. Essen hat hier eine soziale und sinnliche Funktion – es verbindet die Freundinnen und vertieft das Gefühl der Gemeinschaft.

f) Achtsamkeit und Dankbarkeit für die gemeinsame Zeit

*"Doch in diesem Moment, im Hier und Jetzt
Sind wir einfach glücklich ohne jede Hetz.
Wir genießen das Zusammensein, die gemeinsame Zeit
Und lassen die Sorgen und den Alltag hinter uns weit."*

Hier wird der Moment der Achtsamkeit und des gegenwärtigen Erlebens betont. Die Freundinnen befinden sich in einem Zustand des inneren Friedens und der Dankbarkeit – ein Ausdruck psychologischer Balance und Zufriedenheit.

g) Abschluss – Verankerung des Glücks im Zusammensein

*"Der warme Abendhimmel umhüllt uns fein.
Wir sitzen zusammen im letzten Sonnenschein.
Mit alkoholfreiem Bier und guter Gesellschaft im Gepäck,
Vergessen wir die Welt. Sie ist so weit weg."*

Der warme Abendhimmel steht symbolisch für die Geborgenheit und den natürlichen Abschluss des Tages. Die Welt (als Metapher für Sorgen und Verpflichtungen) wird bewusst ausgeblendet – die Freundinnen befinden sich in einer Art Schutzraum, den sie gemeinsam erschaffen haben.

*"Ein Gedicht des Genusses, der Freude der Ruh
Im warmen Sonnenschein sitzen wir hier: ich und Du."*

Die letzten Zeilen bringen das zentrale Motiv auf den Punkt: Es geht um die Einfachheit des Glücks, das in der Gegenwart des anderen Menschen liegt. Die Kombination aus Ruhe, Genuss und Gemeinschaft wird als Quelle des Lebensglücks dargestellt.

2. Psychologische Dimension und die Psyche der Autorin

Die psychologische Tiefe des Gedichts ergibt sich aus der bewussten Entscheidung, im Moment zu verweilen und den Alltag auszublenden. Die Autorin (vermutlich eine der beiden Freundinnen) verarbeitet hier grundlegende menschliche Bedürfnisse:

a) Bedürfnis nach Verbindung und sozialer Nähe

Das Zusammensein mit einer vertrauten Freundin stillt das Bedürfnis nach sozialer Verbundenheit und Akzeptanz. In der Psychologie ist die soziale Nähe ein zentraler Faktor für psychisches Wohlbefinden.

b) Achtsamkeit und bewusste Wahrnehmung

Die Betonung des „Hier und Jetzt" zeigt, dass die Autorin eine Form von Achtsamkeit kultiviert. Diese bewusste Fokussierung auf den Moment entspricht einer therapeutischen Strategie zur Stressbewältigung und zur Förderung innerer Ruhe (bekannt aus der Achtsamkeitstherapie).

c) Genuss als bewusste Entscheidung

Das alkoholfreie Bier und das Warten auf das Essen sind Symbole dafür, Genuss auf eine gesunde und maßvolle Weise zu erleben. Dies steht im Gegensatz zu impulsivem Verhalten oder exzessivem Konsum – die Autorin zeigt hier ein reflektiertes und kontrolliertes Verhältnis zum Genuss.

d) Loslassen und Akzeptanz

Die Freundinnen lassen die Welt und ihre Sorgen hinter sich. Die Psychologie spricht hier von „Akzeptanz" – dem bewussten Zulassen von Unvollkommenheit und der Fähigkeit, Kontrolle loszulassen, ohne Angst zu empfinden.

e) Das Zusammensein als Schutzraum

Die Freundinnen erschaffen einen psychischen Schutzraum, in dem sie sich sicher und geborgen fühlen. Dies entspricht in der Psychologie der sogenannten „sicheren Basis" (John Bowlby), die soziale Bindungen als Grundlage für psychische Stabilität beschreibt.

3. Sprache und Stilmittel

Die Sprache ist bewusst einfach und klar gehalten – passend zur entspannten Atmosphäre des Gedichts. Die Stilmittel verstärken die emotionale Wirkung:

• Personifikation – „Die Sorgen verwehen" → Die Sorgen werden wie eine Naturkraft beschrieben.

• Synästhesie – „Aromen tanzen" → Verbindung von Geruchs- und Bewegungssinn.

• Metapher – „Die Welt ist so weit weg" → Ausdruck der Distanz zu alltäglichen Sorgen.

• Wiederholung – „im Hier und Jetzt" → Betonung der Achtsamkeit und Gegenwärtigkeit.

Fazit

Das Gedicht ist eine Feier der einfachen, aber tiefen Freude des Zusammenseins und des bewussten Erlebens. Die Autorin verarbeitet grundlegende menschliche Bedürfnisse nach Verbindung, Genuss und Achtsamkeit und zeigt eine psychologisch reife Haltung gegenüber dem Leben: das bewusste Annehmen und Genießen des Moments ohne Angst und Reue.

Renate:
Kommentiere das Gedicht aus philosophischer Sicht

KI:
Das Gedicht "Treffen zweier Freundinnen" lädt zu einer tiefgehenden philosophischen Reflexion ein, da es zentrale Themen des menschlichen Daseins berührt: Freundschaft, Gegenwärtigkeit, Genuss, Zeit und das Bewusstsein für die Vergänglichkeit des Moments. Ich werde die philosophische Perspektive unter verschiedenen Aspekten betrachten:

1. Philosophie des Augenblicks und des Genusses (Epikureismus)

Das Gedicht reflektiert die Idee des bewussten Lebensgenusses, die in der antiken Philosophie insbesondere von Epikur (341–270 v. Chr.)

vertreten wurde. Epikur lehrte, dass das höchste Gut im Leben die Lust (ἡδονή) sei, allerdings nicht in Form eines hemmungslosen

Hedonismus, sondern als ein bewusstes Streben nach geistiger Ruhe (ἀταραξία) und Freiheit von Schmerz.

• Die Freundinnen genießen bewusst den Moment, ohne sich von Sorgen und der Vergangenheit belasten zu lassen:

"Wir bleiben einfach in dem herrlichen Moment stehen."

Dies entspricht Epikurs Vorstellung, dass Glück im bewussten Erleben einfacher Freuden und im Verweilen im Hier und Jetzt liegt.

2. Zeit und Vergänglichkeit (Heidegger und die Existenzphilosophie)

Martin Heidegger (1889–1976) sah die menschliche Existenz als "Sein-zum-Tode" (Sein und Zeit, 1927). Der Mensch sei in die Zeitlichkeit geworfen und müsse seine eigene Endlichkeit anerkennen, um authentisch zu leben. Das Gedicht fängt die Vergänglichkeit des Moments ein und zeigt die Schönheit des bewussten Erlebens gerade in dieser Vergänglichkeit:

Der warme Abendhimmel umhüllt uns fein.
Wir sitzen zusammen im letzten Sonnenschein."

Hier wird die Schönheit des Moments gerade dadurch intensiviert, dass er flüchtig ist – ein klassisch existenzialistisches Motiv. Das bewusste Genießen des Zusammenseins wird durch das Wissen um die Endlichkeit des Augenblicks vertieft.

3. Freundschaft und Ethik (Aristoteles)

Aristoteles (384–322 v. Chr.) unterschied drei Formen der Freundschaft: die auf Nutzen, auf Lust und die auf Tugendhaftigkeit beruhende Freundschaft. Die höchste Form der Freundschaft, die auf Tugend beruht, zeichnet sich durch gegenseitige Wertschätzung und das gemeinsame Streben nach einem guten Leben aus (Nikomachische Ethik).

• Die beschriebene Freundschaft im Gedicht scheint dieser höchsten Form nahezukommen, da sie auf einer tiefen Verbindung, gegenseitiger Akzeptanz und gemeinsamem Erleben basiert:

"Wir genießen das Zusammensein, die gemeinsame Zeit
Und lassen die Sorgen und den Alltag hinter uns weit."

Das bewusste Miteinander und die Freude an der Gegenwart des anderen spiegeln aristotelische Vorstellungen von wahrer Freundschaft wider.

4. Achtsamkeit und Zen-Philosophie

Das Gedicht vermittelt ein tiefes Gefühl von Achtsamkeit und Präsenz – Kernkonzepte der Zen-Philosophie. Im Zen-Buddhismus wird das bewusste Verweilen im gegenwärtigen Moment als Weg zur Erleuchtung und inneren Ruhe gesehen.

Die Zeile

"Sind wir einfach glücklich ohne jede Hetz."

entspricht genau dieser Idee: wahres Glück entsteht durch das völlige Aufgehen im Hier und Jetzt, frei von äußeren und inneren Erwartungen.

5. Konsum und Mäßigung (stoische Philosophie)

Die Erwähnung von alkoholfreiem Bier könnte auf eine Haltung der Mäßigung und bewussten Konsumwahl hindeuten – ein zentrales Motiv der Stoiker. Die stoische Philosophie (z. B. Seneca, Epiktet) lehrte, dass Glück nicht durch äußere Reize, sondern durch innere Ausgeglichenheit und Selbstgenügsamkeit entsteht.

Das alkoholfreie Bier, so erfrischend, so klar,
bringt Genuss ohne Reue. Das ist wunderbar.

Hier wird Genuss nicht durch Übermaß oder Exzess, sondern durch bewusste Wahl und Maßhalten ermöglicht – eine typisch stoische Haltung.

<u>Philosophische Gesamtdeutung</u>

Das Gedicht lässt sich somit als eine Feier der Freundschaft, des bewussten Erlebens und der Achtsamkeit im Sinne einer epikureischen, aristotelischen und existenzialistischen Philosophie lesen. Die Freundinnen befinden sich in einem Moment authentischer Gegenwärtigkeit – frei von Sorgen, ganz in der Freude am einfachen Zusammensein und Genuss. Die Wahl alkoholfreien Biers könnte als

Symbol für die bewusste Kontrolle über das eigene Wohlbefinden und die Suche nach echtem, maßvollen Genuss interpretiert werden. Die Vergänglichkeit des Moments (symbolisiert durch die untergehende Sonne) verleiht der Erfahrung eine existenzielle Tiefe und macht den Moment kostbar.

Das Gedicht ruft damit zur Besinnung auf die einfachen, aber wahren Freuden des Lebens auf – eine Haltung, die sowohl epikureische als auch stoische und zen-buddhistische Züge trägt.

Renate:
Kommentiere das Gedicht aus einer christlichen Grundhaltung

KI:
Das Gedicht "Treffen zweier Freundinnen" beschreibt einen Moment der Freude, des Friedens und der Gemeinschaft. Aus einer christlichen Grundhaltung heraus lassen sich einige tiefere Dimensionen und Bezüge zur christlichen Lehre erkennen und reflektieren:

1. Dankbarkeit und Freude als göttliche Gabe

Der warme Sonnenschein, die Freude an der Gemeinschaft und das Genießen des Moments spiegeln die christliche Aufforderung wider, die guten Gaben Gottes dankbar anzunehmen:

"Alles, was Gott geschaffen hat, ist gut, und nichts ist verwerflich, wenn es mit Dank empfangen wird." (1. Timotheus 4,4)

Die Freundinnen genießen den Augenblick und erkennen darin die Schönheit und den Segen des Lebens – ein Geschenk Gottes. Die Dankbarkeit für die einfachen Freuden des Lebens entspricht einer tiefen christlichen Haltung.

2. Gemeinschaft als Spiegel göttlicher Liebe

Die Freude am Zusammensein, das Teilen eines gemeinsamen Essens und die Verbundenheit im Gespräch erinnern an die christliche Bedeutung der Gemeinschaft:

"Denn wo zwei oder drei in meinem Namen versammelt sind, da bin ich mitten unter ihnen." (Matthäus 18,20)

Die Freundinnen erleben das Zusammensein als Quelle von Freude und Frieden – ein Zeichen dafür, dass Gott uns durch zwischenmenschliche Beziehungen Seine Liebe erfahren lässt.

3. Frieden und Ruhe im Moment als Hinweis auf göttlichen Frieden

Die bewusste Ruhe im Hier und Jetzt verweist auf die christliche Aufforderung, Sorgen und Ängste loszulassen und auf Gott zu vertrauen:

"Sorgt euch um nichts, sondern bringt in allem durch Gebet und Flehen mit Danksagung eure Anliegen vor Gott." (Philipper 4,6)

Das Gedicht vermittelt eine Atmosphäre des inneren Friedens, die an den Frieden erinnert, den Christus selbst verheißen hat – einen Frieden, der nicht von äußeren Umständen abhängt (Johannes 14,27).

4. Genuss ohne Maß und ohne Reue

Die Erwähnung des alkoholfreien Biers als Symbol für Genuss ohne Reue spiegelt eine ausgewogene christliche Haltung wider: Genuss wird nicht abgelehnt, aber er bleibt im Rahmen der Mäßigung und Dankbarkeit:

"Ob ihr also esst oder trinkt oder etwas anderes tut: Tut alles zur Verherrlichung Gottes." (1. Korinther 10,31)

Der Genuss wird nicht selbstzweckhaft, sondern als Moment der Freude und Dankbarkeit betrachtet – eine Haltung, die der christlichen Ethik entspricht.

5. Die Erfahrung des gegenwärtigen Moments als Vorgeschmack auf die Ewigkeit

Das bewusste Erleben des Augenblicks, die Freude an der Gemeinschaft und der Frieden in der Natur sind ein Vorgeschmack auf die vollkommene Freude und Gemeinschaft, die Gläubige in der Gegenwart Gottes erfahren werden:

"Du zeigst mir den Weg zum Leben. Vor deinem Angesicht herrscht Freude in Fülle, zu deiner Rechten Wonne für alle Zeit." (Psalm 16,11)

Fazit

Das Gedicht vermittelt eine Haltung, die im Einklang mit christlichen Werten steht: Dankbarkeit, Freude an der Gemeinschaft, Maßhalten im Genuss und Vertrauen auf den Frieden Gottes. Die beschriebenen Momente der Ruhe und des Genusses erinnern daran, dass Gott uns die Fähigkeit schenkt, Freude im Leben zu finden – nicht nur in außergewöhnlichen, sondern gerade auch in den einfachen, alltäglichen Momenten.

Gedicht: Germersheim, du schöne Stadt

Renate:
Kommentiere folgendes Gedicht sehr ausführlich und integriere die Psychologie der Autorin

KI:
Kommentar zum Gedicht "Germersheim du schöne Stadt"

1. Einleitung

Das Gedicht „Germersheim du schöne Stadt" beschreibt die Stadt Germersheim in liebevollen und detailreichen Bildern. Die Autorin führt die Lesenden durch die Stadt und vermittelt dabei nicht nur eine äußere Beschreibung der Stadtlandschaft, sondern auch eine innere emotionale Erfahrung. Die poetische Sprache, die harmonische Struktur und die bewusste Wortwahl schaffen eine ruhige, fast meditative Stimmung, die von einem Gefühl der Geborgenheit und Nostalgie geprägt ist. Die psychologische Dimension des Gedichts offenbart eine tiefe emotionale Verbindung der Autorin zu Germersheim, die von Heimatgefühl, Sicherheit und der Suche nach Sinn im Zwischenmenschlichen getragen wird.

2. Formale Analyse

a) Struktur und Reimschema

Das Gedicht ist in Paarreimen verfasst (aa, bb, cc…), was eine harmonische und leicht zugängliche Klangstruktur schafft. Der gleichmäßige Rhythmus verleiht dem Gedicht eine ruhige, fast musikalische Qualität, die die Atmosphäre von Ruhe und Vertrautheit unterstreicht.

b) Metrum

Das Gedicht folgt überwiegend einem vierhebigen Jambus, der dem Text eine gleichmäßige und beruhigende Bewegung verleiht, die den Eindruck des gemächlichen Dahinschreitens durch die Stadt verstärkt.

c) Strophenaufbau

Das Gedicht besteht aus 16 Versen, die nicht in klar abgegrenzte Strophen unterteilt sind, sondern als fließender Gedankenstrom wirken. Dies spiegelt den Eindruck eines Spaziergangs wider – die Wahrnehmungen und Gedanken erscheinen kontinuierlich und organisch.

3. Inhaltliche Analyse

Das Gedicht beschreibt eine Reise durch Germersheim und lädt die Lesenden ein, die Stadt aus der Perspektive der Autorin zu erleben. Die äußeren Bilder (die Altstadt, die Festung, der Rhein) dienen nicht nur als Schauplätze, sondern auch als Projektionsflächen für die inneren Gefühle der Autorin. Die einzelnen Stationen (Altstadt, Lesecafé, Rhein) stehen symbolisch für wichtige Aspekte des Lebens: Vergangenheit, Gegenwart und soziale Bindungen.

a) Beschreibung der Stadt (Verse 1–4)

Die ersten Verse führen in die malerische Kulisse der Stadt ein. Die positive Wortwahl („schöne Stadt", „malerische Ufer", „verzaubert den Blick") erzeugt ein Gefühl der Bewunderung und tiefen Verbundenheit mit der Umgebung. Die Beschreibung der Altstadt als ein „historisches Stück" verdeutlicht den Respekt der Autorin vor der Vergangenheit und der kulturellen Identität der Stadt.

b) Die Festung als Symbol der Beständigkeit (Verse 5–6)

Die Festung wird als Symbol der historischen Kontinuität dargestellt: „damit man die Geschichte nicht vergessen hat". Dies verweist auf das Bedürfnis nach Sicherheit und Orientierung in einer sich wandelnden Welt. Die Festung steht hier nicht nur für Schutz, sondern auch für die Bewahrung von Erinnerungen und Identität.

c) Die Gegenwart im Lesecafé (Verse 7–8)

Das Lesecafé repräsentiert einen Ort der Entspannung und Einkehr. Die Pause im Café wird als etwas Wertvolles („das ist fein") dargestellt – dies verweist auf die Bedeutung von Momenten der Ruhe im oft hektischen Alltag. Die bewusste Wahrnehmung des Augenblicks steht im Mittelpunkt.

d) Naturverbundenheit und innere Freude (Verse 9–12)

Die Natur („Das Grün der Stadt") wird mit positiven Emotionen verbunden: „Das Herz erfreut". Die Bewegung durch die alten Straßen wird zur Kontemplation, die Wahrnehmung der historischen Gebäude löst Staunen und Ehrfurcht aus („manche Schönheit kaum erfassen"). Die Verbindung zwischen äußeren Eindrücken und innerem Empfinden wird hier besonders deutlich.

e) Der Rhein als Lebenssymbol (Verse 13–16)

Der Rhein symbolisiert das Leben und den Fluss der Zeit („fließender Strom"). Das Schiff wird als Möglichkeit zur Reise und Veränderung dargestellt, die jedoch bewusst aufgeschoben wird. Stattdessen entscheidet sich die Sprecherin für den sozialen Kontakt mit ihrer Freundin – ein Symbol für die Priorisierung von zwischenmenschlichen Beziehungen über äußere Abenteuer hinaus.

4. Psychologische Dimension

a) Heimat und Geborgenheit

Die Beschreibung der Stadt Germersheim als malerisch, voller Geschichte und Schönheit spiegelt ein tiefes Heimatgefühl wider. Die Stadt wird als vertrauter, sicherer Ort erlebt, der sowohl emotionale Stabilität als auch kulturelle Verwurzelung bietet. Dieses Bedürfnis nach Sicherheit und Kontinuität verweist auf ein tiefes psychologisches Grundbedürfnis nach Zugehörigkeit.

b) Bedeutung der Vergangenheit und Geschichte

Die Festung und die Altstadt symbolisieren die Wertschätzung der Vergangenheit und die Anerkennung historischer Wurzeln. Psychologisch gesehen steht dies für die Integration der eigenen Geschichte und der kulturellen Identität in das gegenwärtige Leben.

c) Innere Ruhe und Achtsamkeit

Die bewusste Wahrnehmung der Natur („das Grün der Stadt") und die Reflexion über Schönheit und Geschichte zeigen einen achtsamen, fast meditativen Umgang mit der Umwelt. Dies könnte auf eine innere Ausgeglichenheit und ein Bedürfnis nach Ruhe und Entschleunigung hindeuten.

d) Zwischenmenschliche Beziehungen als Sinnquelle

Der Entschluss, die Schifffahrt aufzuschieben, um die Freundin zu treffen, verweist auf die tiefe psychologische Erkenntnis, dass menschliche Beziehungen wichtiger sind als äußere Abenteuer. Dies steht für die Priorisierung von emotionaler Nähe und sozialer Verbindung als Schlüssel zum persönlichen Glück.

5. Sprachliche Analyse

a) Positive, harmonische Wortwahl

Die Begriffe „schön", „verzaubert", „erfreut", „erquicklich" und „fein" schaffen eine optimistische und harmonische Grundstimmung.

b) Naturmetaphorik und Bewegung

Der fließende Rhein und die Bewegung durch die Stadt symbolisieren nicht nur äußeres Fortbewegen, sondern auch innere Entwicklung und die Verbindung von Vergangenheit, Gegenwart und Zukunft.

c) Kontrast zwischen Aktivität und Ruhe

Die Entscheidung, die Schifffahrt auszusetzen und sich der Freundin zuzuwenden, unterstreicht das Gleichgewicht zwischen Aktivität und innerer Ruhe – ein Ausdruck der psychischen Ausgeglichenheit.

Interpretation und Fazit

Das Gedicht „Germersheim du schöne Stadt" ist nicht nur eine Hommage an die Stadt Germersheim, sondern auch ein Ausdruck eines tief verwurzelten Gefühls von Heimat, Sicherheit und zwischenmenschlicher Nähe. Die psychologische Dimension des Gedichts offenbart ein Bedürfnis nach Stabilität und Kontinuität, das durch die Verbindung zur Geschichte und Natur gestillt wird. Die bewusste Entscheidung für soziale Beziehungen über äußere Abenteuer hinaus zeigt eine reflektierte, reife Lebenseinstellung.

Die poetische Sprache, die harmonische Struktur und die positive Grundstimmung machen das Gedicht zu einer intimen, persönlichen Reflexion über die Bedeutung von Heimat und Freundschaft – zwei essenziellen Quellen psychischen Wohlbefindens.

Renate:
Kommentiere das Gedicht aus philosophischer Sicht

KI:
Das Gedicht "Germersheim, du schöne Stadt" lässt sich aus einer philosophischen Perspektive als eine Reflexion über Zeit, Geschichte, Schönheit und Sinn deuten. Es bewegt sich auf mehreren Ebenen des menschlichen Daseins – ästhetisch, historisch und existenziell – und berührt damit zentrale Themen der Philosophie.

1. Die Ästhetik der Stadt und die Erfahrung von Schönheit

Das Gedicht beschreibt Germersheim als einen Ort von Schönheit und Harmonie, insbesondere durch die malerischen Ufer, die Altstadt mit ihrem Fachwerk und das Grün der Natur. Hier wird ein klassisches Thema der Ästhetik angesprochen: die Erfahrung von Schönheit als eine unmittelbare Form von Erkenntnis und Lebensfreude. Philosophen wie Immanuel Kant betonten, dass die Schönheit der Natur und der Kunst eine tiefere Form von innerer Ruhe und Harmonie erzeugen kann – ein Gefühl, das hier durch die Betrachtung der Stadtlandschaft ausgelöst wird.

2. Geschichte und Zeit als philosophische Kategorien

Die Festung und die historischen Gebäude symbolisieren die Vergangenheit und das kollektive Gedächtnis der Stadt. Die Verbindung von Vergangenheit und Gegenwart wird hier erlebbar gemacht – die Stadt wird zu einem Ort der historischen Kontinuität. Heidegger würde dies als eine Form von Geschichtlichkeit interpretieren: Der Mensch ist in seine Geschichte eingebettet und erfährt sich selbst in der Auseinandersetzung mit seiner Vergangenheit. Die Tatsache, dass die Geschichte durch Architektur und Atmosphäre erfahrbar bleibt, zeigt, dass das Sein immer in einer Beziehung zur Zeit steht.

3. Existenzielle Dimension und die Suche nach Sinn

Das Gedicht schließt mit einem Bezug auf Freundschaft: "Denn Freunde geben dem Leben Sinn." Dieser Gedanke verweist auf eine existenzielle Frage nach dem Sinn des Lebens, wie sie von Philosophen wie Albert Camus oder Jean-Paul Sartre aufgegriffen wurde. Während Schönheit und Geschichte Momente der Kontemplation und Ruhe bieten, wird der Sinn des Lebens letztlich in zwischenmenschlichen Beziehungen gefunden. Die soziale Dimension

des Daseins – die Bedeutung von Freundschaft und
Verbundenheit – wird hier als letzte und höchste Sinnquelle dargestellt.

4. Fluss und Bewegung als Symbol des Lebensflusses

Der Rhein, der ruhig durch die Stadt fließt, symbolisiert den Fluss des
Lebens selbst – eine Metapher, die von Philosophen wie Heraklit
geprägt wurde ("Alles fließt"). Der Rhein steht für die Vergänglichkeit
und das ständige Werden und Vergehen des Lebens.

Das Schiff, das verlockend am Ufer liegt, könnte als Möglichkeit oder
als verpasste Gelegenheit interpretiert werden – als Symbol für die
Wahlmöglichkeiten im Leben, die nicht immer ergriffen werden können.

Fazit

Das Gedicht ist nicht nur eine Hommage an die Schönheit von
Germersheim, sondern auch eine philosophische Reflexion über die
zentrale Erfahrung des Menschseins: die Wahrnehmung von Schönheit,
das Eingebundensein in die Geschichte, die Suche nach Sinn durch
Freundschaft und die unausweichliche Vergänglichkeit des Lebens. In
dieser Kombination entsteht ein Bild von menschlicher Existenz, das
sowohl kontemplativ als auch lebensbejahend ist.

Renate:
Kommentiere das Gedicht aus einer christlichen Grundhaltung

KI:
Das Gedicht "Germersheim, du schöne Stadt" beschreibt auf poetische
Weise die Schönheit und den historischen Reichtum von Germersheim.
Aus einer christlichen Grundhaltung betrachtet, lassen sich mehrere
tiefere Aspekte erkennen, die mit einem christlichen Weltbild in
Verbindung stehen:

1. Dankbarkeit für die Schöpfung

Das Gedicht zeigt eine große Wertschätzung für die Schönheit der
Natur („malerische Ufer", „das Grün der Stadt") und die historischen
Gebäude. In der christlichen Sichtweise wird diese Schönheit als Teil
der Schöpfung Gottes verstanden. Die Freude an der Natur und der

Stadt erinnert an die Dankbarkeit, die Christen für die Gaben Gottes empfinden sollen:

"Denn alles, was Gott geschaffen hat, ist gut, und nichts ist verwerflich, wenn es mit Dank empfangen wird." (1. Timotheus 4,4)

2. Bewahrung der Geschichte

Die Erwähnung der Festung als Zeichen dafür, „damit man die Geschichte nicht vergessen hat", verweist auf die Bedeutung der Erinnerung. Im christlichen Glauben spielt die Geschichte des Heils eine zentrale Rolle – angefangen bei der Schöpfung, über die Geschichte Israels bis hin zu Christus.

Die Bewahrung der Geschichte entspricht der biblischen Aufforderung, die Taten Gottes nicht zu vergessen:

"Gedenkt seiner Wunder, die er getan hat, seiner Zeichen und der Urteile seines Mundes." (Psalm 105,5)

3. Ruhe und Einkehr

Das Lesecafé als Ort der Ruhe und Besinnung spiegelt das christliche Verständnis von innerer Ruhe und Frieden wider. Im hektischen Alltag erinnert die christliche Botschaft daran, dass der Mensch Ruhe und Kraft in Gott finden kann:

"Kommt alle zu mir, die ihr mühselig und beladen seid; ich will euch Ruhe geben." (Matthäus 11,28)

4. Freundschaft und Gemeinschaft

Die Erwähnung der Freundin als Quelle des Lebenssinns verweist auf die christliche Überzeugung, dass Gemeinschaft und Nächstenliebe grundlegende Werte des Glaubens sind. Jesus selbst betonte die Bedeutung von Freundschaft und Liebe untereinander:

"Das ist mein Gebot, dass ihr einander liebt, wie ich euch geliebt habe." (Johannes 15,12)

5. Die Bewegung des Rheins als Symbol des Lebensflusses

Der fließende Rhein könnte symbolisch für den Fluss des Lebens stehen, der seinen Ursprung und sein Ziel in Gott hat. Die biblische Symbolik von Wasser als Quelle des Lebens und der Reinigung lässt sich darin wiederfinden:

"Er wird mich stillen an frischen Wassern; er erquicket meine Seele."
(Psalm 23,2–3)

Insgesamt spiegelt das Gedicht eine Haltung der Dankbarkeit, der Achtsamkeit und der Freude am Leben wider – Werte, die tief in der christlichen Tradition verwurzelt sind. Die Schönheit der Stadt, die Freude an der Geschichte und die Bedeutung der Freundschaft stehen damit in Einklang mit einem christlichen Verständnis des Lebens als Gabe Gottes.

Gedicht: Germersheim am Rhein

Renate:
Interpretation und ausführliche Kommentierung des Gedichts
"Germersheim am Rhein"

KI:
Das Gedicht "Germersheim am Rhein" beschreibt auf poetische Weise
die Schönheit und den Charme der Stadt Germersheim am Rhein. Die
Autorin entwirft ein liebevolles Porträt der Stadt, das sowohl die
natürliche als auch die kulturelle und historische Dimension umfasst.
Die Sprache des Gedichts ist von einer sanften Melancholie und
gleichzeitig von einer tiefen Bewunderung für den Ort geprägt. Dies
lässt auf eine enge emotionale Verbindung der Autorin zu Germersheim
schließen, die möglicherweise auch psychologische Hintergründe hat.

1. Inhaltliche Analyse

1.1. Natur und Atmosphäre

Bereits im ersten Vers wird der Rhein als zentrales Symbol für
Schönheit und Beständigkeit eingeführt:

"Am Ufer des Rheins, in seiner Pracht
Liegt Germersheim bei Tag und Nacht."

• Der Rhein wird nicht nur als geographisches Element erwähnt,
sondern als ein Symbol der Zeitlosigkeit und Kontinuität.

• Die Tag- und Nacht-Metapher unterstreicht die Beständigkeit und
Unveränderlichkeit der Stadt.

Im dritten und vierten Vers wird die Natur poetisch und fast sinnlich
beschrieben:

"Die Sonne betrachtet im Rhein sich schön.
Über der Haut fühlt sanft man den Winde wehn."

• Die Spiegelung der Sonne im Rhein vermittelt ein Bild von Harmonie und Ruhe.

• Der sanfte Wind auf der Haut ruft ein Gefühl von Geborgenheit und Einklang mit der Natur hervor.

Psychologische Dimension:

Die Naturbeschreibung erzeugt eine beruhigende, fast meditative Stimmung. Dies könnte auf ein inneres Bedürfnis der Autorin nach Stabilität und Frieden hindeuten. Die bewusste Wahrnehmung der Natur spricht für ein hohes Maß an Achtsamkeit und emotionaler Sensibilität.

1.2. Historie und Architektur

In den folgenden Versen wird der historische Charme Germersheims hervorgehoben:

*"Der Charme vergangener Zeiten
Wird den Weg durch die Altstadt begleiten."*

• Die Vergangenheit wird nicht nur als etwas Historisches betrachtet, sondern als ein aktiver Teil der Gegenwart, der den Spaziergang durch die Stadt beeinflusst.

• Die Fachwerkhäuser werden als malerisch und kunstvoll beschrieben:

*"Ganz besonders wird das Bild der Stadt bestimmt
Durch wunderschönes Fachwerk, wie ein Bild."*

Psychologische Dimension:

Die Betonung der historischen Architektur und der Vergangenheit könnte auf ein psychologisches Bedürfnis nach Verwurzelung und Kontinuität hindeuten. Die Verbindung zur Geschichte schafft Sicherheit und Identität.

1.3. Kultur und Magie

Das Gedicht endet mit einer Würdigung der kulturellen Vielfalt und des künstlerischen Reichtums der Stadt:

*"Kultur und Kunst blühen in dieser Stadt am Rhein
Und laden mich zum Verweilen ein."*

• Die Metapher des "Blühens" verleiht der Kultur eine lebendige und wachstumsorientierte Qualität.

• Die Einladung zum Verweilen zeigt eine innere Bereitschaft, sich auf die Schönheit und den kulturellen Reichtum der Stadt einzulassen.

Die abschließenden Verse betonen die magische Ausstrahlung der Stadt:

"Mit deinem Charme, deiner Historie, bist du ein Ort voller Magie."

• Die Stadt wird als ein Ort der Inspiration und Verzauberung dargestellt.
• Die Verwendung des Wortes "Magie" weist auf eine tiefe emotionale Verbindung und fast spirituelle Bedeutung der Stadt für die Autorin hin.

Psychologische Dimension:

Die Idee der Magie und des Verweilens lässt auf ein Gefühl der Zuflucht schließen. Die Autorin betrachtet Germersheim als einen Ort der Ruhe und Inspiration – möglicherweise eine psychologische Reaktion auf innere Unruhe oder Unsicherheit.

2. Sprachliche Analyse

2.1. Reimschema und Metrik

Das Gedicht folgt einem durchgängigen Paarreim (aa, bb, cc ...), was eine harmonische und fließende Struktur erzeugt.

• Der regelmäßige Reim und das klare Metrum verleihen dem Gedicht eine gewisse musikalische Qualität und unterstreichen das Gefühl von Ordnung und Stabilität.

• Die Harmonie in der Form spiegelt die Harmonie in der inhaltlichen Beschreibung der Stadt wider.

2.2. Bildsprache und Metaphorik

• Die Spiegelung der Sonne im Rhein und der Wind auf der Haut sind Sinnesbilder, die eine sinnliche Wahrnehmung der Stadt erzeugen.

• Das Fachwerk wird "wie ein Bild" beschrieben – ein Hinweis auf die künstlerische Schönheit und den kulturellen Wert der Stadt.

• Die "Magie" am Ende des Gedichts verleiht der Stadt eine fast mystische Aura.

Psychologische Dimension:

Die Bildsprache zeigt eine starke emotionale Bindung zur Stadt und eine Sehnsucht nach Harmonie und Sicherheit. Die Stadt wird als Ort der Schönheit und Ruhe idealisiert – möglicherweise als Gegenpol zu inneren Konflikten oder Unsicherheiten.

3. Psychologische Interpretation der Autorin

Die psychologische Grundlage des Gedichts deutet auf mehrere tiefere Themen in der Gefühlswelt der Autorin hin:

•Bedürfnis nach Sicherheit und Beständigkeit:

• Die Betonung von Vergangenheit, Historie und Tradition zeigt eine psychologische Suche nach Stabilität und Verwurzelung.

• Der Rhein als Symbol der Zeitlosigkeit und Ruhe steht für das Bedürfnis nach innerem Frieden.

•Ästhetische Sensibilität und Achtsamkeit:

• Die detaillierte Naturbeschreibung und die Wertschätzung von Kultur und Architektur zeigen eine starke Wahrnehmung für Schönheit und Kunst.

• Die Autorin scheint eine Person zu sein, die sich von Ästhetik und Harmonie innerlich nähren lässt.

3. Sehnsucht nach Verzauberung und Inspiration:

• Die Erwähnung der "Magie" lässt darauf schließen, dass die Autorin in Germersheim einen Ort der Inspiration und kreativen Kraft sieht.

• Die Stadt wird als ein Rückzugsort von der Realität und als Quelle der Inspiration empfunden.

• Emotionale Bindung an einen Ort.

• Die persönliche Ansprache der Stadt ("dein Charme, deine Historie") zeigt eine starke emotionale Identifikation mit Germersheim.

• Die Stadt wird als ein Teil der eigenen Identität betrachtet – eine psychologische Verankerung in der Umgebung.

Fazit

Das Gedicht "Germersheim am Rhein" ist eine poetische Liebeserklärung an die Stadt Germersheim. Die Verbindung aus Natur, Historie und Kultur schafft ein harmonisches Bild der Stadt als Ort der Ruhe, Schönheit und Inspiration. Psychologisch betrachtet offenbart das Gedicht eine Sehnsucht nach Sicherheit, Stabilität und künstlerischer Erfüllung. Die Idealität und Schönheit von Germersheim spiegeln möglicherweise das innere Bedürfnis der Autorin nach einem harmonischen Rückzugsort wider – sowohl im physischen als auch im emotionalen Sinne.

Renate:
Kommentiere das Gedicht aus philosophischer Sicht

KI:
Das Gedicht "Germersheim am Rhein" lässt sich aus philosophischer Sicht auf mehreren Ebenen interpretieren:

1. Ästhetik und die Erfahrung von Schönheit

Das Gedicht beschreibt Germersheim als einen Ort von natürlicher und kultureller Schönheit. Die Beschreibung des Rheins, der sich im Sonnenlicht spiegelt, und der sanfte Wind auf der Haut verweisen auf eine sinnliche Wahrnehmung der Umwelt. Aus der Perspektive der Ästhetik (z. B. nach Kant) könnte dies als eine Form der Erhabenheit betrachtet werden – die Schönheit der Natur und die menschliche Kultur in Harmonie miteinander. Kant betonte, dass ästhetische Erfahrungen, die nicht nur auf das Schöne, sondern auch auf das Erhabene abzielen, das menschliche Bewusstsein erweitern und eine tiefe innere Befriedigung auslösen.

2. Vergänglichkeit und Zeit

Die Erwähnung des „Charmes vergangener Zeiten" deutet auf eine philosophische Auseinandersetzung mit der Zeit und der Vergänglichkeit hin. Nach Heidegger etwa ist das menschliche Dasein (das Sein-zum-Tode) von der Erfahrung der Zeitlichkeit geprägt. Die

Schönheit der Altstadt, die aus vergangenen Zeiten herrührt, erinnert daran, dass alle kulturellen Errungenschaften und Orte ein Produkt der Geschichte und der menschlichen Zeitlichkeit sind. Germersheim erscheint damit als ein Ort, an dem Geschichte und Gegenwart miteinander verbunden sind.

3. Identität und Heimat

Das Gedicht beschreibt Germersheim nicht nur als einen physischen Ort, sondern auch als eine Quelle von Identität und Heimat. Dies erinnert an die Philosophie von Heidegger, der die Verwurzelung des Menschen in der Welt als existenzielle Notwendigkeit ansah. Die Stadt Germersheim wird hier nicht nur als geografischer Ort beschrieben, sondern als ein Ort der kulturellen und historischen Identität, der dem Individuum eine emotionale und geistige Heimat bietet.

4. Magie und Transzendenz

Der Schlussvers „Bist du ein Ort voller Magie" öffnet eine metaphysische Perspektive. Die Stadt wird als ein Ort beschrieben, der über die materielle Realität hinaus eine tiefere, fast mystische Dimension besitzt. In der Philosophie der Romantik (z. B. bei Novalis) wurde die Erfahrung von Schönheit und Geschichte oft als ein Zugang zu einer höheren Wirklichkeit verstanden. Die „Magie" könnte hier als Symbol für diese transzendente Dimension interpretiert werden – ein Hinweis darauf, dass hinter der sichtbaren Welt eine tiefere Bedeutung verborgen liegt.

Fazit

Das Gedicht vermittelt eine philosophische Betrachtung von Schönheit, Vergänglichkeit, Identität und Transzendenz. Germersheim wird nicht nur als ein Ort beschrieben, sondern als ein Symbol für die tieferen Fragen der menschlichen Existenz: die Suche nach Heimat, die Erfahrung von Geschichte und Zeit, und die Fähigkeit, in der Schönheit der Welt eine Spur von etwas Höherem zu erkennen.

Renate:
Kommentiere das Gedicht aus einer christlichen Grundhaltung

KI:

Ein Kommentar aus einer christlichen Grundhaltung könnte sich auf die Schönheit der Schöpfung Gottes und die Dankbarkeit für die Gabe von Geschichte, Kultur und Gemeinschaft konzentrieren. Hier einige Gedanken dazu:

Das Gedicht beschreibt Germersheim am Rhein als einen Ort voller Schönheit, Geschichte und kulturellem Reichtum. Aus christlicher Sicht könnte diese Schönheit als ein Ausdruck der Schöpfung Gottes gedeutet werden. Die Natur, die sich im sanften Wehen des Windes und im Sonnenlicht über dem Rhein zeigt, erinnert an die Größe und Güte Gottes:

„Die Himmel erzählen die Herrlichkeit Gottes, und das Himmelsgewölbe verkündet seiner Hände Werk." (Psalm 19,2)

Die Stadt wird als ein Ort beschrieben, an dem vergangene Zeiten lebendig bleiben – durch die Altstadt und die Fachwerkhäuser. Dies könnte als ein Zeichen der Beständigkeit und der Führung Gottes durch die Geschichte verstanden werden. Der Charme der Stadt zeigt, dass Gott nicht nur die Natur, sondern auch die kulturellen und historischen Errungenschaften der Menschen segnet:

„Denn jede gute Gabe und jedes vollkommene Geschenk kommt von oben, vom Vater der Lichter." (Jakobus 1,17)

Die Einladung zum Verweilen und die Magie des Ortes spiegeln den tiefen Wunsch nach Gemeinschaft, Ruhe und Geborgenheit wider – etwas, das letztlich nur in Gott vollkommen zu finden ist. Die Schönheit der Stadt könnte daran erinnern, dass menschliche Kunst und Kultur ein Echo der göttlichen Schönheit und Kreativität sind:

„Alles, was ihr tut, das tut von Herzen als dem Herrn und nicht den Menschen." (Kolosser 3,23)

Insgesamt könnte das Gedicht also als eine poetische Erinnerung an die Schönheit der Schöpfung und die Geschichte unter der Führung Gottes verstanden werden. Die Stadt Germersheim wird hier nicht nur als ein kultureller und historischer Ort beschrieben, sondern als ein Teil des größeren göttlichen Plans – ein Ort, an dem die Liebe und Schönheit Gottes erfahrbar werden.

Gedicht: Vater Rhein

Renate:
Kommentiere folgendes Gedicht sehr ausführlich und integriere die Psychologie der Autorin

KI:
Ausführliche Interpretation und psychologische Analyse des Gedichts „Vater Rhein"

Das Gedicht „Vater Rhein" beschreibt eine tiefe, fast spirituelle Verbindung zwischen dem lyrischen Ich und dem Rhein. Der Fluss wird als eine Art väterliche Figur dargestellt, die nicht nur physische Präsenz, sondern auch emotionale und psychische Kraft verleiht. Die Natur dient dabei als Quelle der Ruhe, der Energie und des Trostes. Das lyrische Ich nutzt die Naturbegegnung, um eigene emotionale und mentale Prozesse zu reflektieren und sich daran zu stärken. Die psychologische Dimension des Gedichts zeigt sich sowohl in der bewussten Auseinandersetzung mit Hindernissen als auch in der symbolischen Bedeutung des Flusses als Metapher für das Leben und seine Herausforderungen.

1. Aufbau und Struktur

Das Gedicht besteht aus drei klar gegliederten Abschnitten:

1. Einleitung:

Das lyrische Ich beschreibt die Umgebung am Rhein – die Musik, die grüne Wiese, die Sonne – und stellt eine persönliche Verbindung zum Rhein her. Dies schafft eine ruhige, meditative Atmosphäre.

2. Hauptteil:

Das lyrische Ich reflektiert die Kraft und die Beständigkeit des Rheins und zieht daraus eine Parallele zum eigenen Leben. Die Bewegung des Flusses wird zum Symbol für Durchhaltevermögen und die Fähigkeit, Hindernisse zu überwinden.

3. Schluss:

Das lyrische Ich beendet die Szene mit einer bewussten Pause, bevor es seinen Weg (sowohl konkret als auch metaphorisch) fortsetzt. Der Abschluss deutet auf eine bewusste Entscheidung hin, inspiriert durch die Kraft des Rheins.

2. Sprachliche Mittel und ihre Wirkung

Die Sprache des Gedichts ist schlicht, direkt und gleichzeitig bildhaft:

a) Personifikation des Rheins

Bereits der Titel „Vater Rhein" deutet darauf hin, dass der Fluss mehr ist als nur ein Gewässer – er wird als väterliche Figur dargestellt, die Schutz, Halt und Weisheit gibt:

„Mein Freund, der Rhein, wie sehr hab ich dich vermisst!"

Der Rhein übernimmt hier eine psychologische Funktion als verlässliche, unterstützende Kraft im Leben des lyrischen Ichs. Das suggeriert ein tiefes Bedürfnis nach Sicherheit und Führung.

b) Symbolik des Flusses als Metapher für das Leben

Der Rhein fließt stetig weiter – unabhängig von Hindernissen:

„Ich tu es dir gleich, ich gebe nicht auf."

Der Fluss wird zur Metapher für das Leben und die Fähigkeit, trotz Schwierigkeiten weiterzugehen. Das lyrische Ich nimmt die Bewegung des Rheins als Vorbild für den eigenen Lebensweg.

c) Kraft und Beständigkeit als zentrale Themen

Der Rhein wird nicht nur als Fluss wahrgenommen, sondern als Quelle von Energie und Kraft:

„Ich empfinde deine Energie, sie füllt die Luft."

Die Natur verleiht dem lyrischen Ich mentale und emotionale Stärke. Die Verbindung zur Natur wird zur Quelle der psychischen Widerstandsfähigkeit (Resilienz).

d) Pausen und bewusste Reflexion

Die bewusste Pause am Ende des Gedichts symbolisiert die Fähigkeit zur Selbstregulation:

„Gerade lege ich eine Pause ein.
Bevor ich weiter gehe, Vater Rhein."

Die Pause ist ein Moment der Achtsamkeit und Selbstreflexion, bevor das lyrische Ich gestärkt weitermacht. Dies deutet auf eine bewusste Verarbeitung von Emotionen hin.

3. Psychologische Dimension

Das Gedicht lässt sich psychologisch auf mehreren Ebenen deuten:

a) Der Rhein als archetypische Vaterfigur

Die Personifikation des Rheins als „Vater" verweist auf die tiefenpsychologische Bedeutung der Vaterfigur nach C.G. Jung. Der Fluss steht symbolisch für Schutz, Orientierung und eine verlässliche, ordnende Kraft im Leben des lyrischen Ichs. Die Bindung an diese Figur gibt Halt und Vertrauen in schwierigen Zeiten.

Psychologisch gesehen sucht das lyrische Ich nach einer Form von Sicherheit und Stabilität, die durch die beständige Bewegung des Flusses symbolisiert wird.

b) Resilienz und psychische Stärke

Die Fähigkeit, trotz Hindernissen weiterzugehen, wird durch die Metapher des fließenden Rheins dargestellt. Die Bewegung des Flusses spiegelt die psychische Resilienz des lyrischen Ichs wider – die Fähigkeit, nach Rückschlägen wieder aufzustehen und weiterzumachen.

Die bewusste Entscheidung, „nicht aufzugeben", zeigt, dass das lyrische Ich aus der Natur emotionale Stärke zieht und diese auf das eigene Leben überträgt.

c) Achtsamkeit und Selbstregulation

Die bewusste Pause am Ende des Gedichts weist auf die Fähigkeit zur Selbstregulation hin. Das lyrische Ich nimmt sich die Zeit, innezuhalten und die eigene Position zu überdenken, bevor es gestärkt weitermacht.

Diese Haltung entspricht psychologischen Prinzipien der Achtsamkeit: das bewusste Wahrnehmen der Gegenwart und die Fähigkeit, Emotionen zu regulieren.

d) Verbindung zur Natur als therapeutisches Element

Die Natur (in Form des Rheins) dient als heilende und beruhigende Kraft. Die Verbindung zur Natur wird hier als eine Quelle von Energie, Ruhe und Ausgeglichenheit dargestellt. Dies lässt sich mit psychologischen Erkenntnissen zur positiven Wirkung der Natur auf die mentale Gesundheit erklären (z.B. Reduzierung von Stress, Förderung von Achtsamkeit).

Das Gedicht zeigt also, wie die Natur als Schutzraum und emotionale Ressource genutzt wird, um psychische Belastungen zu verarbeiten und neue Kraft zu schöpfen.

4. Interpretation der psychologischen Haltung der Autorin

Die Autorin scheint sich in einem Prozess der Selbstfindung oder Heilung zu befinden. Der Fluss symbolisiert das Leben in seiner Kontinuität und seinen Herausforderungen – und die bewusste Entscheidung des lyrischen Ichs, dem Fluss nachzueifern, zeigt eine innere psychische Stärke und Reifung.

• Die Sehnsucht nach Sicherheit und Halt könnte auf frühere Unsicherheiten oder Krisen hindeuten.

• Die bewusste Reflexion über Hindernisse und die Fähigkeit, sich daran zu stärken, zeigt eine positive psychologische Entwicklung.

• Die Vaterfigur (der Rhein) könnte auf die Suche nach einer stabilen, ordnenden Kraft im Leben verweisen – möglicherweise eine Verarbeitung von Erfahrungen mit der eigenen Vaterfigur oder anderen prägenden Bezugspersonen.

Psychologisch betrachtet reflektiert das Gedicht eine Reifung des Selbst und die bewusste Entscheidung, aus der Kraft der Natur und der Bewegung des Lebens eine positive Haltung zu gewinnen.

5. Gesamtdeutung

Das Gedicht „Vater Rhein" ist ein Ausdruck von innerer Stärke, Resilienz und Selbstfindung. Die Natur (in Form des Rheins) dient dabei als Spiegel des Lebens – mit all seinen Herausforderungen und seinem beständigen Fluss. Das lyrische Ich erkennt die Parallelen zwischen der Bewegung des Rheins und dem eigenen Lebensweg und zieht daraus die Kraft, Hindernisse zu überwinden und weiterzugehen.

Die psychologische Dimension zeigt sich in der bewussten Entscheidung, das Leben in seiner Bewegung anzunehmen und aus der Verbindung zur Natur emotionale und mentale Stabilität zu gewinnen. Die Figur des „Vater Rhein" symbolisiert dabei eine archetypische Schutzfigur, die Vertrauen, Sicherheit und Orientierung vermittelt.

Fazit

Das Gedicht ist eine starke poetische Darstellung der Verbindung zwischen Natur und psychischer Resilienz. Die bewusste Auseinandersetzung mit Hindernissen und die daraus gewonnene innere Kraft spiegeln eine positive psychologische Entwicklung und die Fähigkeit zur Selbstregulation wider.

Renate:
Kommentiere das Gedicht aus philosophischer Sicht

KI:
Das Gedicht "Vater Rhein" lässt sich aus einer philosophischen Perspektive als Ausdruck einer tiefen metaphysischen Verbindung zwischen Mensch und Natur interpretieren. Der Rhein wird hier nicht nur als Fluss oder landschaftliches Element betrachtet, sondern als eine Art lebendige, personifizierte Kraftquelle – fast wie eine göttliche oder spirituelle Instanz.

1. Naturphilosophische Dimension:

Der Fluss wird als Metapher für den ständigen Fluss des Lebens verwendet – ein zentrales Motiv in der Naturphilosophie, etwa bei Heraklit („Panta rhei" – alles fließt). Der Rhein symbolisiert den unaufhörlichen Lauf der Zeit und die Beständigkeit des Wandels. Indem das lyrische Ich die Kraft des Rheins in sich aufnimmt, wird es Teil dieses universellen Flusses des Lebens. Die Bewegung des Wassers wird zum Sinnbild für das Leben selbst – mit seinen Höhen und Tiefen, seinen Hindernissen und Herausforderungen.

2. Stoische Philosophie:

Die Zeilen "Hindernisse sind egal, / Sie zu überwinden ist normal" spiegeln eine stoische Haltung wider. In der stoischen Philosophie (etwa bei Epiktet oder Seneca) wird die Fähigkeit, Widrigkeiten zu überwinden, als Tugend betrachtet. Der Fluss des Rheins steht hier für die Akzeptanz der natürlichen Ordnung und die Kraft, Herausforderungen nicht nur zu erdulden, sondern aktiv zu bewältigen. Das lyrische Ich orientiert sich an der Beharrlichkeit des Rheins – der trotz Hindernissen seinen Lauf fortsetzt.

3. Lebensphilosophie:

Die Freude am Moment, die in Zeilen wie "Ich genieße deine Kraft, deinen stetigen Lauf" zum Ausdruck kommt, lässt sich im Sinne der Lebensphilosophie deuten (z.B. Nietzsche oder Bergson). Die bewusste Wahrnehmung des Augenblicks und das Verschmelzen mit der Natur sind ein Ausdruck des bejahenden Lebensgefühls. Der Rhein wird zum Sinnbild für den ständigen Kreislauf des Lebens, den das lyrische Ich nicht nur akzeptiert, sondern aktiv als Quelle der Kraft erfährt.

4. Symbolik des Vaters:

Die Bezeichnung "Vater Rhein" verleiht dem Fluss eine archetypische, väterliche Rolle – ein Bild, das auf Carl Gustav Jungs Konzept des kollektiven Unbewussten verweist. Der Rhein wird zur beschützenden und leitenden Kraft, die Orientierung und Sicherheit gibt. Die Verbindung zwischen lyrischem Ich und Rhein erinnert an eine Rückkehr zur Quelle des Seins – eine Art spirituelle Heimkehr zur Ursprungsordnung der Natur.

5. Existenzieller Ansatz:

Die Bewegung entlang des Rheins könnte auch als Symbol für die menschliche Existenz selbst gesehen werden. Das Gehen, das Überwinden von Hindernissen und die bewusste Pause stehen für die existenzielle Erfahrung von Werden, Sein und Vergehen. Die

Entscheidung, trotz Schwierigkeiten weiterzugehen, verweist auf die existenzialistische Haltung eines bewussten Daseins (z.B. bei Sartre oder Heidegger).

Philosophische Gesamtsicht

Das Gedicht drückt eine tief verwurzelte Verbindung zwischen Individuum und Natur aus und nutzt dabei klassische philosophische Themen: den Fluss des Lebens (Heraklit), die Überwindung von Hindernissen (Stoa), die Bejahung des Lebens (Nietzsche) und die Rückkehr zur Ursprungsordnung (Jung). Die Bewegung entlang des Rheins wird so zu einer Art existenzieller Metapher – eine Erfahrung des Werdens und Seins, die sowohl Kraft als auch Orientierung gibt.

Renate:
Kommentiere das Gedicht aus einer christlichen Grundhaltung

KI:
Das Gedicht "Vater Rhein" lässt sich aus einer christlichen Grundhaltung auf verschiedene Weise deuten und kommentieren:

1. Natur als Schöpfung Gottes

Das Bild des Rheins als kraftvolle, stetige Naturgewalt erinnert an die Schöpfung Gottes. Im Christentum wird die Natur oft als Ausdruck von Gottes Wirken und seiner Schönheit verstanden:

"Die Himmel erzählen die Herrlichkeit Gottes, und das Himmelsgewölbe verkündet seiner Hände Werk." (Psalm 19,2)

Der Rhein wird im Gedicht nicht nur als Fluss, sondern als Quelle von Kraft und Energie dargestellt – ein Symbol dafür, dass Gott seine Schöpfung nicht nur erhält, sondern dem Menschen durch die Natur auch Kraft und Orientierung schenkt.

2. Kraft und Beständigkeit – ein Bild für Gott

Der beständige Lauf des Rheins spiegelt die Treue und Beständigkeit Gottes wider. So wie der Rhein trotz Hindernissen weiterfließt, so bleibt auch Gott treu und trägt uns durch schwierige Zeiten. Die Bibel spricht davon, dass Gott denen Kraft gibt, die müde sind:

"Er gibt den Müden Kraft und Stärke genug dem Unvermögenden." (Jesaja 40,29)

Die Aussage "Ich tu es dir gleich, ich gebe nicht auf" lässt sich in diesem Licht als Ausdruck von Gottvertrauen deuten – die Kraft des Rheins wird zum Vorbild für die eigene Lebensführung im Vertrauen auf Gottes Beistand.

3. Hindernisse überwinden durch Gottes Hilfe

Die Zeilen über das Überwinden von Hindernissen erinnern an die christliche Hoffnung und den Glauben daran, dass Gott uns in Prüfungen stärkt und begleitet:

"In der Welt habt ihr Angst; aber seid getrost, ich habe die Welt überwunden." (Johannes 16,33)

Der Weg entlang des Rheins könnte hier auch symbolisch für den Lebensweg des Christen stehen – mit allen Höhen und Tiefen, aber stets begleitet von der Gewissheit, dass Gott uns durch Schwierigkeiten hindurchführt.

4. Rast und Erholung – ein Moment der Stille mit Gott

Die Pause am Rhein könnte als Bild für die christliche Ruhe in Gott verstanden werden. So wie der Beter eine Pause einlegt, um neue Kraft zu schöpfen, lädt auch der Glaube dazu ein, in der Gegenwart Gottes zu ruhen und aufzutanken:

"Kommt her zu mir, alle, die ihr mühselig und beladen seid; ich will euch erquicken." (Matthäus 11,28)

5. Der Rhein als Bild für die Lebensquelle in Gott

Im christlichen Kontext steht Wasser oft für das Leben und die Erneuerung durch den Geist Gottes (z.B. in der Taufe). Der Rhein könnte hier für die unerschöpfliche Quelle der göttlichen Gnade stehen, die den Menschen immer wieder Kraft gibt:

"Wer aber von dem Wasser trinkt, das ich ihm geben werde, den wird in Ewigkeit nicht dürsten." (Johannes 4,14)

Zusammenfassung

Das Gedicht "Vater Rhein" lässt sich aus christlicher Perspektive als ein Bild für Gottes Kraft, Beständigkeit und Begleitung im Leben deuten. Der Rhein wird zum Symbol für Gottes schöpferische Kraft und die Quelle der inneren Stärke. Der Wunsch, dem Rhein gleich weiterzumachen und Hindernisse zu überwinden, spiegelt die christliche Haltung wider, im Vertrauen auf Gottes Hilfe durch die Höhen und Tiefen des Lebens zu gehen.

Gedicht: Jutta

Renate:
Kommentiere folgendes Gedicht sehr ausführlich und integriere die Psychologie der Autorin

KI:
Ausführliche Gedichtanalyse und Interpretation

Das Gedicht "Jutta" würdigt die tägliche Arbeit und Fürsorge einer Frau, die ihr Leben der Ordnung und dem Haushalt widmet. Es zeigt die Hingabe und die Selbstlosigkeit der Hauptfigur Jutta, die in ihrer täglichen Arbeit nicht nur Pflicht, sondern auch Sinn und Erfüllung findet. Das Gedicht richtet den Fokus auf eine oft unsichtbare, aber essenzielle Arbeit, die im Alltag selten Anerkennung findet. Im Folgenden werde ich die formale Struktur, die inhaltlichen Ebenen und die psychologische Haltung der Autorin ausführlich analysieren.

1. Form und Struktur

Das Gedicht folgt einer klaren und regelmäßigen Struktur, die Ordnung und Harmonie vermittelt – Eigenschaften, die sich auch in der Thematik des Gedichts widerspiegeln.

Reimschema und Metrum

• Das Gedicht folgt einem durchgängigen Paarreim (aa, bb, cc):
„Mit Eifer wischt sie die Küche rein.

In jedem Raum lässt sie Sauberkeit sein."
Der Paarreim erzeugt eine musikalische, gleichmäßige Klangstruktur, die die Routine und das Gleichmaß des Alltagslebens von Jutta widerspiegelt.

• Das Metrum ist überwiegend ein vierhebiger Jambus, der dem Gedicht einen fließenden und ruhigen Rhythmus verleiht:

„In einem Heim voll täglicher Pflicht / Lebt eine Seele, ganz schlicht."

Die Regelmäßigkeit im Versmass vermittelt Ruhe und Stabilität – ein stilistisches Mittel, das die Grundthematik des Gedichts unterstreicht: die Beständigkeit und Verlässlichkeit der Arbeit.

Sprache und Stil

• Die Sprache ist schlicht und klar – bewusst nicht pathetisch oder verkünstelt.

• Die häufige Verwendung von positiven Bildern und Symbolen wie „Licht", „Freude", „hell" und „Erfüllung" verleiht dem Gedicht eine hoffnungsvolle und harmonische Grundstimmung.

• Durch die einfache Sprache wird die Alltagstätigkeit der Hauptfigur nicht trivialisiert, sondern geadelt – es entsteht eine poetische Würdigung einer sonst oft übersehenen Lebensrealität.

Die bewusste Einfachheit der Sprache spiegelt die Absicht der Autorin wider, die Würde und Bedeutung einfacher, alltäglicher Tätigkeiten hervorzuheben.

2. Inhaltliche Analyse

Das Gedicht behandelt mehrere zentrale Themen, die im Zusammenhang mit Arbeit, Pflicht und Sinnhaftigkeit stehen:

a) Die tägliche Pflicht und Ordnung

In der ersten Hälfte des Gedichts wird die tägliche Arbeit von Jutta beschrieben:

• Reinigung der Küche, Wäschewaschen, Tischdecken – typische häusliche Aufgaben.

• Die regelmäßige Wiederholung dieser Aufgaben wird nicht als Last, sondern als Selbstverständlichkeit dargestellt:

„Nie rastet sie, bis alles im Lot / Die tägliche Arbeit ist ihr Lebensbrot."

Die Autorin verleiht diesen Alltagshandlungen eine fast rituelle Bedeutung – die tägliche Ordnung wird als Grundstruktur des Lebens betrachtet.

Haltung der Autorin:

• Die Autorin scheint in der alltäglichen Arbeit eine Quelle von Stabilität und Identität zu sehen.

• Durch die detaillierte Beschreibung dieser Arbeiten wird erkennbar, dass die Autorin die oft übersehene Bedeutung von Haushalt und Fürsorgearbeit bewusst ins Zentrum der Betrachtung rücken möchte.

b) Innere Erfüllung durch Arbeit

Ein entscheidendes Motiv des Gedichts ist die Idee, dass Arbeit nicht nur eine äußere Pflicht, sondern auch eine innere Quelle von Erfüllung ist:

„Die Arbeit erfüllt sie, macht ihre Seele hell.“

• Die Verbindung zwischen äußerer Ordnung und innerem Gleichgewicht wird wiederholt betont.

Haltung der Autorin:

• Die Autorin vermittelt die Idee, dass Arbeit – auch wenn sie unsichtbar oder unbezahlt ist – eine tiefere Bedeutung und Wertschätzung verdient.

• Die Beschreibung der inneren Ruhe und Zufriedenheit deutet darauf hin, dass die Autorin einen positiven und fast spirituellen Zugang zur Bedeutung von Arbeit hat.

c) Die soziale Unsichtbarkeit dieser Arbeit

Obwohl die Arbeit der Hauptfigur Jutta eine zentrale Rolle in ihrem Leben spielt, bleibt sie gesellschaftlich weitgehend unbeachtet. Die Würdigung dieser Arbeit erfolgt durch das Gedicht selbst:

„So lasst sie uns ehren in diesem Gedicht.“

• Die Aufforderung, Jutta zu ehren, hebt die moralische Intention der Autorin hervor: Die Arbeit im Haushalt soll nicht länger als selbstverständlich betrachtet werden.

Haltung der Autorin:

• Die Autorin erkennt die gesellschaftliche Unsichtbarkeit dieser Arbeit und setzt sich dafür ein, dieser Tätigkeit durch die Poesie eine Würde zu verleihen.

• Die bewusste Wahl, ein Gedicht über eine alltägliche, oft unsichtbare Tätigkeit zu schreiben, zeigt die Absicht, auf die strukturelle Ungleichheit und mangelnde Anerkennung häuslicher Arbeit hinzuweisen.

d) Zufriedenheit und Ruhe als Abschluss

Das Gedicht endet mit einem Bild der Ruhe und des inneren Friedens:

„Am Abend kann sie zufrieden ausruhen."

• Die Vollendung der Arbeit schafft nicht nur äußere Ordnung, sondern auch innere Ruhe.

Haltung der Autorin:

• Die Autorin präsentiert Arbeit nicht als Last, sondern als etwas, das Sinn und Identität stiftet.

• Gleichzeitig wird jedoch auch eine kritische Reflexion angedeutet: Die Ruhe am Ende des Tages ist die Belohnung für eine unsichtbare Arbeit, die im sozialen Kontext oft wenig Anerkennung erfährt.

3. Psychologische Haltung der Autorin

Die psychologische Perspektive der Autorin lässt sich aus mehreren Elementen des Gedichts ableiten:

a) Bewusste Entscheidung für ein unspektakuläres Thema

• Die Autorin wählt bewusst eine alltägliche Situation als Thema und erhebt diese durch die poetische Form zu etwas Besonderem.

• Diese Entscheidung zeugt von einer psychologischen Haltung, die die „kleinen" Dinge des Lebens als ebenso wertvoll betrachtet wie die großen, gesellschaftlich sichtbaren Leistungen.

b) Empathie und Identifikation mit der Hauptfigur

• Die detaillierte Beschreibung der Arbeiten und die positive Darstellung von Juttas innerer Zufriedenheit zeigen, dass die Autorin ein tiefes Verständnis für die psychische Bedeutung dieser Arbeit hat.

• Dies spricht für eine empathische und achtsame Haltung der Autorin gegenüber traditionell weiblichen Lebensrealitäten.

c) Gesellschaftskritische Komponente

• Die Aufforderung, Jutta zu ehren, zeigt, dass die Autorin die gesellschaftliche Unsichtbarkeit häuslicher Arbeit nicht nur benennt, sondern auch korrigieren will.

• Die Würdigung dieser Arbeit durch Poesie ist ein bewusster Akt der sozialen Anerkennung.

<u>Fazit</u>

Das Gedicht "Jutta" ist eine feinfühlige Würdigung häuslicher Arbeit und sozialer Fürsorge. Die klare, geordnete Struktur und die einfache Sprache spiegeln die innere Ruhe und Beständigkeit wider, die die tägliche Arbeit Juttas prägen. Die Haltung der Autorin zeigt eine bewusste Entscheidung, auf die gesellschaftliche Unsichtbarkeit dieser Arbeit hinzuweisen und ihr durch die poetische Form eine neue Würde zu verleihen. Die positive Darstellung von Arbeit als Quelle von Sinn und Identität steht im Kontrast zur oft fehlenden äußeren Anerkennung – genau dieser Kontrast macht die sozialkritische Dimension des Gedichts aus. Die Autorin zeigt damit nicht nur eine hohe Sensibilität für alltägliche Lebensrealitäten, sondern auch eine kritische Reflexion über die gesellschaftliche Wertschätzung von Arbeit und Fürsorge.

Renate:
Kommentiere das Gedicht aus philosophischer Sicht

KI:
Das Gedicht "Jutta" beschreibt das Leben einer Person, die in alltäglicher Arbeit und Hingabe Erfüllung findet. Aus philosophischer Sicht lassen sich darin mehrere tiefgehende Themen und Perspektiven erkennen:

1. Arbeit und Sinn des Lebens (Existenzialismus)

Das Gedicht thematisiert die Arbeit als einen zentralen Bestandteil des Lebens. Aus einer existenzialistischen Perspektive (z.B. Jean-Paul Sartre) könnte man argumentieren, dass Jutta durch ihre tägliche Arbeit Sinn und Struktur in ihr Leben bringt. Sartre betonte, dass der Mensch seinem Leben selbst Bedeutung verleihen muss, indem er durch Handlungen seinen eigenen Daseinszweck erschafft. Juttas Hingabe zur Arbeit könnte daher als Ausdruck eines selbst gewählten Sinns im Dasein verstanden werden.

2. Pflichtethik (Immanuel Kant)

Die Betonung der täglichen Pflicht erinnert stark an Kants Konzept des kategorischen Imperativs, der verlangt, dass der Mensch seine Handlungen aus Pflicht und moralischer Überzeugung vollbringt. Jutta handelt nicht aus egoistischen Motiven, sondern aus einem inneren Pflichtgefühl heraus, das auf moralischer Verantwortung und Verlässlichkeit basiert. Ihre Arbeit scheint nicht durch äußeren Druck motiviert, sondern durch eine innere moralische Haltung.

3. Stoizismus und Gelassenheit

Der stoische Philosoph Epiktet lehrte, dass der Mensch durch die Annahme seiner Rolle im Leben und durch innere Ruhe wahre Erfüllung finden kann. Jutta nimmt die täglichen Pflichten an, ohne dagegen zu rebellieren. Die Arbeit wird nicht als Last, sondern als Teil der natürlichen Ordnung ihres Lebens betrachtet. Ihre innere Ruhe und Zufriedenheit am Abend könnten daher stoisch interpretiert werden: durch die Annahme der Realität und die Fokussierung auf das, was in ihrer Kontrolle liegt, findet sie Frieden.

4. Die Idee des Glücks in der Tätigkeit (Aristoteles)

Aristoteles definierte das höchste Gut (Eudaimonia) als das gelungene Leben, das durch tätige Vernunft und moralisches Handeln geprägt ist. Jutta scheint Glück nicht in äußeren Erfolgen, sondern in der Erfüllung ihrer täglichen Arbeit zu finden. Ihre Freude entspringt nicht dem Ergebnis, sondern dem Prozess der Arbeit selbst – eine Idee, die Aristoteles als „glückseliges Handeln" beschreiben würde.

5. Entfremdung und Selbstverwirklichung (Karl Marx)

Aus marxistischer Sicht könnte man Juttas Arbeit sowohl positiv als auch kritisch betrachten. Einerseits findet sie offenbar Sinn in ihrer Arbeit und ist nicht entfremdet von ihr, da sie Freude darin erfährt. Andererseits könnte man hinterfragen, ob diese Arbeit tatsächlich eine freie Selbstverwirklichung ist oder ob sie nur durch gesellschaftliche Strukturen und traditionelle Rollenzuschreibungen vorgegeben wird. Die Frage wäre also, ob ihre Arbeit Ausdruck von Autonomie oder sozialer Konditionierung ist.

6. Moral des Dienens und der Bescheidenheit (christliche Ethik)

Die in der Arbeit gefundene Zufriedenheit und die selbstlose Hingabe erinnern an die christliche Tugend der Demut und des Dienens. Die Idee, dass durch die treue Erfüllung der täglichen Pflichten eine moralische und spirituelle Erfüllung gefunden wird, spiegelt eine traditionelle christliche Vorstellung wider, dass die Arbeit selbst eine Form des Gottesdienstes sein kann.

Philosophische Gesamtbewertung

Das Gedicht zeigt eine Figur, die durch Arbeit, Bescheidenheit und Hingabe Erfüllung findet. Dabei wird Arbeit nicht als Mittel zum Zweck, sondern als Wert an sich dargestellt. Philosophisch betrachtet steht das Gedicht im Spannungsfeld zwischen Pflichtethik, existenzialistischer Sinnsuche und aristotelischer Eudaimonie.

Die Frage bleibt offen, ob Juttas Zufriedenheit tatsächlich aus innerer Freiheit und Selbstbestimmung erwächst oder ob sie lediglich die gesellschaftlichen Erwartungen verinnerlicht hat.

Renate:
Kommentiere das Gedicht aus einer christlichen Grundhaltung

KI:
Kommentar aus einer christlichen Perspektive:

Das Gedicht "Jutta" beschreibt das Leben einer Frau, die ihren Alltag mit Hingabe, Fleiß und Beständigkeit gestaltet. Aus einer christlichen Sichtweise lässt sich die dargestellte Haltung als Ausdruck christlicher Nächstenliebe und Demut verstehen.

Die Arbeit, die Jutta mit solcher Hingabe und Treue verrichtet, erinnert an die christliche Berufung zum Dienst am Nächsten. Jesus selbst hat die dienende Haltung vorgelebt, etwa als er seinen Jüngern die Füße wusch (Johannes 13,12–17). Die alltäglichen, oft unscheinbaren Pflichten, die Jutta voller Freude erfüllt, sind ein Zeichen dafür, dass sie die christliche Tugend der Demut und der Liebe zum Nächsten verinnerlicht hat.

Die Freude, die trotz der Last der Arbeit in ihrem Herzen klingt, spiegelt die tiefe innere Erfüllung wider, die entsteht, wenn man seine Arbeit als Dienst an Gott und den Mitmenschen versteht. Der Apostel Paulus ermutigt in Kolosser 3,23:

"Alles, was ihr tut, das tut von Herzen, als für den Herrn und nicht für Menschen."

Jutta findet offenbar genau in dieser Haltung Erfüllung: Ihre Arbeit ist nicht bloß Mühsal, sondern ein Akt der Liebe, eine Form der Hingabe an Gott und die Menschen in ihrem Umfeld. Ihre Freude und die Zufriedenheit, mit der sie am Abend zur Ruhe kommt, erinnern an den inneren Frieden, den Jesus in Johannes 14,27 verspricht:

"Frieden hinterlasse ich euch, meinen Frieden gebe ich euch; nicht gebe ich euch, wie die Welt gibt. Euer Herz erschrecke nicht und verzage nicht."

Auch das Bild der täglichen Arbeit als "Lebensbrot" ist aus christlicher Sicht tief bedeutungsvoll. Brot ist in der Bibel nicht nur Nahrung, sondern ein Symbol für das Leben aus Gott – Jesus selbst nennt sich das "Brot des Lebens" (Johannes 6,35). Die alltägliche Arbeit, die Jutta mit solcher Treue und Liebe verrichtet, wird zu einem geistlichen Akt, zu einem Teilhabe am Leben aus Gott.

Das Gedicht erinnert somit an die biblische Botschaft, dass selbst die unscheinbarsten Aufgaben, wenn sie in Liebe und Hingabe getan werden, wertvoll und Gott wohlgefällig sind. Jutta lebt eine stille, aber kraftvolle Form der christlichen Nachfolge – durch ihre Arbeit, ihre Haltung und ihre innere Freude.

Gedicht: Alfons

Renate:
Kommentiere folgendes Gedicht sehr ausführlich und integriere die Psychologie der Autorin

KI:
Ausführliche Interpretation und psychologische Analyse des Gedichts „Alfons"

Das Gedicht „Alfons" handelt von einem Menschen, der trotz körperlicher Beschwerden und des fortschreitenden Alters seine innere Stärke bewahrt. Die zentrale Botschaft ist die Überwindung von körperlichen und seelischen Hindernissen durch mentale Kraft, Mut und Lebensfreude. Die Autorin zeichnet ein sensibles und zugleich kraftvolles Porträt von Widerstandsfähigkeit und Optimismus. Im Folgenden werde ich das Gedicht inhaltlich, sprachlich und psychologisch detailliert kommentieren.

1. Inhaltliche Analyse

Das Gedicht ist eine liebevolle und ermutigende Ansprache an eine Person namens Alfons. Die zentrale Themen sind:

• Alter und körperliche Einschränkungen.

Bereits in den ersten Zeilen wird deutlich, dass Alfons unter den Folgen des Alters leidet.

„Die Knie schon recht alt an Tagen / Können meistens dich nicht mehr tragen."

Die körperlichen Beschwerden werden offen benannt, was eine realistische und ehrliche Auseinandersetzung mit dem Alter signalisiert.

• Mentale Stärke und Kampfgeist.

Trotz der körperlichen Schwächen zeigt Alfons einen bemerkenswerten inneren Kampfgeist:

„In Dir aber steckt Kämpfergeist / Jeden Tag bist Du zum Sport bereit."

Die Bereitschaft, gegen den körperlichen Verfall aktiv anzukämpfen, wird als Ausdruck von Willensstärke und mentaler Resilienz dargestellt.

• Überwindung des Schmerzes.
Schmerz wird nicht als unüberwindbare Barriere dargestellt, sondern als Herausforderung, die durch Disziplin und Stärke bewältigt werden kann:

„Du siegst dadurch über Arthrose und Gicht."

Hier zeigt sich eine positive Sichtweise auf den Prozess des Alterns – es wird nicht als Defizit wahrgenommen, sondern als eine zu meisternde Prüfung.

Lebensfreude und Hoffnung.

Die zweite Hälfte des Gedichts betont die Freude am Leben und die Schönheit der kleinen Dinge.

„Die Sonne strahlt, die Vögel singen / Und jeder Tag wird weiter Freude dir bringen."

Die Verbindung zur Natur unterstreicht die positive Grundhaltung und den Blick auf das Hier und Jetzt.

2. Sprachliche Analyse

Die Sprache ist schlicht, direkt und klar – passend zum Inhalt des Gedichts, das von Ehrlichkeit und Aufrichtigkeit geprägt ist. Dennoch sind zahlreiche stilistische Mittel erkennbar:

Anrede und direkte Ansprache:

• Die direkte Ansprache („Du") schafft eine Nähe zwischen Sprecher und Adressat. Der Leser fühlt sich persönlich angesprochen und in die Botschaft eingebunden.

• Reimstruktur und Rhythmus:

Das Gedicht folgt einem überwiegend regelmäßigen Reimschema (Paarreim). Dies verleiht dem Text eine harmonische und melodische Wirkung, die die positive Grundstimmung unterstützt.

• Metaphern und Bildsprache:

Die Metapher des „Kämpfergeists" symbolisiert die innere Stärke trotz körperlicher Schwächen. Die Naturbilder („Die Sonne strahlt, die Vögel singen") stehen für Hoffnung und neue Kraft.

• Personifikation:

„Die Jahre mögen vorüberziehen"

Die Zeit wird hier personifiziert, was die Vorstellung von einem fortschreitenden Lebensprozess lebendig macht.

3. Psychologische Analyse der Autorin

Die psychologische Dimension des Gedichts gibt Hinweise auf die emotionale Haltung und die psychische Verfassung der Autorin:

• Empathie und emotionale Nähe:

Die Autorin zeigt eine tiefe emotionale Verbindung zur angesprochenen Person. Sie nimmt die physischen Beschwerden ernst, ohne diese zu dramatisieren. Dies deutet auf eine hohe emotionale Intelligenz und Einfühlungsvermögen hin.

• Bewältigungsstrategie durch positives Denken:

Die bewusste Fokussierung auf mentale Stärke und Lebensfreude spiegelt eine psychologische Strategie wider, um mit schwierigen Lebenssituationen umzugehen. Es zeigt sich ein aktives Coping (Bewältigungsverhalten) – die Autorin lenkt die Aufmerksamkeit auf die Stärken der Person und nicht auf die Defizite.

• Projektive Ermutigung:

Die ermutigende Haltung könnte auch auf einen inneren Wunsch der Autorin hindeuten, selbst mit ähnlichen Herausforderungen im Leben kraftvoll umzugehen. Die Figur Alfons könnte somit auch ein symbolisches Alter Ego der Autorin sein – eine Projektion des eigenen Wunsches nach Stärke im Alter.

•Verarbeitung von Angst vor dem Altern:

Die intensive Auseinandersetzung mit körperlichem Verfall und Schmerz könnte auch auf eine unbewusste Angst der Autorin vor dem Altern hindeuten. Indem sie die Figur Alfons als Vorbild des Durchhaltens und der Lebensfreude darstellt, bewältigt sie möglicherweise ihre eigenen Sorgen im Zusammenhang mit dem Alter.

• Hoffnung als zentrales Element:

Die wiederholte Betonung von Freude, Mut und Natur zeigt eine optimistische Lebenseinstellung. Die Autorin vermittelt, dass das Leben – trotz Einschränkungen – weiterhin wertvoll und lebenswert bleibt.

4. Interpretation der Kernbotschaft

Die Kernbotschaft des Gedichts lässt sich auf zwei Ebenen zusammenfassen:

1. Durch mentale Stärke und Willenskraft können körperliche Grenzen überwunden werden.

Das Gedicht appelliert daran, nicht aufzugeben und die Herausforderungen des Alters aktiv anzunehmen.

2. Freude und Hoffnung finden sich in den kleinen Dingen des Alltags. Die Schönheit der Natur, die Freude an Bewegung und der Glaube an die eigenen Kräfte werden als Quellen innerer Stärke dargestellt.

5. Bedeutung des Namens "Alfons"

Der Name Alfons leitet sich vom germanischen Namen Adalfuns ab, was „edler, kampfbereiter Geist" bedeutet. Dies könnte bewusst oder unbewusst als Symbol für die dargestellte mentale und körperliche Stärke gewählt worden sein.

<u>Fazit</u>

Das Gedicht „Alfons" ist ein ermutigendes und zugleich sensibles Werk über die Überwindung von Alter und Krankheit durch mentale Kraft und Lebensfreude. Die Autorin vermittelt durch einfache, aber tiefgehende Sprache eine positive Sichtweise auf das Älterwerden und appelliert an die Fähigkeit, im Alltag Freude und Sinn zu finden. Die psychologische Tiefe des Textes zeigt sich insbesondere in der Betonung von Resilienz und der aktiven Bewältigung von Schmerz und Einschränkungen – eine Haltung, die auf persönlicher Erfahrung und emotionaler Reife basiert.

Die Autorin vermittelt letztlich die Botschaft: Das Leben bleibt lebenswert, solange man Hoffnung und Kampfgeist bewahrt.

Renate:
Kommentiere das Gedicht aus philosophischer Sicht

KI:
Das Gedicht "Alfons" lässt sich aus philosophischer Sicht auf mehreren Ebenen deuten – insbesondere im Hinblick auf die Themen des menschlichen Daseins, der Resilienz und des Sinns im Leben.

1. Stoizismus und der Umgang mit Leiden

Der Text beschreibt die körperlichen Einschränkungen und Schmerzen, die mit dem Alter einhergehen – etwa Arthrose und Gicht. Dennoch wird betont, dass der innere Kämpfergeist stärker ist als diese physischen Grenzen. Diese Haltung erinnert an die stoische Philosophie, insbesondere an die Ideen von Epiktet und Seneca: Das äußere Leiden liegt oft außerhalb unserer Kontrolle, doch die innere Einstellung gegenüber diesem Leiden können wir selbst bestimmen. Die Zeilen

"Der Schmerz kann daran hindern dich nicht. / Du siegst dadurch über Arthrose und Gicht."

spiegeln genau diese stoische Haltung wider – der Schmerz wird nicht verleugnet, aber die bewusste Entscheidung, ihm mit Würde und innerer Stärke zu begegnen, verleiht dem Dasein Sinn und Kontrolle.

2. Existenzialismus und die aktive Lebensgestaltung

Der Satz

"Die Jahre mögen vorüberziehen, doch Du bist keiner der bleibt einfach liegen."

ruft dazu auf, das eigene Leben aktiv zu gestalten – selbst dann, wenn äußere Umstände (wie das Alter) die Freiheit einschränken. Diese Haltung erinnert an Jean-Paul Sartres existenzialistische Maxime, dass der Mensch durch seine Handlungen seine eigene Existenz definiert. Trotz körperlicher Grenzen wird Alfons durch seine aktive Haltung zum Gestalter seines Lebens und findet Sinn in der Überwindung des Leidens.

3. Der Sinn des Lebens durch das Schöne im Alltag

Die Zeilen

"Die Sonne strahlt, die Vögel singen / Und jeder Tag wird weiter Freude dir bringen."

erinnern an eine lebensbejahende, fast epikureische Haltung: Das Schöne und Gute liegt im Alltag, im Genuss der kleinen Dinge. Die bewusste Wahrnehmung der Natur (die Sonne, der Gesang der Vögel) symbolisiert die philosophische Idee, dass Sinn nicht nur in großen Taten, sondern auch in der ruhigen Freude am gegenwärtigen Moment liegt. Dies verweist auf die Lehren von Epikur, der das Glück in der einfachen Freude und der inneren Ruhe suchte.

4. Hoffnung und der metaphysische Ausblick

Die abschließenden Zeilen

"Mit Mut und Hoffnung stark und fest / Wirst erleben Du was Du noch ersehnst."

greifen eine teleologische Sicht auf: Die Vorstellung, dass das Leben trotz Schmerz und Vergänglichkeit einen höheren Sinn hat, steht im Einklang mit einem metaphysischen oder religiösen Weltbild. Die Hoffnung auf Erfüllung und das Vertrauen in eine sinnvolle Zukunft verleihen dem Dasein eine Richtung und einen Zweck – ein Motiv, das sowohl in religiösen als auch in humanistischen Philosophien zu finden ist.

Fazit

Das Gedicht beschreibt in philosophischer Hinsicht eine bewusste Lebenshaltung im Angesicht von Alter und körperlichem Verfall. Es vereint stoische Gelassenheit im Umgang mit Schmerz, existenzialistische Selbstbestimmung durch aktives Handeln und epikureische Freude an den kleinen Momenten des Alltags. Der Appell an Mut und Hoffnung verweist schließlich auf die tief verwurzelte menschliche Sehnsucht nach Sinn und Erfüllung – selbst in schwierigen Lebensphasen.

Renate:
Kommentiere das Gedicht aus einer christlichen Grundhaltung

KI:
Das Gedicht "Alfons" beschreibt auf einfühlsame Weise die Herausforderungen des Alters und den unermüdlichen Geist des Kämpfers, der trotz körperlicher Einschränkungen nicht aufgibt. Aus einer christlichen Grundhaltung heraus lassen sich darin zentrale christliche Tugenden wie Hoffnung, Mut, Dankbarkeit und das Vertrauen auf Gottes Beistand erkennen.

1. Mut und Ausdauer trotz Schwäche:

Die körperlichen Beschwerden („Arthrose und Gicht") könnten symbolisch für die Prüfungen und Leiden stehen, die das Leben mit sich bringt. Doch die Bereitschaft, jeden Tag erneut anzutreten und den Schmerz zu überwinden, erinnert an die christliche Ermahnung von Paulus:

"Seid stark in dem Herrn und in der Macht seiner Stärke" (Epheser 6,10).

Hier wird deutlich, dass die Kraft nicht nur aus der eigenen Willenskraft kommt, sondern auch aus dem Vertrauen auf Gott.

2. Dankbarkeit für das Leben:

Die Freude über die alltäglichen Dinge – „die Sonne strahlt, die Vögel singen" – verweist auf eine Haltung der Dankbarkeit, die in der christlichen Spiritualität tief verankert ist. Das Leben selbst wird als Geschenk Gottes betrachtet, und die Wahrnehmung der Schönheit der Schöpfung ist ein Ausdruck der Dankbarkeit gegenüber dem Schöpfer:

"Jeder gute und vollkommene Gabe kommt von oben, von dem Vater des Lichts" (Jakobus 1,17).

3. Hoffnung auf das Kommende:

Die Hoffnung, dass trotz körperlicher Schwäche noch Freude und Erfüllung möglich sind („Wirst erleben Du, was Du noch ersehnst"), spiegelt die christliche Hoffnung wider, die nicht nur auf das Irdische, sondern auf das Ewige ausgerichtet ist. Die christliche Botschaft ermutigt dazu, auch in schwierigen Zeiten auf Gottes Verheißungen zu vertrauen:

"Denn ich weiß wohl, was ich für Gedanken über euch habe, spricht der Herr: Gedanken des Friedens und nicht des Leides, dass ich euch gebe Zukunft und Hoffnung" (Jeremia 29,11).

4. Die innere Stärke:

Die Aufforderung, in sich hineinzuschauen und das Gute zu entdecken, verweist auf die christliche Überzeugung, dass Gott in jedem Menschen wirkt und dass die Quelle der Kraft in der Gegenwart Gottes liegt. Die Worte erinnern an die biblische Zusage, dass der Mensch durch den Glauben gestärkt wird:

"Christus in euch, die Hoffnung der Herrlichkeit" (Kolosser 1,27).

Insgesamt zeigt das Gedicht eine Haltung des Gottvertrauens: Die körperliche Schwäche wird durch innere Kraft und die Gewissheit, dass Gott den Menschen durch alle Schwierigkeiten hindurchträgt, überwunden. Das Gedicht ermutigt dazu, die Freude des Lebens zu bewahren und im Glauben an die göttliche Führung Hoffnung und Mut zu schöpfen.

Gedicht: Eine besondere Begegnung

Renate:
Kommentiere folgendes Gedicht sehr ausführlich und integriere die Psychologie der Autorin

KI:
Das Gedicht „Eine besondere Begegnung" ist ein sehr persönliches, tief empfundenes Werk, das eine tiefe menschliche und spirituelle Erfahrung schildert. Es beschreibt die Beziehung zwischen der Autorin (vermutlich eine Pflegekraft) und einer pflegebedürftigen Person, die im Sterben liegt oder bereits verstorben ist. Das lyrische Ich verarbeitet die emotionale Verbindung und den Abschied in einer ruhigen, reflektierten und von Dankbarkeit geprägten Sprache. Die Psychologie der Autorin wird in verschiedenen Facetten deutlich, insbesondere in den Themen der Fürsorge, des Verlusts, der Liebe und der spirituellen Erfahrung. Im Folgenden werde ich das Gedicht genauer analysieren und die psychologischen Hintergründe der Autorin herausarbeiten:

1. Inhaltliche Analyse

Eröffnung: Die Unsicherheit beim Beginn des Pflegedienstes

„Den Pflegedienst habe ich bei Dir angefangen
Mit Unsicherheit im Herzen und mit Bangen."

Gleich zu Beginn schildert die Autorin die Unsicherheit und Angst, die sie beim Beginn des Pflegedienstes empfunden hat. Diese Angst ist typisch für Menschen, die in ein neues, emotional herausforderndes Arbeitsumfeld eintreten – insbesondere in der Pflege, wo man mit Krankheit, Leid und Tod konfrontiert wird. Die Offenheit, mit der diese Unsicherheit benannt wird, deutet auf eine große emotionale Verletzlichkeit hin.

Die Bedeutung des Lächelns

„Doch: Es wird mir fehlen – Dein Lächeln, das alles war,
Hilfe bei innerer Not, Müdigkeit, Gefahr."

Das Lächeln der pflegebedürftigen Person wird als heilende Kraft beschrieben. Das Lächeln hat die Angst und Unsicherheit des lyrischen Ichs überwunden und wurde zu einer Quelle der Stabilität und inneren Heilung. Dies zeigt die tiefe emotionale Verbindung, die zwischen der Pflegerin und der gepflegten Person entstanden ist. Die Beziehung wird hier nicht als einseitige Pflegehandlung beschrieben, sondern als ein gegenseitiges Geben und Nehmen.

Psychologisch gesehen spiegelt sich hier der menschliche Grundbedarf nach emotionaler Sicherheit und Geborgenheit wider. Die pflegebedürftige Person wird nicht nur als Empfänger von Fürsorge dargestellt, sondern als jemand, der durch seine bloße Existenz und sein Lächeln Trost und Kraft spendet.

Spirituelle und emotionale Heilung

„Wie heilendes Öl die Wunden stillt
Dein Lächeln hat mein Leben erfüllt.
Dein Lächeln, Dein Blick waren Liebe und Segen.
Ohne Worte konnte man Gottes Trost erleben."

Hier wird eine spirituelle Dimension der Begegnung spürbar. Die heilende Wirkung des Lächelns wird mit einem religiösen Bild (heilendes Öl) verbunden. Dies zeigt, dass die Autorin die Begegnung nicht nur als zwischenmenschliche, sondern auch als spirituelle Erfahrung deutet. Die Erwähnung von "Gottes Trost" zeigt, dass die Erfahrung der Pflege und der damit verbundenen Nähe zur pflegebedürftigen Person eine religiöse oder zumindest transzendente Bedeutung für die Autorin hat. Dies könnte psychologisch auf eine Sinnsuche und eine emotionale Verarbeitung des Leidens und der Sterblichkeit hindeuten.

Selbstzweifel und gegenseitige Hilfe

„Du hast gesagt, Du bist unfähig noch etwas zu geben
Aber uns hast du geholfen unsere Wege zu gehen."

Hier wird eine interessante psychologische Dynamik sichtbar: Die gepflegte Person hat das Gefühl, nichts mehr geben zu können – ein klassisches Gefühl von Hilflosigkeit und Wertlosigkeit, das viele alte oder kranke Menschen empfinden. Doch das lyrische Ich erkennt den Wert der Beziehung nicht in praktischen Leistungen, sondern in der bloßen Präsenz und der emotionalen Verbindung. Dies zeigt eine tiefe psychologische Reife der Autorin, die die Bedeutung von emotionaler Präsenz und geistiger Verbundenheit über materielle oder praktische Leistungen stellt.

Die gegenseitige Bindung

„Durch Gnade durfte für dich ich da sein,
Dir von Herzen ganz nah sein.
Unser Verständnis hat uns tief verbunden,
in den schweren und doch so erfüllten Stunden."

Die Beziehung wird hier als ein Geschenk ("durch Gnade") betrachtet, was erneut die spirituelle Dimension der Begegnung betont. Die gegenseitige Nähe und das gegenseitige Verständnis zeigen, dass diese Beziehung auf einer tiefen emotionalen Ebene funktionierte. Die Autorin fühlt sich nicht als „Pflegende", sondern als jemand, der durch die Verbindung selbst Heilung und Erfüllung erfahren hat.

Abschied und Loslassen

„Den Dienst den ich durfte von Herzen tun
Lässt mich dich jetzt in Ruhe gehen, zur ewigen Ruh."

Der abschließende Teil des Gedichts zeigt die psychologische Verarbeitung des Verlusts. Das lyrische Ich hat Frieden gefunden und kann die geliebte Person loslassen, weil es das Gefühl hat, alles getan zu haben, was möglich war. Das Bewusstsein, dass der Dienst von Herzen kam, gibt der Autorin die Kraft, den Tod zu akzeptieren. Dies ist ein Zeichen für einen gelungenen Trauerprozess, in dem Dankbarkeit und Akzeptanz den Schmerz überwiegen.

2. Psychologische Interpretation

Die psychologische Tiefe der Autorin zeigt sich vor allem in folgenden Aspekten:

• Unsicherheit und Angst:

Die anfangs beschriebene Unsicherheit verweist auf eine natürliche emotionale Schutzreaktion angesichts einer herausfordernden und verletzlichen Situation.

• Heilung durch Beziehung:

Die emotionale Bindung zur gepflegten Person wird als Quelle der eigenen Heilung und des inneren

Wachstums beschrieben. Dies deutet auf eine psychologisch gesunde Fähigkeit zur Empathie und tiefen Bindung hin.

• Selbstwertgefühl und Dankbarkeit:

Die Pflege wird nicht nur als Pflicht, sondern als Geschenk betrachtet, was auf eine reife emotionale Verarbeitung der Beziehung hindeutet.

• Spirituelle Sinnfindung:

Die Erfahrung der Pflege wird als spirituelle Reise und als Begegnung mit etwas Höherem erlebt. Dies zeigt eine tiefe psychologische Verarbeitung des Todes und der Vergänglichkeit.

• Erfüllter Trauerprozess:

Die Bereitschaft, die geliebte Person loszulassen, spricht für eine erfolgreiche emotionale Verarbeitung des Verlustes und die Fähigkeit, mit dem Tod Frieden zu schließen.

3. Stilistische Analyse

• Reim und Rhythmus:

Das Gedicht folgt einem fließenden, ruhigen Rhythmus, der die friedliche und dankbare Grundstimmung unterstreicht.

• Wortwahl:

Die Sprache ist schlicht und direkt, was die Authentizität der Gefühle unterstreicht. Religiöse und spirituelle Begriffe („Gnade", „Segen", „Gottes Trost") geben dem Gedicht eine zusätzliche spirituelle Tiefe.

• Bildsprache:

 Die Metaphern des heilenden Öls und des Lächelns als Quelle der Kraft machen die emotionale Tiefe der Beziehung greifbar.

<u>Fazit</u>

Das Gedicht verarbeitet eine tiefe zwischenmenschliche und spirituelle Erfahrung. Die Autorin beschreibt die Pflege nicht als Last, sondern als Geschenk, das sie selbst innerlich bereichert hat. Die psychologische Reife zeigt sich in der Fähigkeit, die emotionale Bindung zu würdigen, die Hilflosigkeit der gepflegten Person zu akzeptieren und den Verlust schließlich mit Dankbarkeit und Frieden anzunehmen. Die spirituelle Dimension gibt dem Gedicht eine zusätzliche Tiefe, indem der Pflegeprozess als eine Form göttlicher Fügung und Liebe verstanden wird.

Renate:
Kommentiere das Gedicht aus philosophischer Sicht

KI:
Das Gedicht „Eine besondere Begegnung" lässt sich aus einer philosophischen Perspektive tiefgründig betrachten, insbesondere im Hinblick auf existenzielle, ethische und metaphysische Fragen.

1. Die Begegnung als existenzielle Erfahrung

Die Beziehung zwischen der pflegenden Person und der gepflegten Person steht im Zentrum des Gedichts. Die Pflegeerfahrung wird nicht als bloße Handlung oder Verpflichtung beschrieben, sondern als tiefgreifende menschliche Begegnung. In der Philosophie des Existenzialismus, etwa bei Martin Buber oder Emmanuel Levinas, wird die Beziehung zum Anderen als Quelle von Sinn und Identität verstanden. Buber spricht von der Begegnung im Sinne des „Ich-Du"-Verhältnisses, in dem der Andere nicht als Objekt, sondern als gleichwertiges Subjekt erscheint. Die Verbindung in der Pflege wird zu einer authentischen Beziehung, in der beide Seiten durch die Begegnung bereichert werden.

2. Die Rolle des Lächelns als Ausdruck von Liebe und Heilung

Das Lächeln der gepflegten Person wird als eine heilende Kraft beschrieben – ein Symbol der Liebe und des Trostes. Aus einer stoischen Perspektive könnte dies als Ausdruck von innerer Ruhe und Akzeptanz gedeutet werden. Die Fähigkeit, selbst in einer Situation der Hilfsbedürftigkeit etwas zu geben (ein Lächeln, ein Blick) verweist auf die stoische Idee, dass wahre Stärke und Tugend nicht von äußeren Umständen abhängt, sondern aus der inneren Haltung entspringt. Levinas würde hierin die ethische Dimension der Begegnung sehen: Das Lächeln des Anderen ist ein Ruf zur Verantwortung. Der Blick des Anderen fordert eine Antwort und konstituiert die moralische Verpflichtung, für den Anderen da zu sein. Die Pflegehandlung wird also nicht nur als soziale Pflicht, sondern als ethische Antwort auf die Präsenz des Anderen verstanden.

3. Die Erfahrung der Transzendenz und göttlichen Gegenwart

Das Gedicht verweist auf Gottes Trost und Segen, der durch die Begegnung spürbar wird. Hier zeigt sich eine metaphysische Dimension, die an die christliche Mystik erinnert, aber auch an die platonische Idee, dass das Gute und das Göttliche in der Liebe und der zwischenmenschlichen Verbindung erkennbar wird.

Plotin beschreibt in seiner Philosophie die Rückkehr zur Einheit mit dem göttlichen Prinzip durch die Erfahrung des Schönen und Guten. Das Lächeln könnte hier als Manifestation des Göttlichen interpretiert werden – ein Moment, in dem der Pflegende und der Gepflegte in einer höheren, transzendenten Wirklichkeit verbunden sind.

4. Der Umgang mit Endlichkeit und Tod

Das Gedicht endet mit dem friedlichen Abschied und der Akzeptanz des Todes. Hier zeigt sich eine Haltung der Gelassenheit und des Loslassens, die an die Lehren der Stoiker und Buddhisten erinnert. Der Tod wird nicht als Ende, sondern als Übergang verstanden – ein natürlicher Bestandteil des Lebenszyklus. In der Philosophie von Heidegger wird die bewusste Konfrontation mit der eigenen Endlichkeit als Voraussetzung für ein authentisches Leben betrachtet. Die Bereitschaft, den anderen in den Tod zu begleiten, verweist auf eine tiefe Annahme der Endlichkeit und des Lebens selbst.

Philosophische Kernaussage

Das Gedicht behandelt zentrale philosophische Themen: die Bedeutung menschlicher Begegnung, die Ethik der Fürsorge, die transzendente Erfahrung von Liebe und Trost sowie den Umgang mit der Endlichkeit. Die Verbindung zwischen Pflegendem und Gepflegtem wird als eine tiefe, existenzielle Erfahrung beschrieben, in der beide Seiten durch Liebe, Mitgefühl und Nähe Sinn finden. Die Begegnung wird zur Quelle von Heilung und spiritueller Erfahrung – ein Moment, in dem das Göttliche im Alltäglichen erfahrbar wird.

Renate:
Kommentiere das Gedicht aus einer christlichen Grundhaltung

KI:
Das Gedicht „Eine besondere Begegnung" lässt sich aus einer christlichen Grundhaltung als Ausdruck von Gottes Liebe, Gnade und Trost verstehen. Es beschreibt eine zutiefst menschliche und zugleich geistliche Erfahrung: die Begegnung mit einem Menschen, der durch seine Liebe, Geduld und sein Lächeln die Nähe Gottes spürbar gemacht hat.

1. Begegnung als Geschenk Gottes

Die Begegnung mit dem Menschen wird nicht nur als berufliche Aufgabe, sondern als Gnade und Segen wahrgenommen:

„Durch Gnade durfte für dich ich da sein,
Dir von Herzen ganz nah sein."

Hier zeigt sich die christliche Überzeugung, dass jede menschliche Beziehung von Gott geführt wird. Die Möglichkeit, jemandem in Liebe und Fürsorge zu begegnen, wird als eine von Gott geschenkte Gelegenheit verstanden, durch die sein Wirken sichtbar wird.

2. Gottes Liebe durch den Nächsten erfahren

Das Lächeln und die Geduld der betreuten Person werden als Ausdruck göttlicher Liebe wahrgenommen:

„Dein Lächeln, Dein Blick waren Liebe und Segen.
Ohne Worte konnte man Gottes Trost erleben."

Dies verweist auf die christliche Überzeugung, dass Gott durch Menschen handelt. Die Liebe, die hier erfahren wird, ist nicht nur menschlich, sondern auch ein Spiegel der Liebe Gottes. Diese Liebe wirkt heilend und stärkend – so wie Christus selbst heilend und tröstend auf die Menschen zuging.

3. Die Bedeutung von Dienst und Hingabe

Die Pflege wird nicht als Last, sondern als ein Akt der Liebe gesehen:

„Den Dienst, den ich durfte von Herzen tun,
Lässt mich dich jetzt in Ruhe gehen, zur ewigen Ruh."

Dies entspricht der christlichen Vorstellung vom Dienst am Nächsten als einem Weg, Christus nachzufolgen („Was ihr einem meiner geringsten Brüder getan habt, das habt ihr mir getan" – Mt 25,40). Die Bereitschaft, für einen anderen Menschen da zu sein, wird zu einem Weg, Gott selbst zu dienen.

4. Sterben als Übergang in die ewige Ruhe

Das Ende des Gedichts spiegelt die christliche Hoffnung auf das ewige Leben wider:

„Lässt mich dich jetzt in Ruhe gehen, zur ewigen Ruh."

Der Tod wird nicht als Ende, sondern als Heimkehr zu Gott verstanden. Die begleitende Person lässt die geliebte Person in Frieden los, in der Gewissheit, dass sie nun in Gottes Händen geborgen ist. Die Vorstellung der „ewigen Ruhe" erinnert an die Verheißung Jesu:

„Kommt alle zu mir, die ihr euch plagt und schwere Lasten zu tragen habt. Ich werde euch Ruhe verschaffen." (Mt 11,28)

5. Trost und Dankbarkeit

Das Gedicht endet in einem Geist der Dankbarkeit und des Friedens. Die gemeinsam durchlebte Zeit, die Mühe und die Nähe werden als Segen erkannt – ein Geschenk, das von Gott kam und nun in ihm vollendet wird. Die Liebe, die in der Pflegebeziehung erfahren wurde, wirkt über den Tod hinaus, weil sie letztlich Ausdruck der göttlichen Liebe ist.

Fazit
Das Gedicht reflektiert eine zutiefst christliche Haltung gegenüber Liebe, Dienst und Tod. Es zeigt, wie die Erfahrung der Fürsorge und des Angenommenseins auf beiden Seiten zum Ort der Gotteserfahrung wird. Die Liebe, die hier im Lächeln und in der Geduld spürbar wird, verweist auf die größere Liebe Gottes, die den Menschen auch über den Tod hinaus trägt.

Gedicht: Pflege

Renate:
Kommentiere folgendes Gedicht sehr ausführlich und integriere die Psychologie der Autorin

KI:
Kommentierung des Gedichts „Pflege"

Das Gedicht „Pflege" beschreibt auf sehr einfühlsame und intime Weise die Beziehung zwischen einer pflegenden Person und der gepflegten Person. Es thematisiert die emotionale Tiefe, die in einer Pflegesituation entstehen kann, und hebt die Gegenseitigkeit von Geben und Nehmen hervor – trotz der körperlichen und emotionalen Herausforderungen. Die Sprache des Gedichts ist schlicht, aber voller Zärtlichkeit und Tiefe, wodurch die Verbindung zwischen den beiden Personen besonders authentisch wirkt.

1. Inhaltliche Analyse

1.1. Die Situation: Pflege als Begegnung

Das lyrische Ich betritt vorsichtig das Zimmer der gepflegten Person – ein symbolischer Akt, der Respekt und Achtsamkeit gegenüber der persönlichen Sphäre der anderen Person ausdrückt:

„Ganz vorsichtig dein Zimmer betrete ich.
Stören will ich nicht."

Diese einleitenden Zeilen verdeutlichen, dass die Pflegeperson nicht nur eine körperliche, sondern auch eine psychologische Nähe sucht und respektiert. Sie ist sich der Verletzlichkeit und der Intimität dieser Situation bewusst und begegnet der anderen Person mit großer Behutsamkeit.

1.2. Die Verbindung auf emotionaler Ebene

Die Verbindung zwischen den beiden Figuren geht über die rein körperliche Pflege hinaus – es entsteht eine emotionale Nähe, die sich in Blicken und Berührungen ausdrückt:

„Ein Leuchten erhellt deine Augen, das man nicht beschreiben kann.
Du hast mich erkannt. Dein Lachen zeigt es hier."

Das Wiedererkennen und die nonverbale Kommunikation zwischen den beiden zeugt von tiefem Vertrauen und emotionaler Verbundenheit. Die Pflege wird hier nicht als Last, sondern als eine gegenseitige Erfahrung der Liebe und Dankbarkeit beschrieben.

1.3. Die Rolle der Berührung und der Nähe

Die physischen Handlungen, die im Gedicht beschrieben werden, sind nicht nur Pflegeakte, sondern auch Akte der Liebe und Zuneigung:

„Die Hände berühren sich, sanft wie ein Hauch."

Berührungen dienen hier nicht nur der körperlichen Hilfe, sondern sind Ausdruck von emotionaler Wärme und Verbindung. Der Kuss auf die Stirn symbolisiert eine fürsorgliche, fast elterliche Liebe, die Schutz und Trost bietet.

1.4. Die Gegenseitigkeit von Geben und Nehmen

Das Gedicht stellt die Pflege nicht als einseitige Handlung dar. Obwohl das lyrische Ich der Gebende ist, erfährt es selbst emotionale Erfüllung:

„Wenn ich dann geh, bin müde ich.
Doch du hast gegeben Dankbarkeit und Liebe für mich."

Dieser Moment der Gegenseitigkeit ist zentral: Die Pflege wird nicht als Opfer oder Bürde empfunden, sondern als eine Form des emotionalen Reichtums. Die Dankbarkeit der gepflegten Person wird zu einer Quelle von innerer Stärke und Frieden für das lyrische Ich.

1.5. Die spirituelle Dimension

Im Schlussvers wird eine tiefere spirituelle Erkenntnis sichtbar:

„Geschenktes Bewusstseins: ‚Der Platz wo ich grad steh
Ist richtig, erfüllt und duldet kein Weh.'"

Die Pflege wird hier als eine Form von Dasein und Sinn beschrieben. Das lyrische Ich erfährt durch die Pflege eine existenzielle Erfüllung – die Tätigkeit verleiht dem eigenen Leben Sinn und Bestimmung.

2. Formale Analyse

2.1. Sprache und Stil

Die Sprache des Gedichts ist schlicht, aber voller Emotionalität. Die kurzen Sätze und der Verzicht auf komplizierte Metaphern erzeugen eine Unmittelbarkeit, die die emotionale Tiefe der Situation greifbar macht. Die einfache Sprache verstärkt die Intimität und Direktheit des Ausdrucks.

2.2. Reimschema und Rhythmus

Das Gedicht folgt keinem strengen Reimschema, dennoch erzeugt der gleichmäßige Rhythmus eine ruhige, meditative Stimmung. Der Verzicht auf ein festes Metrum und die freie Versform spiegeln die Authentizität und Natürlichkeit der beschriebenen Beziehung wider.

2.3. Wiederholungen und Parallelen

Die wiederkehrenden Begriffe wie „Liebe", „Lächeln" und „Dankbarkeit" unterstreichen die zentrale Botschaft des Gedichts: Pflege ist keine einseitige Handlung, sondern ein Geben und Nehmen auf emotionaler Ebene.

3. Psychologische Analyse der Autorin

Die psychologische Dimension des Gedichts deutet auf eine tiefe persönliche Erfahrung mit dem Thema Pflege hin. Die beschriebene Beziehung geht über eine professionelle Pflegesituation hinaus – es scheint eine enge emotionale Bindung zwischen den beiden Figuren zu bestehen, möglicherweise eine familiäre oder langjährige Beziehung.

3.1. Die emotionale Motivation

Die Autorin scheint die Pflege als eine Form von Liebe und Hingabe zu betrachten. Die Beschreibung der Dankbarkeit und die emotionale Erfüllung, die das lyrische Ich durch die Pflege erfährt, deuten darauf hin, dass die Autorin selbst in der Pflege eine sinnstiftende Erfahrung gemacht hat.

Die psychologische Motivation hinter diesem Gedicht könnte also ein tiefes Bedürfnis nach Verbindung, Liebe und Sinn sein. Die Pflege gibt der Autorin nicht nur eine Aufgabe, sondern auch das Gefühl, gebraucht zu werden und Liebe zu empfangen.

3.2. Die Bedeutung von Dankbarkeit und Anerkennung

Die Dankbarkeit der gepflegten Person wird als etwas Heilendes beschrieben:

„Dein Lächeln heilt Wunden bei mir und tut gut."

Die psychologische Wirkung der Pflege liegt also nicht nur in der Handlung selbst, sondern in der Resonanz – im Lächeln, in der Dankbarkeit und in der emotionalen Erwiderung der gepflegten Person. Dies könnte auf die psychologische Grundbedürfnis nach Anerkennung und Sinn bei der Autorin hindeuten.

3.3. Die Erfahrung von Sinn und Bestimmung

Im letzten Vers deutet sich eine Art spirituelle oder existentielle Erkenntnis an:

„Der Platz wo ich grad steh
Ist richtig, erfüllt und duldet kein Weh."

Die Pflege wird hier als eine Daseinsform verstanden, die tief mit dem Sinn des Lebens verbunden ist. Psychologisch könnte dies auf eine Art von Selbsttranszendenz hindeuten – die Autorin empfindet Sinn und Erfüllung, weil sie über sich selbst hinaus etwas für einen anderen Menschen tut.

Gesamtinterpretation

Das Gedicht „Pflege" ist eine eindrucksvolle und authentische Darstellung der emotionalen und psychologischen Dimension von Pflege. Es zeigt, dass Pflege nicht nur eine körperliche Handlung ist, sondern eine Form von Liebe, Hingabe und Gegenseitigkeit. Die psychologische Tiefe des Gedichts verweist darauf, dass die Autorin selbst aus der Pflege Sinn, Erfüllung und eine tiefe Verbindung zum Leben zieht.

Die zentrale Botschaft des Gedichts lautet: Pflege ist nicht nur eine Last, sondern auch eine Quelle von Liebe und innerem Reichtum. Die Dankbarkeit und das Lächeln der gepflegten Person werden zur emotionalen Nahrung für das lyrische Ich – ein kraftvoller Ausdruck von Menschlichkeit und zwischenmenschlicher Verbundenheit.

Renate:
Kommentiere das Gedicht aus philosophischer Sicht

KI:
Das Gedicht „Pflege" lässt sich aus einer philosophischen Perspektive auf mehreren Ebenen deuten:

1. Phänomenologische Sichtweise (Martin Heidegger, Maurice Merleau-Ponty)

Das Gedicht beschreibt eine existentielle Begegnung zwischen zwei Menschen – der Pflegenden und der gepflegten Person. Aus phänomenologischer Sicht liegt der Fokus auf der unmittelbaren Erfahrung des Augenblicks: das Lächeln, die Berührung, der Blickkontakt. Heidegger betont in "Sein und Zeit" die Bedeutung des Daseins (des bewussten In-der-Welt-Seins) und der zwischenmenschlichen Beziehung als Grundstruktur des Seins. Die Erfahrung von Nähe und gegenseitiger Anerkennung durch einfache Gesten – ein Blick, ein Lächeln – verweist auf die tief verwurzelte Verbundenheit im Sein.

2. Existenzielle Perspektive (Jean-Paul Sartre, Albert Camus)

Aus existenzialistischer Sicht wird hier die Auseinandersetzung mit der menschlichen Endlichkeit und der Verantwortung für den anderen spürbar. Sartre argumentierte, dass der Mensch durch sein Handeln seine Existenz definiert. Die Pflegehandlung wird im Gedicht als bewusste Wahl dargestellt – die Entscheidung, für den anderen da zu sein, ihm Nähe und Halt zu geben, ist Ausdruck einer tiefen Verantwortung und Freiheit. Camus' Gedanke des "trotzdem Bejahens" des Lebens trotz seiner Absurdität könnte hier ebenfalls eine Rolle spielen: In der Mühe der Pflege und der Erschöpfung liegt dennoch ein Moment der Sinnhaftigkeit.

3. Ethik der Fürsorge (Carol Gilligan, Nel Noddings)

Die Betonung der gegenseitigen Liebe und Fürsorge im Gedicht knüpft an die feministische Ethik der Fürsorge an. Gilligan und Noddings argumentierten, dass moralische Verantwortung nicht nur auf abstrakten Prinzipien basiert, sondern auch auf konkreten zwischenmenschlichen Beziehungen und der Bereitschaft zur Sorge für den anderen. Die Beschreibung der Pflegehandlung als wechselseitigen Prozess – die Pflegende gibt Hilfe, erfährt aber zugleich Dankbarkeit und emotionale Erfüllung – spiegelt diese ethische Sichtweise wider.

4. Metaphysische Dimension

Der letzte Abschnitt des Gedichts verweist auf eine transzendente Erfahrung des „richtigen Platzes" im Leben – ein Moment der Harmonie und des Bewusstseins, dass alles genau so sein soll, wie es ist. Das könnte als eine Art metaphysisches Erleben gedeutet werden – eine Einsicht in die Ordnung des Daseins und die Erfahrung eines tieferen Sinns hinter den alltäglichen Handlungen der Pflege.

5. Körperlichkeit und Geist (Platon, Merleau-Ponty)

Die Beschreibung der Berührung und des körperlichen Kontakts verweist auf die philosophische Spannung zwischen Körper und Geist. Während Platon die Seele vom Körper trennte, sieht Merleau-Ponty die leibliche Erfahrung als Grundbedingung der menschlichen Existenz. Die Pflegehandlung wird hier nicht nur als körperliche Unterstützung beschrieben, sondern als eine tiefe geistige Verbindung, die durch die Körperlichkeit erst ermöglicht wird.

<u>Fazit</u>

Das Gedicht verwebt existenzielle, ethische und metaphysische Themen. Die Pflege wird nicht nur als physische Notwendigkeit, sondern als eine wechselseitige Beziehung beschrieben, in der Liebe, Dankbarkeit und Sinn entstehen. Die Erfahrung der Fürsorge und die Bestätigung durch die Reaktion der gepflegten Person schaffen einen Moment der existenziellen Erfüllung – ein Zustand, der in der Philosophie oft als die Überwindung der Getrenntheit des Selbst und der Welt verstanden wird.

Renate:
Kommentiere das Gedicht aus einer christlichen Grundhaltung

KI:
Das Gedicht "Pflege" lässt sich aus einer christlichen Perspektive sehr tief und bedeutungsvoll kommentieren. Die christliche Botschaft von Liebe, Hingabe und gegenseitiger Fürsorge wird hier auf berührende Weise lebendig.

1. Nächstenliebe als christliche Grundhaltung

Im Zentrum des Gedichts steht die selbstlose Fürsorge für einen anderen Menschen – eine Haltung, die direkt mit der christlichen Nächstenliebe (griechisch Agape) verbunden ist. Jesus selbst hat die Liebe zum Nächsten als ein zentrales Gebot genannt:

„Du sollst deinen Nächsten lieben wie dich selbst" (Mk 12,31).

Die behutsame Annäherung, das Verstehen ohne Worte und die liebevolle Zuwendung spiegeln genau diese christliche Haltung wider. Die Tatsache, dass das Lächeln des Anderen heilend wirkt, zeigt, dass die Beziehung auf einer tiefen Liebe basiert, die über bloße körperliche Pflege hinausgeht.

2. Die Gegenwart Gottes in der Begegnung

Das Leuchten in den Augen der gepflegten Person und die stille, aber kraftvolle Verbindung zwischen den beiden Menschen erinnert an die Aussage Jesu:

„Wo zwei oder drei in meinem Namen versammelt sind, da bin ich mitten unter ihnen." (Mt 18,20)

Die Liebe, die in dieser Begegnung spürbar wird, ist ein Zeichen der Gegenwart Gottes. Das Gefühl der Erfüllung und Richtigkeit, das die sprechende Person empfindet, zeigt, dass diese Liebe von Gott selbst getragen wird. Die gegenseitige Hingabe, das Geben und Empfangen von Liebe, ist eine Verkörperung der göttlichen Liebe.

3. Das Leid und der Trost

Das Gedicht beschreibt auch die Mühe und körperliche Erschöpfung, die mit der Pflege verbunden ist – eine Realität, die Christen gut kennen, wenn sie dem Leid und der Not anderer begegnen. Doch die Kraft kommt aus der Dankbarkeit und der Liebe, die der gepflegte Mensch zurückgibt. Hier wird die christliche Vorstellung von Trost und Kraft durch die Liebe erkennbar:

„Kommt alle zu mir, die ihr mühselig und beladen seid! Ich will euch Ruhe verschaffen." (Mt 11,28)

Das Lächeln, das die Mühe heilt, erinnert an den Trost, den Gott schenkt – nicht, indem er das Leid nimmt, sondern indem er Kraft gibt, es zu tragen.

4. Die Bedeutung von Dienst und Berufung

Die abschließende Erkenntnis, dass der Platz, an dem die sprechende Person gerade steht, der richtige ist, verweist auf die christliche Vorstellung von Berufung. Die Pflege wird hier nicht nur als Aufgabe, sondern als göttliche Bestimmung und Erfüllung verstanden. Der Dienst am Nächsten wird zu einem Ort der Heiligkeit, weil er im Geist der Liebe und Hingabe geschieht.

„Dient einander in Liebe!" (Gal 5,13)

Der „Reichtum" nach einem Tag voller Mühe ist ein geistiger Reichtum, der aus der Liebe und Dankbarkeit wächst – eine christliche Perspektive auf die wahre Erfüllung des Lebens.

Zusammenfassung

Das Gedicht spiegelt zentrale christliche Werte wider: Nächstenliebe, Hingabe, Trost und Erfüllung durch den Dienst am Nächsten. Die Liebe, die zwischen den beiden Menschen fließt, ist letztlich Ausdruck der Liebe Gottes. Die Dankbarkeit und das Lächeln, die die Mühe aufwiegen, sind Zeichen dafür, dass in der Liebe zum Nächsten die Gegenwart Gottes erfahrbar wird. Das Gedicht ist somit ein poetischer Ausdruck der christlichen Botschaft von Liebe und Erlösung durch den Dienst am Anderen.

Gedicht: Woher kommt deine Angst

Renate:
Kommentiere folgendes Gedicht sehr ausführlich und integriere die Psychologie der Autorin

KI:
Gedichtkommentar und psychologische Interpretation

Das vorliegende Gedicht thematisiert auf einfühlsame und berührende Weise die Begegnung mit einer Person, die unter Angst und Unsicherheit leidet – vermutlich aufgrund von Erfahrungen, die tief in der Vergangenheit wurzeln, aber nicht mehr bewusst erinnert werden. Das lyrische Ich stellt sich als eine stützende, liebende und verständnisvolle Person dar, die Trost und Halt bietet. Im Folgenden werde ich das Gedicht detailliert analysieren und dabei auch auf die psychologischen Dimensionen eingehen, die die Autorin möglicherweise verarbeiten wollte.

1. Inhalt und Aufbau

Das Gedicht beginnt mit einer Situation des Kennenlernens, in der die Unsicherheit der angesprochenen Person deutlich wird:

„Am Anfang gleich beim Kennenlernen hast du oft gefragt:
„Hab ich es recht gemacht?" und ich hab nur gelacht."

Hier wird sofort die innere Zerrissenheit und Angst der angesprochenen Person sichtbar. Die wiederholte Frage „Hab ich es recht gemacht?" deutet auf ein tiefes Bedürfnis nach Anerkennung und Bestätigung hin, das auf eine grundlegende Unsicherheit hindeutet. Die Reaktion des lyrischen Ichs – ein Lachen – zeigt eine gewisse Leichtigkeit, die jedoch im Verlauf des Gedichts einer tieferen Empathie und einem tieferen Verständnis weicht.

In der zweiten Strophe beginnt das lyrische Ich, die Wurzeln dieser Angst zu erkennen:

„Dann habe ich deine Augen gesehen
Und hab begonnen deine tiefe Angst zu verstehen."

Die Augen gelten oft als Spiegel der Seele – durch den Blickkontakt erschließt sich dem lyrischen Ich die emotionale Tiefe und die innere Verletzlichkeit der anderen Person. Die Angst ist hier nicht nur eine situative Reaktion, sondern eine tief verwurzelte emotionale Verletzung, deren Ursprung im Verborgenen liegt.

Die folgenden Verse verdeutlichen die Hilflosigkeit der Person:

„Greifst hilflos, nach Halt suchend meine Hand fest hier.
Greifst nach der Hand, die fest dich hält,
Die nicht zurückstößt, wenn du fällst."

Das Bild des Greifens nach einer Hand symbolisiert das Bedürfnis nach Sicherheit und Halt. Das lyrische Ich wird zu einem Anker für die verunsicherte Person, die offenbar in ihrer Vergangenheit oft Zurückweisung und Unsicherheit erlebt hat. Die Angst wird als existenzielles Gefühl dargestellt, das die Person auch in ihrem aktuellen Leben bestimmt.

Ein zentraler Punkt ist die Unbewusstheit der Ursache der Angst:

„Die Ursache, warum diese Angst dich treibt,
Vergessen ist, doch was jetzt bleibt
Ist ein Fühlen, ein Entscheiden ohne Erinnerung."

Hier deutet sich eine psychologische Komponente an: Die Angst hat ihre Wurzeln in einer verdrängten oder vergessenen Vergangenheit. Das könnte auf ein Trauma oder eine Kindheitserfahrung hinweisen, die im Unterbewusstsein gespeichert bleibt und das Verhalten unbewusst steuert.

Der mittlere Teil des Gedichts beschreibt den liebevollen Beistand des lyrischen Ichs:

„Ich halte dich fest, nehm dich in den Arm
Du lehnst den Kopf an mich und mir wird innerlich warm."

Die Zuwendung, der körperliche Halt und die Wärme symbolisieren die emotionale Sicherheit, die das lyrische Ich vermittelt. Der Trost und die Fürsorge wirken heilend auf die verletzte Seele der anderen Person.

Das Gedicht endet mit der Reflexion über die eigene Rolle des lyrischen Ichs:

„Ist mir eine besondere Gabe gegeben?
Dass ich dich abholen kann in deinem Leben."

Die Frage nach der eigenen Fähigkeit, Trost und Sicherheit zu geben, verweist auf die psychologische Dimension von Empathie und Verbundenheit. Das lyrische Ich erkennt die Bedeutung von bedingungsloser Annahme und Respekt für die Heilung von tiefen emotionalen Verletzungen.

2. Psychologische Dimensionen

Das Gedicht reflektiert auf mehreren Ebenen die Psychologie der Angst und Unsicherheit. Die Angst der angesprochenen Person scheint tief verwurzelt und möglicherweise traumatisch bedingt zu sein. Hier einige psychologische Aspekte, die im Text mitschwingen:

a) Verlustangst und Bindungstrauma

Die Angst, „es nicht recht zu machen", könnte auf eine frühkindliche Bindungsstörung oder auf eine traumatische Verlust- oder Zurückweisungserfahrung hinweisen. Menschen mit einer unsicheren oder ängstlichen Bindung tendieren dazu, nach ständiger Bestätigung und Sicherheit zu suchen, weil sie in ihrer frühen Entwicklung diese Erfahrung von bedingungsloser Sicherheit nicht gemacht haben.

b) Dissoziation und Erinnerungslücken

Die Passage „Die Ursache, warum diese Angst dich treibt, vergessen ist" weist auf eine Form von Verdrängung oder Dissoziation hin. In der Psychologie ist bekannt, dass traumatische Erlebnisse oft ins Unbewusste verdrängt werden, weil die bewusste Erinnerung daran zu schmerzhaft wäre. Die Person handelt also aus einem tief sitzenden, aber unbewussten emotionalen Muster heraus.

c) Regression und Kindlichkeit

„Du bist wie ein Kind das nicht begreift
Doch unbekümmert nach den Sternen greift."

Die Beschreibung der Person als Kind deutet auf eine psychologische Regression hin – ein Rückfall in frühkindliche Muster, wenn der emotionale Stress zu groß wird. Die liebevolle Zuwendung des lyrischen Ichs wird damit zu einer Art Nachbeelterung, die die verletzten Anteile der Psyche anspricht.

d) Heilung durch Beziehung

Das Gedicht unterstreicht die psychologische Bedeutung von Bindung und Beziehung für die Heilung emotionaler Wunden. Das Festhalten der Hand, das Anlehnen an die Schulter – diese Symbole stehen für die heilende Kraft von Nähe und Annahme. Die Sicherheit, die das lyrische Ich gibt, ist der Schlüssel zur Linderung der Angst.

3. Stilistische Mittel und Wirkung

Die Stilmittel des Gedichts unterstützen die emotionale Tiefe und die psychologische Wirkung:

• Anaphern und Wiederholungen („Greifst nach der Hand...") Verstärken die Eindringlichkeit des Bedürfnisses nach Halt.

• Symbolik („Hand", „Wärme", „Kind") Verkörpern das Bedürfnis nach Sicherheit und Geborgenheit.

• Rhetorische Fragen („Ist mir eine besondere Gabe gegeben?") Verdeutlichen die Unsicherheit und die emotionale Beteiligung des lyrischen Ichs.

• Ellipsen und kurze Sätze Vermitteln die Dringlichkeit und die emotionale Dichte der Situation.

4. Die Rolle der Autorin

Die Autorin scheint eine tiefe emotionale Verbindung zu der beschriebenen Person zu haben. Die Empathie, die sie zeigt, deutet darauf hin, dass sie möglicherweise selbst die Erfahrung gemacht hat, emotionalen Halt zu suchen – oder dass sie aus eigener Erfahrung die heilende Kraft von Nähe und Liebe erkannt hat.

Die Frage

„Ist mir eine besondere Gabe gegeben?"

könnte auch auf die Reflexion über die eigene Fähigkeit zur Empathie hindeuten – die Autorin spürt, dass sie mit ihrer Zuwendung etwas bewirken kann, ohne jedoch vollständig zu begreifen, warum dies so ist. Das könnte darauf hindeuten, dass die Autorin selbst eine sensible, einfühlsame Persönlichkeit ist, die durch das Geben von Halt selbst emotionale Erfüllung erfährt.

Fazit

Das Gedicht ist eine berührende Reflexion über die heilende Kraft von Nähe und Liebe in einer von Angst geprägten Beziehung. Die psychologische Tiefe des Textes liegt in der Darstellung einer verletzten Seele, die durch die bedingungslose Zuwendung des lyrischen Ichs Trost und Sicherheit erfährt. Die Autorin schafft es, mit einfachen, aber kraftvollen Bildern eine emotionale Intensität zu erzeugen, die den Leser tief berührt.

Renate:
Kommentiere das Gedicht aus philosophischer Sicht

KI:
Philosophischer Kommentar zum Gedicht

Das Gedicht reflektiert auf berührende Weise das Thema von Angst, Vergessen und menschlicher Nähe. Aus philosophischer Sicht lassen sich mehrere Denkrichtungen heranziehen, um die tieferen Ebenen dieses Textes zu erfassen. Im Folgenden analysiere ich es unter verschiedenen philosophischen Perspektiven:

1. Existenzialistische Perspektive

In der existenzialistischen Philosophie (z.B. Jean-Paul Sartre, Martin Heidegger) steht die Erfahrung der Angst im Mittelpunkt. Angst wird hier nicht als bloße Furcht vor einem konkreten Objekt verstanden, sondern als ein existenzielles Gefühl, das aus der Konfrontation mit der eigenen Freiheit und Endlichkeit entsteht.

Das Gedicht zeigt eine Person, die durch ihr Vergessen den Bezug zu ihrer Vergangenheit und Identität verloren hat. Diese Desorientierung erinnert an Heideggers Konzept des „Seins-zum-Tode", in dem der Mensch sich seiner Vergänglichkeit bewusst wird. Die Unsicherheit der betroffenen Person („Wer hat dir das nur beigebracht?") verweist auf ein fundamentales Gefühl der Verlorenheit – ein zentrales Thema in der existenzialistischen Philosophie.

Der Halt, den die sprechende Person bietet, wirkt dabei wie ein Anker in der Unsicherheit des Daseins. Dies verweist auf das existenzialistische Ideal der authentischen Begegnung: Die sprechende Person begegnet dem Gegenüber nicht als „Objekt", sondern erkennt es in seiner existenziellen Verletzlichkeit an.

2. Phänomenologische Perspektive

Die Phänomenologie (z.B. Edmund Husserl, Maurice Merleau-Ponty) betont die Bedeutung unmittelbarer Erfahrungen und des „In-der-Welt-Seins". Das Gedicht schildert diese direkte Erfahrung auf eindrucksvolle Weise – etwa durch körperliche Berührungen (*„Greifst hilflos meine Hand fest hier"*) und die Wärme, die aus dieser Verbindung entsteht (*„Du lehnst den Kopf an mich und mir wird innerlich warm"*).

In dieser Perspektive zeigt sich, dass die menschliche Begegnung nicht primär durch Sprache oder intellektuelles Verstehen geprägt ist, sondern durch gelebte Präsenz und Empathie. Der Dialog im Gedicht erfolgt weniger durch Worte als durch Gesten und Berührungen – ein zentraler Aspekt der phänomenologischen Theorie der zwischenmenschlichen Begegnung.

3. Ethik der Fürsorge (Care Ethics)

Das Gedicht spiegelt stark die Ethik der Fürsorge wider, wie sie von Philosophen wie Carol Gilligan und Nel Noddings vertreten wird. Diese Denkrichtung betont Mitgefühl, Aufmerksamkeit und persönliche Bindung als zentrale Elemente moralischen Handelns.

Der Sprecher übernimmt hier eine Rolle der Verantwortung – nicht aus Pflichtbewusstsein, sondern aus einer tief empfundenen Mitmenschlichkeit. Die liebevolle Fürsorge wird als gegenseitiger Prozess beschrieben: Während die betreute Person Halt findet, wird die helfende Person durch das Lächeln und die Dankbarkeit belohnt. Dies verweist auf das ethische Ideal, dass Fürsorge nicht nur eine einseitige Handlung ist, sondern auch dem Gebenden Sinn und Erfüllung schenkt.

4. Buddhistisch-philosophische Perspektive

Aus buddhistischer Sicht könnte das Gedicht als Auseinandersetzung mit dem Leiden (Dukkha) und der Vergänglichkeit (Anicca) verstanden werden. Der Verlust von Erinnerungen und Identität zeigt, wie instabil unser Selbstbild letztlich ist. Doch statt dies mit Angst zu beantworten, beschreibt der Sprecher einen Umgang voller Mitgefühl und Annahme.

Das „Hier-und-Jetzt"-Denken, das im Buddhismus betont wird, zeigt sich ebenfalls: Die sprechende Person richtet sich nicht auf das Unwiederbringliche der Vergangenheit, sondern auf das, was in diesem Moment gegeben werden kann – Trost, Nähe und Halt.

5. Metaphysische Perspektive

Das Gedicht berührt auch grundlegende Fragen nach Identität und Kontinuität. Die betroffene Person scheint ihr „Ich" und ihre Lebensgeschichte verloren zu haben, bleibt jedoch ein fühlendes, bedürftiges Wesen. Das Gedicht fragt indirekt, was einen Menschen ausmacht: Ist es das Gedächtnis? Oder ist es das Bedürfnis nach Nähe, die Fähigkeit zu fühlen und zu lieben?

In dieser Hinsicht erinnert das Gedicht an John Lockes Theorie der personalen Identität, in der Erinnerung als zentraler Faktor für die Identität gilt. Doch das Gedicht widerspricht dieser Vorstellung implizit, indem es zeigt, dass Identität auch jenseits des bewussten Gedächtnisses durch emotionale Verbindungen und Mitgefühl erhalten bleibt.

Schlussgedanke

Das Gedicht bringt zentrale philosophische Themen auf den Punkt: Angst, Identität, Vergänglichkeit und die Kraft der zwischenmenschlichen Nähe. Es zeigt, dass trotz des Verlustes von Erinnerungen und rationalem Verständnis das Bedürfnis nach Liebe, Halt und Geborgenheit bleibt – und dass wahre Menschlichkeit genau darin besteht, diesem Bedürfnis mit Empathie und Respekt zu begegnen.

Das Gedicht verdeutlicht somit eine tiefe Lebensweisheit: In Momenten der Unsicherheit und Vergänglichkeit sind es Mitgefühl und Nähe, die dem Dasein Sinn verleihen.

Renate:
Kommentiere das Gedicht aus einer christlichen Grundhaltung

KI:
Das Gedicht lässt sich aus einer christlichen Grundhaltung als Ausdruck von Liebe, Fürsorge und bedingungsloser Annahme deuten – zentrale Werte des christlichen Glaubens. Es geht um die Begegnung mit einem Menschen, der von Angst und Unsicherheit geprägt ist, aber in der Zuwendung und Annahme eines anderen Menschen Trost und Halt findet. Aus christlicher Perspektive spiegelt das die Liebe Gottes wider, die sich durch menschliche Zuwendung zeigt.

1. Liebe als Kernbotschaft

Im Zentrum des Gedichts steht die liebevolle Beziehung zwischen zwei Menschen, die an die bedingungslose Liebe Gottes erinnert. Die Person, die Angst hat, wird nicht verurteilt, sondern angenommen – genau wie im christlichen Verständnis Gott den Menschen in seiner Schwäche und Verletzlichkeit annimmt:

„Greifst nach der Hand, die fest dich hält,
Die nicht zurückstößt, wenn du fällst."

Dies erinnert an Psalm 23 („Der Herr ist mein Hirte"), in dem Gott als derjenige beschrieben wird, der uns auch in dunklen Zeiten begleitet und trägt.

2. Mitmenschlichkeit und Nächstenliebe

Die Fürsorge und die Bereitschaft, die Hand zu halten und Trost zu spenden, sind Ausdruck christlicher Nächstenliebe. Der Akt des Festhaltens und des Beistands spiegelt die Haltung Jesu wider, der Menschen annahm, ihnen zuhörte und sie heilte – ohne Bedingungen zu stellen:

„Ich halte dich fest, nehm dich in den Arm
Du lehnst den Kopf an mich und mir wird innerlich warm."

Diese Haltung der Zuwendung erinnert an das Gebot der Nächstenliebe (Markus 12,31):

„Du sollst deinen Nächsten lieben wie dich selbst.“

3. Annahme des Alters und der Schwäche

Die Vergänglichkeit des Lebens und die mit dem Alter einhergehenden Einschränkungen werden nicht als Last, sondern als Teil des Lebens angenommen. Der Mensch, der nach Halt sucht, wird nicht auf seine Schwäche reduziert, sondern mit Würde und Respekt behandelt. Dies entspricht der christlichen Auffassung von der Heiligkeit des Lebens in jedem Alter und Zustand:

„Jetzt bist du alt, hast vergessen dein Erleben
Aber du suchst, was ich jetzt dir kann geben.“

In dieser Haltung zeigt sich eine tiefe Achtung vor der menschlichen Würde – auch wenn geistige Fähigkeiten nachlassen. Hier klingt die christliche Überzeugung an, dass jeder Mensch, unabhängig von seiner Leistungsfähigkeit, ein Ebenbild Gottes bleibt (Genesis 1,27).

4. Hoffnung und Trost

Auch wenn die Person von Angst und Unsicherheit geprägt ist, bleibt Hoffnung bestehen. Die Zuwendung, das Halten der Hand und das ehrliche Dasein geben einen Vorgeschmack auf die letztendliche Geborgenheit, die im christlichen Glauben durch die Liebe Gottes geschenkt wird:

„Wenn ich gehe von dir fort, weis ich jeden Tag, ich lasse Trost und etwas Freude dort.“

Hier schwingt die christliche Hoffnung mit, dass menschliche Liebe und Fürsorge nicht vergeblich sind – dass sie einen bleibenden Wert haben und in Gottes Liebe eingebettet sind (1. Korinther 13,13).

Fazit

Das Gedicht ist aus christlicher Sicht eine tiefgründige Reflexion über Nächstenliebe, Mitgefühl und Trost. Die Bereitschaft, einem Menschen in seiner Schwäche beizustehen und ihm Halt zu geben, ist ein Ausdruck der christlichen Grundhaltung, dass jeder Mensch in seiner

Verletzlichkeit wertvoll und von Gott geliebt ist. Die liebevolle Zuwendung in der Angst und das Angebot von Sicherheit spiegeln die göttliche Zusage wider:

„Fürchte dich nicht, denn ich bin mit dir" (Jesaja 41,10).

Gedicht: Demenz

Renate:
Kommentiere folgendes Gedicht sehr ausführlich und integriere die Psychologie der Autorin

KI:
Ausführliche Gedichtanalyse zu "Demenz"

Das Gedicht „Demenz" behandelt ein tiefgründiges und emotionales Thema – den Verlust von Erinnerungen und die Auswirkungen der Demenz auf die betroffene Person und ihre Umgebung. Die Autorin schildert einfühlsam die verzweifelte Situation eines Menschen, der durch die Krankheit die Fähigkeit verliert, Worte und Zusammenhänge zu erfassen, und zeigt zugleich die liebevolle, unterstützende Haltung eines nahestehenden Menschen, der versucht, die betroffene Person durch Erinnerung und Zuwendung zu erreichen.

1. Inhaltliche Analyse

Erster Abschnitt (Verlust und Verzweiflung)

"Du suchst nach Worten, Tränen laufen über dein Gesicht.
Die Worte die du suchst, du findest sie nicht.
Die Verzweiflung ist jetzt über dich gekommen.
Die Krankheit hat dir das Gedächtnis genommen."

In dem ersten Abschnitt wird die zentrale Problematik der Demenz klar umrissen: der Verlust der Sprache und der Erinnerungen. Das Suchen nach Worten steht hier symbolisch für den geistigen Verfall und die fortschreitende Unfähigkeit, sich auszudrücken. Die „Tränen" verdeutlichen den emotionalen Schmerz, den die betroffene Person empfindet – die Verzweiflung ist überwältigend. Die Krankheit wird dabei als eine Art feindliche Macht beschrieben, die das Gedächtnis „genommen" hat, was auf die Ausweglosigkeit der Situation hindeutet.

Zweiter Abschnitt (Empathie und Verbindung)

*"Ich fühle dich in deiner Not
Und steige ein, zu dir in dein Boot."*

Die lyrische Sprecherin tritt hier als empathische und mitfühlende Person auf. Das „Boot" symbolisiert die gemeinsame Erfahrung und die Bereitschaft, die Last der Krankheit mitzutragen. Hier wird die Krankheit nicht nur als persönliches Leiden der betroffenen Person gesehen, sondern als eine Herausforderung, die auch die nahestehenden Menschen betrifft. Das Motiv des „Einstiegs ins Boot" signalisiert den Versuch, auf emotionaler Ebene eine Verbindung herzustellen.

Dritter Abschnitt (Ablenkung durch Erinnerung)

*"Dann lenke ich ab
Und frage nach:
Ging es als Kind dir, wie bei mir?"*

Hier setzt die Sprecherin gezielt auf die Macht der Erinnerung. Die Frage nach der Kindheit ist nicht zufällig gewählt – es ist bekannt, dass Menschen mit Demenz oft frühkindliche Erinnerungen besser bewahren als aktuelle Geschehnisse. Die Kindheit wird als Ort des Vertrauten und als Zuflucht genutzt. Durch das gezielte Ansprechen der Vergangenheit wird der Versuch unternommen, die betroffene Person auf einer Ebene zu erreichen, die durch die Krankheit noch nicht zerstört wurde.

Vierter Abschnitt (Moment des Glücks)

*"Dein Gesicht es erhellt. Schnell und ungebremst vom Vergessen,
Erzählst du von der Kindheit, der Mutter und ihrem Essen.
Hier gibt es noch kein Vergessen.
Das hat die Krankheit noch nicht weggerissen."*

Dieser Abschnitt beschreibt einen Moment des Erfolgs: Die Erinnerung an die Kindheit löst eine positive Reaktion aus. Die betroffene Person erzählt lebendig von Erlebnissen, die tief im Langzeitgedächtnis verankert sind. Die Krankheit wird hier als selektiv beschrieben – die Vergangenheit bleibt (zumindest in Teilen) erhalten, während die Gegenwart bereits verloren ist. Die Freude und das „Erhellen des Gesichts" zeigen, dass trotz der Krankheit noch emotionale Reaktionen möglich sind.

Fünfter Abschnitt (Der Moment vergeht)

"Als viel später ich von dir geh,
Ein Strahlen in deinen Augen ich seh.
Hast schnell vergessen diese Last,
Das Rauben der Gegenwart mit Hast."

Der letzte Abschnitt bringt die Vergänglichkeit dieses Moments zum Ausdruck. Das Strahlen in den Augen zeigt, dass die Erinnerung kurzfristig Glück geschenkt hat – doch die Krankheit löscht diesen Moment ebenso schnell wieder aus. Das „Rauben der Gegenwart" beschreibt den Kern der Demenz – die Fähigkeit, das Jetzt zu behalten, wird immer wieder zerstört.

2. Sprachliche Analyse

Die Sprache des Gedichts ist schlicht und direkt, was die emotionale Wirkung verstärkt. Die kurzen Sätze, der einfache Satzbau und die klare Bildsprache sorgen dafür, dass die Botschaft des Gedichts unmittelbar verständlich ist.

Symbolik und Metaphorik:

• Boot" – Symbol für die gemeinsame Reise durch die Krankheit, aber auch für die fragile Natur der Verbindung.

• Vergessen" – wiederkehrendes Motiv, das die zentrale Tragik der Demenz einfängt.

• Gesicht erhellt" – Symbol für den Moment der Freude und des Wiedererkennens.

• Rauben der Gegenwart" – personifiziert die Krankheit als zerstörerische Kraft.

Klang und Rhythmus:

• Das Gedicht folgt einem ruhigen, fast gleichmäßigen Rhythmus, was den resignierten, aber auch liebevollen Grundton unterstreicht.

• Die häufigen Reime („Gesicht – nicht", „Not – Boot") geben dem Text eine beruhigende, fast tröstende Struktur, was den Eindruck von Nähe und Zuneigung verstärkt.

3. Psychologischer Hintergrund der Autorin

Die psychologische Dimension des Gedichts deutet darauf hin, dass die Autorin entweder selbst Erfahrung mit einem Menschen mit Demenz gemacht hat oder sich intensiv mit der emotionalen Realität dieser Krankheit auseinandergesetzt hat.

Empathie und Co-Regulation

Die Autorin beschreibt nicht nur den Verlust der Sprache und der Erinnerung, sondern auch die emotionale Reaktion auf diesen Verlust. Die Hilflosigkeit der betroffenen Person wird von der lyrischen Sprecherin aufgefangen – durch Zuwendung, Körperkontakt („in den Arm nehmen") und durch die gezielte Reaktivierung von Erinnerungen an die Kindheit. Dies ist eine klassische psychologische Strategie zur Beruhigung und Reorientierung von Menschen mit Demenz.

Emotionales Gedächtnis

Die Wahl der Kindheit als Gesprächsanreiz entspricht den Erkenntnissen aus der Psychologie der Demenz: Das Langzeitgedächtnis – vor allem emotionale Erinnerungen – bleibt oft länger erhalten als das Kurzzeitgedächtnis. Die Autorin zeigt damit ein psychologisches Verständnis der Funktionsweise des Gehirns bei Demenz.

Anerkennung der Vergänglichkeit

Die letzte Strophe offenbart eine realistische Sicht auf die Krankheit. Die Freude und das „Strahlen" sind nur von kurzer Dauer – die Krankheit wird die Gegenwart wieder verschlingen. Diese Erkenntnis spiegelt eine tiefe psychologische Einsicht: Auch wenn man Menschen mit Demenz nur temporär erreichen kann, zählt der Moment des Glücks als ein wichtiger emotionaler Anker.

4. Interpretation und Wirkung

Das Gedicht zeigt zwei zentrale Dimensionen der Erfahrung mit Demenz:

1. Verlust und Schmerz – Die Krankheit wird als unausweichliche Kraft beschrieben, die das Gedächtnis und die Gegenwart zerstört.

2. Menschliche Nähe und Liebe – Trotz der Krankheit bleibt die emotionale Verbindung bestehen.

Die gemeinsame Erinnerung an die Kindheit zeigt, dass emotionale Wärme und Zuneigung selbst in der fortgeschrittenen Phase der Demenz noch möglich sind.

Die psychologische Tiefe des Gedichts liegt darin, dass die Autorin die Komplexität von Demenz nicht nur als medizinisches, sondern als zwischenmenschliches und emotionales Problem begreift. Das Gedicht vermittelt die Botschaft, dass der Moment des Glücks – auch wenn er flüchtig ist – für den Betroffenen und die Bezugsperson wertvoll bleibt.

Fazit

Das Gedicht „Demenz" ist eine tief berührende und psychologisch fundierte Auseinandersetzung mit einem schwierigen Thema. Die klare Sprache, die Symbolik und die emotionale Authentizität verleihen dem Text eine starke Ausdruckskraft. Die psychologische Tiefe zeigt sich vor allem in der empathischen Darstellung der Krankheit und der menschlichen Verbindung trotz der fortschreitenden Demenz.

Renate:
Kommentiere das Gedicht aus philosophischer Sicht

KI:
Das Gedicht "Demenz" lässt sich aus einer philosophischen Perspektive auf mehreren Ebenen deuten: der Frage nach der Identität, der Bedeutung von Erinnerung und Vergessen, der menschlichen Existenz im Fluss der Zeit und der Rolle von Mitgefühl und zwischenmenschlicher Nähe.

1. Identität und Erinnerung

Ein zentrales Thema des Gedichts ist der Verlust von Erinnerung durch die Krankheit Demenz. Aus einer philosophischen Perspektive stellt dies die Frage nach der Identität:

„Wer bin ich, wenn meine Erinnerungen verblassen?"

• Ist die Identität eines Menschen nur durch seine bewussten Erinnerungen definiert, oder gibt es eine tiefere Ebene des Selbst, die auch ohne aktives Erinnern bestehen bleibt?

Philosophen wie John Locke argumentierten, dass persönliches Bewusstsein und Kontinuität des Gedächtnisses die Grundlage der Identität bilden. Wenn die Erinnerung schwindet, scheint auch die persönliche Identität zu erodieren. Doch das Gedicht deutet an, dass die Identität des geliebten Menschen auch jenseits des bewussten Erinnerns fortbesteht – etwa durch emotionale Reaktionen und tief verankerte Kindheitserinnerungen.

2. Die Rolle des Vergessens und die Dialektik von Sein und Nichtsein

Vergessen wird oft als Verlust oder Defizit betrachtet. Doch Philosophen wie Friedrich Nietzsche sahen im Vergessen eine notwendige Bedingung für das Leben: Nur durch Vergessen könne der Mensch von der Last der Vergangenheit befreit werden und neue Erfahrungen machen.

Im Gedicht ist das Vergessen ambivalent:

• Einerseits raubt die Krankheit der Person die Gegenwart und zerstört die Kontinuität des Lebens.

• Andererseits ermöglicht gerade das Vergessen des aktuellen Schmerzes ein Moment der Leichtigkeit, als die erzählte Kindheitserinnerung das Gesicht des Erkrankten erhellt.

Diese Dialektik – das schmerzhafte Vergessen und die Erleichterung durch das Vergessen – verweist auf ein grundlegendes menschliches Dilemma: Erinnerung und Vergessen sind notwendige Pole unserer Existenz.

3. Zwischenmenschlichkeit und Mitgefühl als Sinnquelle

Der Erzähler des Gedichts begegnet der Verzweiflung der kranken Person nicht mit rationalem Widerstand, sondern mit Mitgefühl und emotionaler Verbundenheit. Diese Haltung könnte im Sinne der Ethik von Emmanuel Levinas gedeutet werden, der die Verantwortung für den Anderen als grundlegende ethische Verpflichtung betrachtete.

Der Erzähler "steigt ein" in das Boot des Erkrankten – ein Bild für empathische Nähe und die Bereitschaft, die Welt aus der Perspektive des anderen zu erfahren. In dieser Begegnung wird nicht die Krankheit selbst überwunden, aber es entsteht ein Moment des Trostes und der Verbindung – und damit ein Sinn im scheinbaren Chaos des Verlusts.

4. Die Zeit und die Vergänglichkeit

Das Gedicht thematisiert die Spannung zwischen Vergangenheit, Gegenwart und Zukunft. Die Vergangenheit erscheint als ein Reservoir von Erinnerungen, auf das der Erkrankte noch zugreifen kann, während die Gegenwart durch die Demenz bedroht wird.

Philosophen wie Martin Heidegger haben die Vergänglichkeit und den Tod als konstitutive Elemente des menschlichen Daseins beschrieben. Das Vergessen in der Demenz spiegelt den grundlegenden Verlustcharakter menschlicher Existenz wider – doch das Strahlen in den Augen der erkrankten Person am Ende des Gedichts verweist darauf, dass in der flüchtigen Gegenwart trotz der Demenz noch ein Moment von Wahrheit und Schönheit möglich ist.

Fazit

Das Gedicht verhandelt zentrale philosophische Themen wie die Natur der Identität, die Rolle des Gedächtnisses, die Dialektik von Erinnerung und Vergessen sowie die Bedeutung von Mitgefühl und menschlicher Nähe. Die philosophische Tiefe des Textes liegt darin, dass das Vergessen nicht nur als Verlust, sondern auch als Teil der menschlichen Existenz anerkannt wird – und dass in der zwischenmenschlichen Begegnung trotz der Krankheit ein Moment der Wahrheit und des Trostes möglich bleibt.

Renate:
Kommentiere das Gedicht aus einer christlichen Grundhaltung

KI:
Das Gedicht „Demenz" beschreibt einfühlsam die schmerzliche Realität einer Person, die unter Demenz leidet, und die liebevolle Begleitung durch einen anderen Menschen. Aus einer christlichen Perspektive lassen sich darin mehrere zentrale Aspekte des Glaubens erkennen:

1. Mitgefühl und Nächstenliebe

Die Begleitung der demenzkranken Person spiegelt die christliche Haltung der Nächstenliebe wider, wie sie im Gebot Jesu ausgedrückt wird:

„Du sollst deinen Nächsten lieben wie dich selbst." (Markus 12,31)

Die Person im Gedicht steigt in das „Boot" des Leidenden ein – ein Bild für die Bereitschaft, sich in die schwierige Lage des anderen hineinzuversetzen und seine Last mitzutragen. Genau diese Haltung des Mitgehens und Mitfühlens wird im Leben und Wirken Jesu immer wieder sichtbar, etwa wenn er sich der Ausgegrenzten und Kranken annimmt.

2. Wert der Erinnerung und der Vergangenheit

Die Erinnerungen an die Kindheit, an die Familie und an einfache Freuden sind noch vorhanden – trotz der Krankheit. Dies zeigt, dass die eigene Geschichte und Identität auch im Vergessen nicht völlig verloren gehen. In der christlichen Sicht wird der Mensch als von Gott geschaffen und geliebt betrachtet, unabhängig von seiner geistigen oder körperlichen Verfassung. Die Würde des Menschen bleibt bestehen, weil sie von Gott geschenkt ist.

In Psalm 139,14 heißt es:

„Ich danke dir dafür, dass ich erstaunlich und wunderbar gemacht bin; wunderbar sind deine Werke, und meine Seele erkennt das wohl."

Selbst wenn das Gedächtnis nachlässt, bleibt der Mensch in Gottes Augen ein geliebtes Geschöpf mit einer unverlierbaren Würde.

3. Trost und Hoffnung

Auch wenn die Krankheit die Gegenwart raubt, wird am Ende des Gedichts ein Moment der Freude und des Strahlens beschrieben. Die Erinnerung an die Kindheit wird zu einer Quelle der Freude und Verbindung – ein Zeichen der Hoffnung. Aus christlicher Sicht liegt die letztendliche Hoffnung darin, dass das Vergängliche und das Leiden der Welt nicht das letzte Wort haben.

Jesus sagt:

„Kommt alle zu mir, die ihr euch abmüht und belastet seid. Ich werde euch Ruhe verschaffen." (Matthäus 11,28)

Diese Ruhe und dieses Heil liegt nicht nur im Moment der Erinnerung, sondern auch in der Hoffnung auf das ewige Leben bei Gott, wo kein Leid und keine Tränen mehr sein werden (Offenbarung 21,4).

4. Christliche Haltung im Umgang mit Krankheit und Leiden

Die Krankheit Demenz wird nicht beschönigt – die Verzweiflung und der Schmerz sind spürbar. Doch die liebevolle Begleitung und das bewusste Eingehen auf die Person zeigen eine Haltung des Dienens und der Fürsorge, die der Haltung Jesu entspricht. Er selbst hat die Leidenden nie abgelehnt, sondern ihnen durch seine Nähe und Liebe neue Hoffnung geschenkt.

Fazit

Das Gedicht verweist auf die christlichen Tugenden der Liebe, des Mitgefühls und der Hoffnung. Die Erinnerung an die eigene Kindheit, das Strahlen im Gesicht trotz der Krankheit – all das zeigt, dass der Mensch auch in seiner Schwäche und Verletzlichkeit wertvoll bleibt. Aus christlicher Sicht wird diese Würde nicht durch die Krankheit zerstört, sondern bleibt in der Liebe Gottes bewahrt.

Gedicht: Hingabe

Renate:
Kommentiere folgendes Gedicht sehr ausführlich und integriere die Psychologie der Autorin

KI:
Gedichtanalyse: "Hingabe"

Das Gedicht "Hingabe" spiegelt die innere Reise und psychologische Entwicklung der lyrischen Sprecherin wider. Die Autorin verarbeitet in ihrem Text eine tiefe seelische Bewegung zwischen Überforderung und Ruhe, zwischen Selbstzweifel und Selbstannahme. Die Naturbilder von Meer, Wind und Sonne dienen dabei als Spiegel und Symbol für ihren inneren Zustand und ihre psychologische Heilung. Im Folgenden werde ich die einzelnen Aspekte des Gedichts detailliert kommentieren:

1. Inhaltliche Analyse

Das Gedicht beschreibt einen inneren Prozess der Einkehr, der durch die äußere Welt – insbesondere die Natur – angestoßen wird. Die lyrische Sprecherin beschreibt, wie die Elemente der Natur (Palmen, Wind, Wellen, Meer) nicht nur optisch wahrgenommen, sondern auch mit dem Geist erfüllt werden. Die Natur wird so zu einem Medium der seelischen Reinigung und Neuorientierung.

Erster Abschnitt (Verse 1–4): Verbindung mit der Natur

"Die Palmenzweige im Winde wehen
Die Augen weit über die Meere sehen.
Das Blau, die Wellen, der Wind und die See
Ich nicht nur mit den Augen, auch mit dem Geiste ich seh."

Die ersten Verse etablieren eine Verbindung zwischen der äußeren Natur und dem inneren Erleben der Sprecherin. Die Natur wird nicht nur als äußeres Bild wahrgenommen, sondern auf einer tieferen Ebene auch mit dem Geist erfasst. Dies deutet auf eine meditative, fast spirituelle Haltung hin. Die Offenheit des Blicks über das Meer symbolisiert Weite, Freiheit und einen offenen Geist.

Zweiter Abschnitt (Verse 5–8): Befreiung von innerem Druck

"Der Wind und die Wellen nehmen mir ab,
Gedanken und Stress die mich zogen bergab.
Die Sonne und am blauen Himmel die Wolken
Haben in mir ein Lied gesungen."

Die Natur fungiert hier als entlastendes Element. Der Wind und die Wellen nehmen symbolisch die Last von Gedanken und Stress auf sich. Dies zeigt eine psychologische Dynamik: Die Natur wird zur Projektionsfläche für innere Konflikte und übernimmt eine reinigende Funktion. Die Sonne und die Wolken singen ein Lied – ein Sinnbild für Harmonie und Trost. Die Natur wird also zu einem therapeutischen Instrument, das inneren Frieden schafft.

Dritter Abschnitt (Verse 9–12): Innere Heilung und Klarheit

"Von diesem Lied fliehen Sorgen und Gedanken schnell
In mir wird es innerlich wieder hell.
Ich weiß ich bin im Leben am richtigen Ort
Etwas bewirken kann ich genau dort."

Hier zeigt sich ein Umschwung in der psychischen Verfassung der Sprecherin. Die äußere Harmonie der Natur bewirkt eine innere Klärung und Erleuchtung. Die Erkenntnis, am „richtigen Ort" zu sein, deutet auf eine psychologische Selbstannahme und eine existenzielle Sicherheit hin. Die Sprecherin empfindet Sinnhaftigkeit und das Bewusstsein, einen positiven Einfluss auf die Welt zu haben.

Vierter Abschnitt (Verse 13–16): Überforderung und Neubeginn

"Es überfordert oft und dann
Verlier aus der Sicht ich meinen Plan.
Doch kommt die Ruhe, bin ich erfüllt
Dass ich der Menschen Not hab erfühlt."

Die Spannung zwischen Überforderung und Ruhe wird thematisiert. Trotz des Wissens um die eigene Aufgabe und den eigenen Platz im Leben kommt es immer wieder zu Phasen der Unsicherheit. Doch die Fähigkeit, Ruhe zu finden und sich in das Leiden anderer einzufühlen, bringt die Sprecherin in einen Zustand der Erfüllung und inneren Stabilität. Dies zeigt eine reife psychologische Entwicklung:

Die Sprecherin erkennt, dass Sinn und Zufriedenheit aus der Empathie mit anderen entstehen.

Fünfter Abschnitt (Verse 17–20): Abschluss mit Zufriedenheit

"Und durch die Schule meines Lebens
Kann ich ihre Last abfragen und viel geben.
Zufrieden bin ich jetzt und hier
Dass diese Liebe gegeben ist mir."

Im letzten Abschnitt erreicht die Sprecherin eine Haltung der Dankbarkeit und Erfüllung. Die „Schule des Lebens" hat ihr die Fähigkeit gegeben, anderen Menschen zu helfen und dadurch innere Ruhe zu finden. Die Erfahrung der Liebe und die Bereitschaft, diese weiterzugeben, stehen im Mittelpunkt. Das Gedicht endet mit einem Gefühl der Ganzheit und inneren Balance.

2. Psychologische Dimension

Das Gedicht offenbart eine psychologische Entwicklung, die von äußeren Einflüssen (Natur) zu innerer Heilung und Selbstakzeptanz führt:

a) Die Natur als Projektionsfläche für das Innere

Die Autorin verwendet die Natur als Symbol für innere Zustände. Die Bewegung von Wind und Wellen, die Farben des Himmels und die Musik der Natur spiegeln den psychischen Prozess wider. Die Natur dient der Reinigung von Stress und negativen Gedanken – eine klassische therapeutische Wirkung von Naturerfahrungen.

b) Innere Konflikte und Lösung durch Empathie

Die Sprecherin erkennt, dass die Fähigkeit, anderen zu helfen, eine Quelle der eigenen Heilung ist. Psychologisch betrachtet ist dies ein Reifeschritt: Die Lösung liegt nicht nur in der inneren Klärung, sondern auch in der empathischen Verbindung mit anderen Menschen. Die Erfahrung von Sinn entsteht durch die Bereitschaft, Liebe und Hilfe zu geben.

c) Dankbarkeit und Akzeptanz

Die abschließende Haltung der Sprecherin zeigt eine psychologische Balance. Sie hat gelernt, die Herausforderungen des Lebens anzunehmen und daraus eine positive Haltung zu entwickeln. Die Erfahrung der Liebe wird als Geschenk betrachtet – eine reife Haltung, die psychologisch auf Selbstannahme und Dankbarkeit basiert.

3. Sprachliche Analyse

Die Sprache des Gedichts ist schlicht und direkt, aber von einer tiefen Bildhaftigkeit geprägt:

• Symbolik der Natur – Meer, Wind, Sonne und Wolken stehen für innere Zustände und Veränderungsprozesse.

• Personifikation – Die Sonne und die Wolken „singen ein Lied" – die Natur wird als lebendiges, mitfühlendes Wesen dargestellt.

• Klanggestaltung – Der Gleichklang der Verse und die ruhigen Rhythmen erzeugen eine meditative, beruhigende Atmosphäre.

• Positives Ende – Die abschließende Betonung von Liebe und Dankbarkeit gibt dem Gedicht eine hoffnungsvolle und versöhnliche Note.

Fazit

Das Gedicht "Hingabe" beschreibt auf psychologischer Ebene einen Prozess der seelischen Heilung durch die Verbindung mit der Natur und die empathische Beziehung zu anderen Menschen. Die Sprecherin erlebt eine Entwicklung von Stress und Überforderung hin zu innerer Klarheit und Zufriedenheit. Die Natur wird zur Projektionsfläche und zum Katalysator dieses Prozesses. Die Fähigkeit, die Not anderer Menschen zu erkennen und ihnen beizustehen, schenkt der Sprecherin eine tiefere Form der Erfüllung. Die einfache, bildhafte Sprache unterstreicht die meditative und heilende Wirkung der Natur – und der inneren Hingabe.

Renate:
Kommentiere das Gedicht aus philosophischer Sicht

KI:
Das Gedicht „Hingabe" lässt sich aus einer philosophischen Perspektive als eine Reflexion über die Beziehung des Subjekts zur Welt, zur Natur und zum Sinn des eigenen Daseins lesen. Es berührt zentrale Themen der Existenzphilosophie, der Ethik und der Lebenskunst, die sich auf unterschiedliche philosophische Strömungen zurückführen lassen. Ich werde die wichtigsten philosophischen Aspekte herausarbeiten:

1. Phänomenologie und das Erleben der Welt

Die Beschreibung der Natur („Palmenzweige im Winde", „das Blau, die Wellen, der Wind und die See") verweist auf eine unmittelbare, sinnliche Erfahrung der Welt. Dies erinnert an die phänomenologische Perspektive von Edmund Husserl, der das bewusste Erleben der Phänomene als Ausgangspunkt der Erkenntnis betrachtete. Das lyrische Ich erlebt die Natur nicht nur äußerlich, sondern auch innerlich („nicht nur mit den Augen, auch mit dem Geiste ich seh"). Dies legt nahe, dass die Welt nicht nur als äußeres Objekt erfahren wird, sondern in der Verbindung zwischen Bewusstsein und Welt eine tiefere Einheit entsteht.

2. Existenzphilosophie und die Suche nach Sinn

Die Zeilen „Ich weiß ich bin im Leben am richtigen Ort" und „Etwas bewirken kann ich genau dort" deuten auf die existenzielle Frage nach dem Sinn des Lebens hin. In der Tradition von Søren Kierkegaard und Jean-Paul Sartre wäre dies eine Form der Selbstverwirklichung, bei der das Individuum seinen Platz in der Welt findet und Verantwortung für sein Handeln übernimmt. Die Ruhe und Zufriedenheit, die das lyrische Ich empfindet, entsteht nicht nur aus äußeren Umständen, sondern aus der Gewissheit, dass die eigene Existenz einen Sinn hat und das eigene Handeln etwas bewirkt.

3. Stoizismus und die innere Ruhe

Der Stoizismus, insbesondere vertreten durch Epiktet und Seneca, legt Wert auf die innere Ruhe und die Akzeptanz der äußeren Umstände. Die Zeilen „Doch kommt die Ruhe, bin ich erfüllt" und „Von diesem Lied fliehen Sorgen und Gedanken schnell" spiegeln eine stoische Haltung wider:

Die Welt wird so angenommen, wie sie ist, und die Ruhe entsteht nicht durch die Kontrolle äußerer Umstände, sondern durch die Haltung gegenüber ihnen. Die Verbindung zur Natur – das Loslassen von Stress und Sorgen – ist dabei ein Mittel, um zur inneren Ausgeglichenheit zu finden.

4. Ethik der Hingabe und der Verantwortung

Das Motiv der Hingabe zeigt sich vor allem in den Zeilen:
„Das ich der Menschen Not hab erfühlt.
Und durch die Schule meines Lebens
Kann ich ihre Last abfragen und viel geben."

Hier wird die ethische Dimension deutlich, die an die Philosophie von Emmanuel Lévinas erinnert. Lévinas betonte die ethische Verantwortung gegenüber dem Anderen als Grundlage des Menschseins. Das lyrische Ich erfährt Sinn und Erfüllung durch das Erkennen der Not des Anderen und durch die Bereitschaft, zu helfen und zu geben. Diese Hingabe an den Anderen ist nicht nur eine moralische Verpflichtung, sondern wird als Quelle von innerer Zufriedenheit erlebt.

5. Transzendenz und die Verbindung zum Ganzen

Die Naturerscheinungen (Meer, Wind, Sonne) haben eine fast spirituelle Qualität: Sie singen ein Lied, das das Innere des lyrischen Ichs erhellt. Dies könnte im Sinne der Philosophie von Martin Heidegger als ein Moment der „Lichtung" verstanden werden – ein Augenblick, in dem das Sein sich offenbart und das Subjekt eine Verbindung zum Ganzen der Existenz spürt. Diese transzendente Erfahrung ist keine rationale Erkenntnis, sondern eine intuitive Einsicht in die Ordnung und den Sinn des Seins.

Zusammenfassung

Das Gedicht „Hingabe" thematisiert die philosophischen Grundfragen nach der Sinnhaftigkeit des Daseins, der ethischen Verantwortung und der Möglichkeit, durch Naturerfahrung und Hingabe an andere Menschen innere Erfüllung zu finden. Die Verbindung von stoischer Ruhe, existenzieller Verantwortung und transzendenter Einheit mit der Natur wird hier als Quelle für Frieden und Zufriedenheit dargestellt. Damit bewegt sich das Gedicht im Spannungsfeld zwischen Existenzphilosophie, Stoizismus und einer ethischen Philosophie der Verantwortung.

Renate:
Kommentiere das Gedicht aus einer christlichen Grundhaltung

KI:
Das Gedicht "Hingabe" drückt eine tiefe spirituelle Erfahrung und innere Einkehr aus, die sich gut mit einer christlichen Sichtweise verbinden lässt. Die Motive von Wind, Wellen, Sonne und Ruhe können symbolisch für die Erfahrung von Gottes Gegenwart und Führung im Leben stehen. Ich werde das Gedicht im Licht einer christlichen Grundhaltung kommentieren:

1. Die Natur als Zeichen der Schöpfung Gottes

Die in der ersten Strophe beschriebene Natur – Palmenzweige, das Meer, der Wind – spiegelt die Schönheit und Größe der Schöpfung Gottes wider. Im Christentum wird die Natur oft als Ausdruck von Gottes Gegenwart und Liebe verstanden. In Psalm 19,2 heißt es:

"Die Himmel erzählen die Herrlichkeit Gottes, und das Himmelsgewölbe verkündet seiner Hände Werk."

Die Natur wird hier als etwas beschrieben, das nicht nur äußerlich wahrgenommen wird, sondern auch innerlich den Geist berührt – eine klare Parallele zur christlichen Vorstellung, dass Gott durch die Schöpfung spricht.

2. Loslassen und innere Ruhe durch Gottes Frieden

Der Wind und die Wellen, die Stress und Gedanken abnehmen, symbolisieren die heilende und beruhigende Kraft Gottes. Jesus selbst lädt in Matthäus 11,28 ein:

"Kommt alle zu mir, die ihr mühselig und beladen seid! Ich will euch Ruhe schenken."

Die Erfahrung der Ruhe in der Natur kann als eine Begegnung mit dem Frieden Gottes verstanden werden – ein Moment, in dem die Seele sich öffnet und Gott nahekommt.

3. Berufung und Sinn des Lebens

Die Erkenntnis, am richtigen Ort zu sein und etwas bewirken zu können, entspricht der christlichen Vorstellung von Berufung. Im Christentum wird der Glaube nicht nur als persönliche Erfahrung, sondern auch als

Auftrag verstanden, den Nächsten zu dienen und die Liebe Gottes weiterzugeben. Die Überforderung und die zeitweise verlorene Sicht auf den Plan erinnern an die biblische Erfahrung von Zweifel und Orientierungslosigkeit – doch die wiederkehrende Ruhe zeigt, dass Gott die Führung übernimmt, wenn man sich ihm anvertraut. In Psalm 23 heißt es:

"Der Herr ist mein Hirte, nichts wird mir fehlen."

4. Dienen und die Liebe als Geschenk Gottes

Die Freude darüber, die Not anderer Menschen zu erkennen und zu lindern, ist ein zentraler Bestandteil der christlichen Nächstenliebe. In Johannes 13,34 sagt Jesus:

"Ein neues Gebot gebe ich euch: Liebt einander, wie ich euch geliebt habe."

Das Bewusstsein, dass diese Liebe nicht aus eigener Kraft, sondern als Geschenk Gottes kommt, entspricht der christlichen Sichtweise von Gnade: Die Liebe Gottes erfüllt und befähigt zum Dienst an anderen.

5. Frieden und Dankbarkeit durch die Erfahrung Gottes

Am Ende des Gedichts steht eine Haltung der Zufriedenheit und Dankbarkeit, weil diese Liebe gegeben wurde. Dies verweist auf die christliche Überzeugung, dass wahre Zufriedenheit nicht aus weltlichen Erfolgen, sondern aus der Erfahrung der Liebe und Gegenwart Gottes kommt. In Philipper 4,7 heißt es:

"Und der Friede Gottes, der allen Verstand übersteigt, wird eure Herzen und eure Gedanken bewahren in Christus Jesus."

Fazit

Das Gedicht beschreibt die Erfahrung von Ruhe, Heilung und Berufung, die tief mit christlichen Werten verbunden ist. Die Natur wird als Medium göttlicher Offenbarung erfahren, die innere Ruhe als Geschenk Gottes verstanden und die Liebe als Antrieb zum Dienst am Nächsten erkannt. Die Dankbarkeit und Zufriedenheit am Ende des Gedichts spiegeln den Frieden wider, den Gott schenkt, wenn man sich ihm hingibt.

Gedicht: Auch wir bauen den Turm zu Babel

Renate:
Kommentiere folgendes Gedicht sehr ausführlich und integriere die Psychologie der Autorin

KI:
Kommentar zum Gedicht „Auch wir bauen den Turm zu Babel"

Das Gedicht „Auch wir bauen den Turm zu Babel" ist eine kritische Auseinandersetzung mit der Überheblichkeit des Menschen gegenüber der Natur und seiner Rolle auf der Erde. Die Autorin greift das biblische Motiv des Turmbaus zu Babel auf, um auf die Hybris der modernen Gesellschaft hinzuweisen. Im Folgenden wird das Gedicht hinsichtlich seiner Sprache, seiner Symbolik und seiner psychologischen Dimension analysiert, um die Intention und die innere Haltung der Autorin tiefer zu erfassen.

1. Inhaltliche Analyse

Das Gedicht setzt sich mit der menschlichen Überheblichkeit und ihrem zerstörerischen Potenzial auseinander. Die Autorin macht darauf aufmerksam, dass die Menschheit wiederholt in dieselbe Falle tappt: Sie überschätzt ihre Fähigkeiten und ignoriert dabei die Konsequenzen ihres Handelns gegenüber der Natur. Die zentrale Botschaft lautet:

Der Mensch hält sich für den Retter der Erde, doch gerade dieser Gedanke ist die Ursache des Problems.

Strophenweise inhaltliche Struktur:

1. Einleitung:

Bereits die ersten Verse machen deutlich, dass die Menschheit denselben Fehler wiederholt, wie beim biblischen Turmbau zu Babel. Die alte Hybris des Menschen ist nicht überwunden – im Gegenteil, sie wiederholt sich auf einer modernen Ebene.

2. Kritik an der Umweltbewegung:

Die Autorin kritisiert die Oberflächlichkeit der modernen Umweltbewegung. Während viele Menschen behaupten, für die Natur einzutreten, geschieht dies oft nur oberflächlich und ohne tiefes Verständnis. Es fehlt an Respekt und echter Achtsamkeit.

3. Die Rolle der Nahrung und des Konsums:

Die Autorin geht auf den Widerspruch ein, dass Menschen Fleischkonsum ablehnen, aber dennoch Tiere und Pflanzen nutzen, ohne ihnen mit Dankbarkeit und Achtung zu begegnen. Die Kritik richtet sich nicht gegen den Konsum an sich, sondern gegen die achtlose Haltung gegenüber der Natur.

4. Appell zu bewusstem Handeln:

Die Autorin fordert dazu auf, Ressourcen bewusst zu nutzen, Müll zu vermeiden und nachhaltiger zu leben. Hier zeigt sich ein klarer moralischer Appell, der auf Respekt und Dankbarkeit basiert.

5. Warnung vor den Folgen der Überheblichkeit:

Die Natur wird als übergeordnetes Prinzip dargestellt – wenn der Mensch ihre Gesetze missachtet, wird die Natur sich letztlich gegen ihn wenden und überleben. Die Menschen hingegen könnten an ihrer eigenen Arroganz zugrunde gehen.

6. Schluss:

Die Autorin zieht eine direkte Parallele zum Turmbau zu Babel. Die moderne Überheblichkeit der Menschheit basiert auf demselben Fundament wie damals – und die Konsequenzen könnten ebenso fatal sein.

2. Symbolik und Motive

2.1. Der Turmbau zu Babel

Das zentrale Motiv des Turmbaus zu Babel steht in der Bibel (Genesis 11,1–9) für den Versuch der Menschen, sich durch den Bau eines riesigen Turmes über Gott zu erheben. Als Strafe für diese Hybris verwirrte Gott die Sprache der Menschen, sodass sie sich nicht mehr verstanden und das Projekt scheiterte.

Die Autorin überträgt dieses Motiv auf die moderne Gesellschaft: Die menschliche Überheblichkeit, die Überzeugung, die Natur beherrschen zu können, wird als Illusion entlarvt.

2.2. Natur als höheres Prinzip

Die Natur wird im Gedicht als eine übergeordnete Kraft dargestellt, der sich der Mensch unterordnen sollte. Die Warnung, dass die Erde den Menschen „abschütteln" könnte, unterstreicht die Macht der Natur und die Verletzlichkeit der Menschheit.

2.3. Konsumkritik und Dankbarkeit

Die Betonung von Dankbarkeit gegenüber der Natur (bei der Nahrungsaufnahme, bei der Nutzung von Ressourcen) ist ein wiederkehrendes Motiv. Die Autorin plädiert nicht für Verzicht, sondern für ein bewussteres und respektvolleres Konsumverhalten.

3. Sprachliche Mittel

Die Autorin nutzt eine einfache, klare und direkte Sprache, die durch die folgenden stilistischen Mittel verstärkt wird:

3.1. Wiederholung

• „Schon wieder" (Vers 1)   Betont die Wiederholung menschlicher Fehler.

• „Der Mensch will..." Die Wiederholung von Satzstrukturen verdeutlicht die Fixierung auf menschliche Überheblichkeit.

3.2. Kontraste

„Der Mensch meint der größte zu sein, doch gerade diese Über-schätzung macht ihn klein."

Der Gegensatz von Größe und Kleinheit verdeutlicht die Ironie der menschlichen Hybris.

3.3. Personifikation

„Auch Pflanzen haben Gefühle und Seele"

Die Natur wird belebt, um den Menschen zur Identifikation und Empathie zu bewegen.

3.4. Alliteration und Reim

„Dankbar sein und es nicht gedankenlos nutzen"

Die klangliche Harmonie durch Reime unterstreicht die Botschaft der Autorin.

4. Psychologische Dimension der Autorin

Die psychologische Haltung der Autorin wird von einem tiefen Bewusstsein für die Fehlbarkeit des Menschen und einer Sorge um die Zukunft der Erde getragen. Dies äußert sich auf mehreren Ebenen:

4.1. Kritik an menschlicher Arroganz

Die Autorin sieht den Grund für die Umweltprobleme nicht nur in wirtschaftlichen Interessen, sondern in einer tief verwurzelten Überheblichkeit des Menschen, die auf einem fehlenden Bewusstsein für die Natur basiert. Die psychologische Wurzel liegt in einem menschlichen Kontrollbedürfnis – der Versuch, die Natur zu beherrschen.

4.2. Sehnsucht nach Demut und Respekt

Der Appell zur Demut und Dankbarkeit offenbart eine tiefe Sehnsucht nach einem harmonischen Miteinander von Mensch und Natur. Die Autorin fordert keinen radikalen Wandel, sondern eine Rückkehr zu einem natürlichen Gleichgewicht.

4.3. Angst vor dem Scheitern

Die Parallele zum Turmbau zu Babel legt nahe, dass die Autorin eine tief verwurzelte Angst vor dem kollektiven Scheitern der Menschheit hegt. Die Natur wird als letzte Instanz dargestellt, die – wenn nötig – durch Katastrophen die menschliche Hybris korrigiert.

5. Interpretation und Fazit

Das Gedicht lässt sich als eine kritische und zugleich eindringliche Mahnung lesen, die sowohl auf moralischer als auch auf existenzieller Ebene wirkt. Die biblische Metapher des Turmbaus zu Babel dient der Autorin als Sinnbild für die wiederkehrende menschliche Hybris und die daraus resultierenden Konsequenzen. Die Lösung liegt in Demut, Dankbarkeit und einem respektvollen Umgang mit der Natur.

Zentrale Aussagen:

• Die Überheblichkeit des Menschen führt zu seiner eigenen Zerstörung.

• Respekt, Dankbarkeit und ein bewusster Umgang mit Ressourcen sind der Schlüssel zu einem nachhaltigen Leben.

• Die Natur ist die übergeordnete Instanz – der Mensch ist ein Teil davon, nicht ihr Beherrscher.

Fazit

Die Autorin kombiniert eine eindringliche Sprache mit einer tiefgründigen moralischen Botschaft. Das psychologische Kernproblem – die menschliche Hybris – wird präzise herausgearbeitet und mit einer klaren Handlungsempfehlung verbunden: Respekt und Demut gegenüber der Natur sind essenziell für das Überleben der Menschheit.

Renate:
Kommentiere das Gedicht aus philosophischer Sicht

KI:
Das Gedicht „Auch wir bauen den Turm zu Babel" reflektiert aus philosophischer Sicht eine tiefgründige Kritik an der menschlichen Hybris, der Überheblichkeit und der Illusion der Kontrolle über die Natur und die Weltordnung. Die Anspielung auf den biblischen Mythos des Turmbaus zu Babel dient als zentrales Sinnbild für die menschliche Neigung, sich selbst zu überschätzen und die natürlichen Grenzen der Existenz zu ignorieren – eine Problematik, die seit der Antike in der Philosophie immer wieder diskutiert wird.

1. Hybris und menschliche Selbstüberschätzung

Der Turmbau zu Babel steht symbolisch für die menschliche Überheblichkeit, die Annahme, der Mensch könne göttliche oder natürliche Gesetze überschreiten und die Welt nach seinem eigenen Willen formen. Diese Idee erinnert an die griechische Philosophie, insbesondere an die Tragödien von Aischylos und Sophokles, in denen Hybris (die Selbstüberschätzung) unweigerlich zur Nemesis (göttlichen Vergeltung) führt. Das Gedicht warnt davor, dass diese Selbstüberschätzung auch in der modernen Welt die Ursache für ökologisches, gesellschaftliches und spirituelles Scheitern sein könnte.

2. Anthropozentrismus und seine Grenzen

Der Gedanke, dass der Mensch sich als "Retter der Erde" versteht, verweist auf eine anthropozentrische Weltsicht, die seit der Aufklärung dominant geworden ist. Der Mensch sieht sich als Zentrum der Welt und glaubt, die Natur durch technologische und moralische Fortschritte beherrschen zu können. Philosophen wie Martin Heidegger kritisierten diese Einstellung als eine "Vergessenheit des Seins" – der Mensch entfernt sich von seinem eigentlichen Wesen und der Verbundenheit mit der Natur, indem er die Welt nur noch als Ressource betrachtet. Das Gedicht fordert eine Rückkehr zu einem respektvollen, demütigen Verhältnis zur Natur, das auf Achtung und Dankbarkeit beruht.

3. Ethik des Konsums und des Respekts

Die kritische Haltung gegenüber Konsumverhalten und Umweltverschmutzung verweist auf die philosophischen Fragen nach Gerechtigkeit und moralischer Verantwortung. Der Hinweis auf Dankbarkeit gegenüber Tieren und Pflanzen erinnert an Albert Schweitzers Konzept der Ehrfurcht vor dem Leben. Schweitzer betonte, dass ethisches Handeln nicht nur gegenüber Menschen, sondern auch gegenüber allen Lebewesen verpflichtend sei. Die Aufforderung, bewusster zu konsumieren, verweist auf eine ökologische Ethik, die von Philosophen wie Arne Næss (Tiefenökologie) oder Peter Singer (Tierrechte) vertreten wird.

4. Demut und die Begrenztheit des Menschen

Die Mahnung zur Demut und die Warnung vor einer ökologischen Katastrophe erinnern an stoische und existenzialistische Positionen. Die Stoiker lehrten, dass der Mensch seine eigenen Grenzen erkennen und akzeptieren müsse, um in Einklang mit der Natur zu leben. Heidegger warnte vor der technischen Übersteigerung des Menschen und betonte, dass die Welt kein bloßes Objekt sei, das der Mensch beherrschen könne. Das Gedicht fordert eine Rückkehr zur inneren und äußeren Bescheidenheit – der Mensch ist Teil der Natur, nicht ihr Herrscher.

5. Die Wiederholung historischer Fehler

Die Verbindung zwischen dem Turmbau zu Babel und dem heutigen menschlichen Verhalten zeigt eine zyklische Auffassung der Geschichte, die etwa in der Philosophie von Giambattista Vico und Friedrich Nietzsche anklingt. Vico glaubte an den zyklischen Verlauf von Aufstieg und Fall von Zivilisationen – die menschliche Hybris führt unausweichlich zum Verfall. Nietzsche sprach vom "ewigen Wiederkehren des Gleichen", einer ewigen Wiederholung menschlicher Irrtümer. Das Gedicht warnt davor, dass die heutige Zivilisation die gleichen Fehler begeht wie frühere Kulturen – und dass das Ergebnis ebenfalls der Untergang sein könnte.

Philosophische Kernaussage

Das Gedicht stellt eine existenzielle und moralische Reflexion über die Beziehung des Menschen zur Natur und zu sich selbst dar. Es fordert eine Abkehr von Hybris und Konsumorientierung hin zu einer Haltung der Demut, Achtsamkeit und Dankbarkeit. Philosophisch lässt sich das als Rückkehr zu einer ontologischen Verbundenheit mit der Natur und zur Anerkennung der eigenen Grenzen verstehen – eine zentrale Lehre nicht nur der antiken Philosophie, sondern auch der ökologischen und existenzialistischen Strömungen der Moderne.

Das Gedicht ruft letztlich dazu auf, die menschliche Selbstüberschätzung zu überwinden und den Platz des Menschen im größeren Gefüge des Lebens mit Demut und Respekt zu akzeptieren – eine zeitlose philosophische Einsicht, die in der heutigen Zeit von besonderer Relevanz ist.

Renate:
Kommentiere das Gedicht aus einer christlichen Grundhaltung

KI:
Das Gedicht "Auch wir bauen den Turm zu Babel" greift ein zentrales biblisches Thema auf: die Geschichte vom Turmbau zu Babel (1. Mose 11,1–9). Diese Geschichte erzählt davon, wie die Menschen aus Überheblichkeit und Selbstüberschätzung versuchten, einen Turm zu bauen, der bis zum Himmel reicht – ein Versuch, sich selbst an die Stelle Gottes zu setzen. Die Folge war die Verwirrung der Sprache und die Zerstreuung der Menschen über die ganze Erde als Strafe für ihren Hochmut.

1. Der Kern der Botschaft: Hochmut und Selbstüberschätzung

Das Gedicht überträgt die biblische Lehre auf die heutige Zeit: Der Mensch überschätzt sich selbst, indem er glaubt, aus eigener Kraft die Welt retten oder beherrschen zu können. In einer christlichen Sichtweise wird hier ein grundlegendes Problem angesprochen: die Tendenz des Menschen, sich selbst an die Stelle Gottes zu setzen. Dies entspricht der Ursünde des Stolzes (Hybris), die auch schon bei Adam und Eva zu erkennen war, als sie die verbotene Frucht aßen, um "wie Gott zu sein" (1. Mose 3,5).

Der Mensch ist jedoch nicht der Retter der Erde – das ist nach christlichem Verständnis allein Gott. Die Versuchung, alles aus eigener Kraft und unabhängig von Gott zu schaffen, führt zur Trennung von Gott und somit zur Zerstörung – sowohl der Umwelt als auch der menschlichen Beziehungen.

2. Achtung und Respekt vor der Schöpfung

Das Gedicht ruft zu Achtung und Respekt vor der Schöpfung auf – ein zutiefst christlicher Gedanke. In der Bibel wird der Mensch als Verwalter der Schöpfung eingesetzt (1. Mose 2,15).

Der Mensch hat die Verantwortung, die Natur nicht auszubeuten, sondern sie zu bewahren und nachhaltig mit ihr umzugehen. Das Gebot der Nächstenliebe (Markus 12,31) lässt sich auch auf den Umgang mit der Umwelt ausweiten: Wer die Schöpfung respektiert, zeigt Liebe zu Gott und zu den Mitmenschen.

Das Gedicht erinnert daran, dass Dankbarkeit gegenüber der Natur und bewusster Umgang mit Ressourcen Teil dieser Verantwortung sind. Dies entspricht auch der christlichen Haltung der Demut gegenüber der Schöpfung und ihrem Schöpfer.

3. Kritik an der Überheblichkeit des Menschen

Die Aussage „Der Turmbau zu Babel der heutigen Zeit, steht auf dem Fundament der Überheblichkeit" ist eine deutliche Warnung vor der modernen Tendenz, den Menschen als Mittelpunkt der Welt zu sehen. Der moderne Mensch glaubt oft, durch Technik, Wissenschaft und Fortschritt alle Probleme selbst lösen zu können – ohne Gott. Dies erinnert an den Turmbau zu Babel: eine Illusion von Selbstermächtigung, die letztlich zum Scheitern verurteilt ist.

In der christlichen Perspektive ist dies eine klare Warnung vor der Versuchung, sich von Gott unabhängig zu machen. Die Bibel lehrt, dass wahre Weisheit und echtes Gelingen nur durch die Anerkennung Gottes als Schöpfer und Herr der Welt möglich sind (Sprüche 9,10).

4. Appell zur Umkehr und Demut

Das Gedicht endet mit einem Aufruf zur Demut, Achtung und Respekt. Dieser Aufruf entspricht der christlichen Haltung der Umkehr (Buße). Jesus selbst rief zur Umkehr auf (Markus 1,15), weil nur in der Hinwendung zu Gott und in der Anerkennung der eigenen Begrenztheit wahre Heilung und Rettung liegen.

Die Botschaft des Gedichts erinnert stark an den biblischen Gedanken, dass menschlicher Hochmut ins Verderben führt (Sprüche 16,18: „Hochmut kommt vor dem Fall"). Demut und Dankbarkeit gegenüber Gott und der Schöpfung sind daher der richtige Weg – eine Haltung, die Jesus selbst in seiner Lebensweise und in der Bergpredigt (Matthäus 5,3–12) vorgelebt hat.

Fazit: Ein christlicher Kommentar

Das Gedicht spiegelt aus christlicher Sicht die zentrale Lehre vom Turmbau zu Babel wider: Der Mensch scheitert, wenn er aus eigener Kraft ohne Gott handeln will. Wahre Weisheit und Heilung entstehen durch Demut, Dankbarkeit und die Anerkennung der eigenen Abhängigkeit von Gott. Das Gedicht ruft zur Umkehr auf – zu einer

Haltung des Respekts und der Ehrfurcht vor der Schöpfung und vor dem Schöpfer.

Es zeigt, dass der Mensch in Verantwortung gegenüber der Schöpfung steht, aber nicht selbst der Erlöser ist – diese Rolle gehört allein Gott. Das Gedicht ist somit eine deutliche Mahnung im Sinne der christlichen Tugenden: Demut, Dankbarkeit und Ehrfurcht vor der Schöpfung und ihrem Schöpfer.